智慧停车技术

胡熠 李鹏 白镭 ◎ 著

西南交通大学出版社
·成都·

图书在版编目（CIP）数据

智慧停车技术 / 胡熠，李鹏，白镭著. --成都：西南交通大学出版社，2023.9
ISBN 978-7-5643-9487-5

Ⅰ. ①智… Ⅱ. ①胡… ②李… ③白… Ⅲ. ①智慧城市–停车场–规划–研究 Ⅳ. ①U491.7

中国国家版本馆 CIP 数据核字（2023）第 176943 号

Zhihui Tingche Jishu
智慧停车技术

胡 熠 李 鹏 白 镭 著

责任编辑	孟秀芝
封面设计	GT 工作室
出版发行	西南交通大学出版社 （四川省成都市金牛区二环路北一段 111 号 西南交通大学创新大厦 21 楼）
邮政编码	610031
发行部电话	028-87600564　　028-87600533
网址	http://www.xnjdcbs.com
印刷	四川森林印务有限责任公司
成品尺寸	185 mm × 260 mm
印张	13.5
字数	285 千
版次	2023 年 9 月第 1 版
印次	2023 年 9 月第 1 次
书号	ISBN 978-7-5643-9487-5
定价	68.00 元

图书如有印装质量问题　本社负责退换
版权所有　盗版必究　举报电话：028-87600562

Preface 前言

随着我国经济的持续发展，人民收入水平大幅提升，汽车产业得到长足发展，汽车保有量也不断增加。据公安部统计，截至2022年3月底，全国机动车保有量达4.02亿辆，其中汽车保有量3.07亿辆；机动车驾驶人数量4.87亿人，其中汽车驾驶人数量4.50亿人。在中国，每100户家庭中平均拥有33辆汽车，城镇居民每10户家庭中就有4户家庭拥有汽车。汽车的普及，直接导致了城市"停车难"问题的产生和加剧。

目前各地解决"停车难"的方法主要有两种：一是从硬件上增加停车位数量；二是提高现有停车位的利用率。其中，第一种方式可以通过新建各类停车场（库）等方式增加停车位的供应。本书将从停车场（库）的分类特点、适用性、规划选址、设计要点、施工新技术等环节对停车库的建设进行系统的介绍，重点对近年来在城市内越来越受关注的智能型立体车库进行深入阐释，希望读者对此有较为全面的认识。

停车场的使用和运营始终离不开人。对于停车场的使用者，能否方便快捷地存取车是影响其选择的重要因素之一；对于停车场的管理者，实现停车位高效的周转使用以及较低的管理成本是其运营的主要目标。充分利用现代化的科技手段，为使用者和管理者服务并搭建一个友好智慧化的平台，是提高已有停车位利用率的有效方法。对于更高层次的城市管理者来说，智慧化的停车运营平台也是其数字生活、智慧城市的重要组成部分。本书对停车场内的智慧运营技术，如进出口识别、车位检测、车位诱导、人员定位及反向寻车、云平台等各类技术及应用情况进行了介绍，可为新建车库、旧车库智慧化改造、城市停车平台建设项目提供一些参考。

此外，本书梳理了世界主要国家及国内重点城市在缓解停车问题上的政策、法规，包括鼓励新建停车场（库）、新技术应用的政策，利用价格杠杆调整区域停车位的使用效率等的制度，等等。最后一章介绍了国内外一些典型的停车场案例，在项目模式、工程设计、施工建造上都颇具特色，为未来我国城市停车场建造的发展方向提供借鉴。

本书书名中的"智慧"二字，主要体现在新型的立体智能车库和车库的智慧运营两个方面。在寸土寸金的城市核心区，建设智能立体机械车库是缓解停车问题的有效方式，但立体机械车库有九大类，并非所有类型都可以称为"智慧车库"。在现实生活中，因为一些简易粗陋的机械停车设备给大众造成了不稳定、不可靠、不安全、不好用的印象，使得智能立体停车的推广使用面临一定的困难，希望读者通过本书对智慧型立体车库有更明晰的认识。

本书由胡熠、李鹏、白镭合著，中建地下空间有限公司的胡怀仁、丁生党、向楠、张雪芹、巫晨迪、徐凯，中国建筑西南勘察设计研究院的郑立宁、刘永权、许凯、陈继彬等参与了本书编写。

本书得到了中建股份科技研发课题"智慧停车集成技术研究与应用"（CSCEC-2018-Z-8）的支持。中建集团在智慧停车的各个产业环节都取得了不错的成绩，除传统的规划设计、施工建造以外，还成功研发了一些停车科技产品，如中建地下空间有限公司研发了大直径的竖向掘进装备，中建科工集团有限公司研发了新能源公交车智能立体车库，中建电子信息技术有限公司研发了城市级的智慧停车平台。以上研发成果都在实际项目中得到应用，取得了良好的社会效益、经济效益和环境效益，将助推智慧停车产业的发展。

本书在编写过程中，参阅了多位专家的著作和论文，在此表示感谢。由于作者水平有限，难免存在不足之处，恳请读者予以批评指正。

作 者

2023 年 3 月

Contents 目录

第 1 章 智能立体停车及智慧运营概述

1.1 城市停车场分类 ……………………………………………………………… 002
1.2 智能立体停车库发展及现状 ………………………………………………… 004
1.3 智慧运营技术及应用现状 …………………………………………………… 007
1.4 智能立体停车及智慧运营前景分析 ………………………………………… 009

第 2 章 国内外停车政策及法规

2.1 国外停车政策及管理 ………………………………………………………… 014
2.2 国内重点城市停车政策及法规 ……………………………………………… 017

第 3 章 城市停车特性与规划

3.1 城市停车特性分析 …………………………………………………………… 026
3.2 停车场规划概述 ……………………………………………………………… 035
3.3 停车需求与供给分析 ………………………………………………………… 036
3.4 城市区域的停车选址 ………………………………………………………… 046
3.5 停车场规划评价分析 ………………………………………………………… 048
3.6 基于规划与景观的停车库选型 ……………………………………………… 060

第 4 章 停车库设计与设备选型

4.1 停车库设计一般要求 ………………………………………………………… 068
4.2 自走型停车库 ………………………………………………………………… 069
4.3 立体车库设计要点及分类 …………………………………………………… 071
4.4 智能型立体车库 ……………………………………………………………… 092

第 5 章　地下车库施工技术

5.1　明挖顺作法 ………………………………………………… 120
5.2　逆作法 ………………………………………………………… 127
5.3　沉井及机械施工方法 ………………………………………… 128

第 6 章　停车智慧化运营

6.1　停车智慧化运营简介 ………………………………………… 142
6.2　智慧停车运营技术 …………………………………………… 144
6.3　城市级智慧停车运营管理云平台 …………………………… 159

第 7 章　智能车库典型案例

7.1　德国 Donnersberger 道路下方智能立体车库 ……………… 168
7.2　丹麦 Aarhus 智能立体车库 ………………………………… 172
7.3　杭州密渡桥地下井筒式车库 ………………………………… 175
7.4　上海市第六人民医院地下智能立体车库 …………………… 180
7.5　南京 UP 地下智能车库 ……………………………………… 185
7.6　昆山地下筒仓式智能车库 …………………………………… 190
7.7　深圳南山中心区公交总站机械式立体车库 ………………… 195
7.8　成都瑞成名人酒店共享停车项目 …………………………… 200

附录　德国 VDI 4466 自动停车系统规范 ……………………… 201

参考文献 ……………………………………………………………… 208

Chapter 1

第 1 章
智能立体停车及智慧运营概述

1.1 城市停车场分类

停车场是指供各种车辆（包括机动车和非机动车）停放的场所，是城市的基础设施之一。它一方面为市民生活提供服务，另一方面又与城市的其他组成部分共同存在、协调发展。停车是完成交通出行的一个必要环节，最终目的并不是完成单纯的停车，而是完成交通出行，即实现人和物的移动。它是城市维持经济与社会正常运转的重要因子之一，是城市发展的基础保证，是城市现代化发展的重要体现。

严格来讲，停车场除具备停放车辆的功能之外，还表现出以下几方面的基本特征：

（1）具有能储藏车辆的各种设备和设施，包括车辆进出口通道、给排水、通风、防火和照明等设备。

（2）具有管理车辆的设备和设施，如管理室、检测室等。

（3）安全性可靠，布局设计合理，必须考虑车辆交通流线与人行线路的合理设计性，以免发生安全交通事故。

（4）规模形式多样化，停车面积无硬性规定。

城市停车场按照其服务对象、建筑类型、城市道路相对位置、停车规模等可分为不同的类型，只有充分掌握不同类型的停车场的使用功能，了解其在城市交通中所发挥的重要作用，才能针对城市停车场进行科学的、合理的、系统的规划，更好地提升停车场景观环境。因此，对停车场进行分类具有必要性。

1.1.1 按服务对象

城市停车场按服务对象的不同可分为公共停车场、建筑物配建停车场、专用停车场三种。

（1）公共停车场：为从事各种活动的市民出行者提供专门停车服务的停车场所，一般设置在城市商业区、城市出入口过境车辆有停车需求的地方和公共交通换乘枢纽地带附近，服务范围比较大。

（2）建筑物配建停车场：为大型公用设施或建筑物配套建设的停车场所，主要为设施业务活动相关的出行者提供停车服务。配建停车场服务对象主要是主体建筑的停车者和外来车辆。

（3）专用停车场：专业运输部门或各企事业机关单位所属的停车场所，专门为相关单位内部车辆停放提供服务。包括公共汽车总站、长途客运站等。

1.1.2 按城市道路相对位置

城市停车场按与城市道路的相对位置分为路上停车场、路边停车场和路外停车场三种类型。

（1）路上停车场：在城市道路的一侧或两侧，规划出许多带状路面供车辆停放的区域。路上停车对动态交通影响很大,因此必须留出充裕的道路宽度来保证车辆的正常通行。

(2)路边停车场:在城市道路的两边或一边的路缘外侧所规划出的一些带状停车区域。它对道路过往车辆行驶干扰比较小,但对行人交通和行人安全有较大影响。

(3)路外停车场:位于城市道路交通系统以外,由专用车道与城市道路系统相联系的各种停车区域,包括开辟建成的停车场、停车库、停车楼和各类建筑附近的停车区域以及各类专业停车场。这类停车场一般位于城市道路之外,且出入口有专用通道和城市道路相连接,对城市动态交通的影响相对较小,是城市停车场的主体。本书此后章节所述的停车场均为路外停车场。

1.1.3 按停车规模

在《汽车库建筑设计规范》(JGJ 100—2015)中,停车库规模按停车库容分为四类(见表1.1.1)。

表1.1.1 停车库分类(按库容)

规模	特大型	大型	中型	小型
停车数/辆	>1 000	301~1 000	51~300	≤50

1.1.4 按防火要求

在《汽车库、修车库、停车场设计防火规范》(GB 50067—2014)中,停车库规模按停车库容和总建筑面积防火要求分为四类(见表1.1.2)。

表1.1.2 停车库分类(按库容及防火面积)

规模	Ⅰ	Ⅱ	Ⅲ	Ⅳ
停车数/辆	>300	151~300	51~150	≤50
总建筑面积/m²	>10 000	5 000~10 000	2 000~5 000	≤2 000

1.1.5 按建筑类型

城市停车场按建筑类型的不同分为地面停车场、地下(上)停车库和立体停车库三种类型。

(1)地面停车场:通常来讲就是广场式停车,具有布局灵活、停车方便、管理方便、成本低廉等特点,是城市中最常见的形式。

(2)地下(上)停车库:建在地下(或地面以上)的停车建筑。该类停车场主要缓解城市用地紧张的现状,提高土地合理利用价值,降低成本中的用地费用,但需要附加配建的照明、排水等系统维护费用,因此成本相对较高。

(3)立体停车库:在城市地上建造多层停车库,采用电梯或电动升降机将停泊的车辆作水平或垂直运行，进行车辆的存取。该类停车库占地面积小，建设费用较低，是解决城市中停车需求量大但泊位严重不足的重要途径。

本书从城市停车场的规划、设计、施工及运营角度对智慧停车进行全面的阐述，尤其是将智慧立体停车作为重点内容，因此本书将根据不同的建筑类型对停车场进行分类，即按照自走式车库（地上、地下）、立体停车库进行大类的划分，以期更清晰、更有针对性地进行介绍。

1.2 智能立体停车库发展及现状

1.2.1 国外立体停车库发展现状

世界上最早的立体停车设施建于1918年，位于美国伊利诺伊州芝加哥市华盛顿西大街的一家宾馆。德国的立体停车设施是开发得最早的，技术也处于领先地位。而日本应用立体停车设施最为广泛，用来集约化利用城市土地。20世纪90年代，我国开始发展与使用立体停车设施，历史较短。我国现在越来越重视智能立体停车设施的研发与投入，而且智能立体停车设施采用了现代机械、电子、光学、计算机等多领域的先进技术，立体停车设施作为新兴产业有着很好的发展前景。城市大型公建立体停车设施对比地下停车场能更加有效地保证人身和车辆的安全，而且通过机械立体停车设施管理能有效做到人车分流。立体车库主要有以下形式：升降横移类立体车库、垂直循环类立体车库、简易升降类立体车库、垂直升降类立体车库、平面移动类立体车库、巷道堆垛类立体车库等。

目前立体停车设备自主开发近百个大类，与城市环境逐渐融为一体，这些先进的技术和产品已得到广泛应用。20世纪80年代初，海外开始发展立体停车场，随着世界经济的发展，汽车保有量不断增加，双层停车设施、横向停车设施、停车楼和停车塔、地下车库等相应配套。日本、美国和德国的停车技术处于世界领先水平，许多国家也在积极发展立体停车技术制造。韩国、中国以及中国港澳台地区也相继使用立体停车技术来缓解城市停车问题。中国机械式停车设备起源于20世纪90年代。目前，我国自行开发的停车设备技术得到了很大的发展，进一步促进了国内汽车工业的快速发展和城市建设。但是目前我国停车设备生产企业缺乏专有技术，80%设备依靠进口，智能化和产品设计能力达不到国际标准，机械制造行业立体停车设备技术相对落后，因此行业的发展相对滞后。立体停车系统经历了出现、应用以及发展，其中世界上立体车库发展起步较早的主要有美国、日本和欧洲等发达国家和地区。

1）美国的立体停车系统发展概况及现状

美国的汽车数量和使用频率是世界上最大的，美国也是世界上最早开发立体停车设备的国家。早在1920年美国出现了世界上第一个立体停车设备；1932年，建立了一种简易机械式的升降立体车库；20世纪50年代以后，陆续建成了多种类型的立体停车库；20世纪60年代至今，立体车库得到进一步改善，计算机等相关技术被应用到立体停车系统中，使得操作更加智能化。

目前美国的智能立体停车技术已经涵盖机械、计算机、光学、液压和磁控等领域所有的先进技术。在机械方面，选用优质的钢材，以提高停车系统的刚度和强度；在计算机控制方面，采用可编程控制器和变频调速技术，使系统运行高速可靠；在车辆驶入和开出时用声光进行引导和定位；在安全保护方面，有过限保护、多重机械互锁保护、自动防火灭火保护等。

2）日本的立体停车系统发展概况及现状

日本是最早应用机械式停车库的国家之一，在20世纪60年代初开发并使用可最大限度利用空间的机械式停车设备。当时日本全国汽车保有量大约为500万辆，大多采用的是垂直循环类停车设备。从20世纪80年代开始，日本开始向亚洲地区的韩国、中国及中国台湾地区出口产品及技术。

20世纪60年代，立体停车系统经历出现、开发以及初步应用；20世纪80年代，日本开始向韩国以及中国台湾等国家和地区出口立体停车设备的产品和技术；20世纪90年代至今，智能立体停车系统高速发展，产品种类多种多样，已经开发出来能够存放客车、货车、工程车等多种类的停车系统。

目前日本的智能立体停车系统已经发展为具有较强经济性、观赏性和实用性的城市建筑，其中从事智能立体停车系统开发及生产工作的企业有200多家，规模较大的公司主要有新明和、三菱重工、日精、和昭和大福等。如今已经投入的智能化立体车位有400多万个。对于日本而言，其优势主要体现在升降横移类、垂直升降类、垂直循环类以及水平循环类等立体停车系统产品上。

3）欧洲的立体停车系统发展概况及现状

在欧洲各个国家中，德国和意大利最早开始研究智能立体停车系统，其中德国名气比较大的公司为Palis，而意大利名气比较大的公司有Interpark和Sotefin等。因为欧洲各个国家人均土地占有面积比较大，所以不易出现停车难的问题，立体停车设备的应用也不是很多。

德国、意大利在欧洲地区属于停车设备研制的先行者，由于其土地资源较充足，车辆数量与车位基本平衡，停车设备类型多为巷道堆垛类。很多国家在开发时给车库配备先进的车库管理系统，借助运行稳定、可靠的智能化设备，更充分、更安全、更高效地利用立体车库。例如：基于GSM（全球移动通信系统）可依靠手机实现道闸开启、车位预定、费用支付的智能车库管理系统，并有希望结合图像识别技术及数据库技术，提高管理安全。

欧洲的立体停车设备类型多数为巷道堆垛类，升降横移类应用得也很多，但最具优势的还是巷道堆垛类立体停车系统。欧洲各国的停车行业现在已经很发达了，以领先的德国为例，它把高速曳引机和与之相对应的 VVVF 调速技术应用到立体停车系统中，从而使存取车的速度大大提升。在德国生产立体停车设备的厂家中以 KLAUS 和 OTTO WOHR 这两家公司最为出名，两者的产量之和约占德国立体停车设备总产量的 80%。

在国外研究方面，Motoji Y.等以车库方位、工作路径之间的关系论证了存取时间与存取车位之间的内在联系，并通过实验得到了最短路径；Lerher T.等以多巷道库位为研究基础，对存取策略进行改进，改进了传统 FCFS 策略应用的局限性；Azadivar F.等以计算机数字建模为基础，优化并提高了车库的自动化水平；Tzuu-HSeng S. Li 等使用了性能稳定的模糊控制器，通过与硬件的配合，提高了车库的安全性；Charles J.等运用泊松分布原理对存取排队及排队规则进行了优化，提高了存取效率；M. A. Azam 等对平面移动类立体车库进行分析，解析并完成了控制策略的设计及优化。

上述研究在分析问题的时候，均考虑了多方面的原因，包括存取时长与存取车位之间的潜在联系；FCFC 存取策略所存在的弊端与局限性；整体车库自动化水平的高低；通过与硬件的配合，尝试去寻找存取效率优化的突破点。虽然有对存取策略的分析，但只是单纯地分析存取策略的优化，关于对存取效率有影响的存取方式没有进行深入的探究与分析。

1.2.2 国内立体停车库发展现状

1985 年左右我国开始研发机械式的停车设备，1990 年左右从国外引进停车设备的同时我国开始生产机械式的停车设备，并且当时已经用于北京、上海等大型城市中。2003 年以来，立体停车系统进入稳步发展和快速增长的阶段，其种类和功能都有明显的提升。目前我国能够生产立体停车系统的厂家多达百家，立体停车设备市场初具规模，产品类型也较多样，有些设备甚至达到了出口水平。从实际情况来看，我国立体停车行业始终保持着稳定快速发展的趋势，但是总体来说，立体停车行业对于我国而言还是一个新兴的行业，其发展时间还比较短，还缺乏统一的行业标准。

在我国，最早应用和开发立体停车设备的地区是台湾。20 世纪 70 年代，台湾开始引进日本的双层式立体车库。20 世纪 80 年代，台湾与日本开展合作，将日本的技术引进来。20 世纪 90 年代，台湾自主研发出停车设备并且得到了应用。21 世纪初以后，台湾的立体停车系统稳步快速发展。目前台湾的立体停车设备类型正向多元化发展，能够满足各种停车规模的需求，技术越来越成熟，生产制造厂家也越来越多，其中比较出名的公司有盟立、新明和等，其生产的产品类型主要有升降横移类、垂直升降类和仓储类。

在我国大陆地区，20 世纪 90 年代初开始使用立体停车设备，那时中国主要通过引进并模仿国外的技术来发展本国的立体停车设备。进入 21 世纪以来我国的停车行业不断发展，到目前为止我国已经能够利用自己的技术生产所有类型的立体停车设备，其产品和技术不仅在国内使用，而且还能对外出口，形成了新兴的智能化立体停车行业。

近年来，我国的立体停车行业飞快发展，许多生产立体停车设备的公司都越做越好。以 2016 年为例，我国新安装的立体停车泊位总数为 505 764 个，同比增长 26.3%，立体停车项目总数为 1 834 个，同比增长 12.5%，立体停车设备在国内的销售总额为 96.2 亿元，同比增长 24.6%。在国内新增的立体停车项目中，住宅小区配套立体停车库项目占 56.3%，停车泊位为 344 051 个，同比增长 34.7%；城市公共配套立体停车库项目占 18.9%，泊位 88 694 个，同比增长 14.9%；单位自用立体停车库项目占 24.8%，泊位 72956 个，同比增长 4.2%。2016 年立体停车出口项目与 2015 年相比稍有减少，但是出口额达 6.87 亿元，出口的泊位达 23 865 个，增长率分别为 22.6% 和 3.1%，其出口国家和地区有 28 个，主要为亚洲及欧洲一些国家。

国内研究以 1989 年第一台垂直循环类车库问世为起点，起步相对较晚。但是近年来，停车库建设伴随着汽车保有量的增长呈直线上升的发展态势。国内有百余家企业在进行车库研发，很多城市颁布了相关的规范规定来推动立体停车库的发展。虽然发展态势及趋向是好的，但由起步晚造成的自主技术力量不足、研发能力薄弱等决定性问题仍然存在，车库核心技术仍没有自主技术专利。立体车库结构设计不合理、自动化程度低等问题仍旧普遍存在，设备厂家多为合资企业，没有掌握自主技术专利，只进行生产制造等初级准备工作。

虽然我国的智能立体停车技术已经取得了非常大的进步，但是停车行业还存在以下问题：① 立体停车系统的使用范围还不够广，目前在大城市中应用较多，在其他中小城市应用较少；② 多数立体停车系统一般情况下只有 1 个出入口，从而造成存取车的时间较长，最远的停车位取车大约需要 2 min，当碰上高峰取车的时候，需要进行依次取车，取到第 10 辆车约需花费 15 min 以上；③ 立体停车系统中托盘的宽度很小，这就需要驾驶员具备比较高的驾驶技术；④ 立体停车系统前期的投资费用大，并且回收期较长；⑤ 立体停车系统在技术方面要求较高，同时维修以及保养的成本较高。

1.3 智慧运营技术及应用现状

国内外智慧停车行业的发展存在明显差异，国外发达国家停车场管理电子化程度非常高，基本进入无人收费阶段。发展中国家欠发达地区智慧停车行业处于起步阶段，往往更加注重设备引进。

1.3.1 国外停车智慧运营技术及应用现状

美国、加拿大等国家相对地广人稀，停车难问题较少。欧洲国家人口集中度较高，停车难问题突出，当地通过视频车牌识别技术实现了停车场出入口的无人值守。日本作为亚洲发达国家，其智慧停车行业较为发达，几乎所有停车场都实现了停车诱导、实时信息查询、无人值守和自助缴费。

不同国家针对自身的机动化战略、交通方式结构、人口密度和建设用地的集约程度的特点，各自采取不同的停车场发展策略。目前，发达国家城市已从追求停车设施供需平衡转向大力加强交通需求管理，通过调控停车行为来改变出行行为，进而维持停车设施的供需平衡，以及停车与土地利用、道路交通和社会关系之间的协调，发达国家城市在停车场方面的发展实践是值得总结和借鉴的。

1）美国城市

美国采取"鼓励型"机动化发展方式，目前美国的每千人平均小汽车拥有率为 800 辆。随着城市机动化交通的发展，美国城市的停车场系统发展历经三个阶段：20 世纪 50 年代以前，交通机动化水平不高，主要通过动态设置路内停车和增建路外停车设施来解决停车问题；20 世纪 50 年代到 70 年代，随着机动化水平的快速提高，中心区交通"两难"（即行车难、停车难）问题出现，开始通过控制路内停车、提高路外停车设施供应以及采取收费措施来解决中心区的停车问题，缓解中心区的交通拥堵状况；20 世纪 70 年代以后，机动化处于稳定的发展阶段，政府对停车场的认识由"越多越好"转变为"控制和管理"。目前，美国城市停车场已由"扩大供给"走向"需求管理"，将停车场系统管理作为城市交通需求管理的一个主要手段，探讨不同的停车政策对人们出行行为的影响。

2）欧洲城市

欧洲城市多在城市中心区限制车位供应，并对停车系统进行严格管理。目前这些城市的每千人平均小汽车拥有率一般在 500 辆。欧洲大城市为了缓解小汽车迅速发展带来的交通"两难"问题，将需求管理作为解决城市交通压力的主要手段，加强停车需求管理。主要包括：限制路内停车，有偿使用路内停车位，提高道路利用效率。如推动咪表（又称自动停车收费设施）的设置，促进合法停车，规范路内停车行为；对建筑物提出配建停车位指标标准，并采用税制优惠等经济政策鼓励其对外开放；大力发展停车诱导系统，在停车费率上，由采用"均一费率"转向"时间累进制"来调节停车供需关系的时空分布，变"禁"为"导"，有效管理，缓解了城市停车问题。

经过多年的发展，目前西方发达国家停车场系统已进入智能化无人收费的阶段，停车场的智能化建设和管理系统的应用相对成熟，因此国外停车场系统的智能化程度高，停车管理方便快捷，功能更加丰富。

1.3.2 国内停车智慧运营技术及应用现状

我国从 20 世纪 80 年代中期开始关注城市停车问题，目前很多城市正处在机动化和城市化同时加速发展的背景条件下，"两难"问题已经成为制约城市整体、协调、可持续发展的瓶颈。城市停车场管理处于比较分散的管理状态，虽然出台了很多相关政策来调整管理策略，但是研究不够深入，变"禁"和"罚"为"导"的理念还不够深入，管理水平较低。

1）香港

截至2021年底，香港总人口741万人，汽车保有量74.6万辆，私家车保有量仅50万辆；相比内地千人汽车保有量208辆，特别是北京千人汽车保有量510辆，香港拥有汽车人口比例并不高，平均每千人拥有101辆汽车。香港在停车发展方面采取"限制型"政策，并在此基础上于1995年完成了"停车需求研究"的专题研究报告，根据不同发展时期的基础停车设施及未来发展需求，对不同时期的整个停车场系统的长期发展提出了建议和策略，并融入整体管理之中。

2）广州

截至2022年，广州机动车拥有量达329.8万辆，但停车设施、停车泊位严重不足，供应和需求处于失衡状况。针对停车问题，广州采取以配建为主体、路外公共停车设施为辅助、路内停车设施为必要补充的停车供给策略，逐步建立合理的收费机制，健全管理机制，推动停车发展走向社会化、产业化道路，实现停车与社会经济的协调发展。广州在停车管理方面做了积极探索，提出结合路网容量的限制，分阶段实现停车管理的策略。在2010年前，控制需求与适度供应并重，适当放慢停车设施建设速度，实施需求管理。2010年以后，以控制需求为主，持续实施需求管理政策，实现高水平的停车供需平衡。

国内停车场管理系统是随着公用停车场的大量出现而来的。它是一个具有巨大潜力和发展规模的新兴产业，具有广阔的前景。

1.4 智能立体停车及智慧运营前景分析

1.4.1 智能立体停车前景

由于我国城市建设正在稳步快速发展，同时随着人民生活水平的提高，每家每户都能够买得起汽车，所以汽车的数量将会越来越多，于是建立立体停车系统就成为我国汽车停车行业改革的方向，特别是在一二线城市中，土地价格贵并且汽车数量多，停车系统立体化将是解决停车问题极为有效的方案。

立体停车设备在我国虽有30余年的发展，但该行业相比其他领域发展仍较为缓慢。我国对于立体停车设备的认知水平依旧处于初期阶段，立体停车设备的使用率仍旧很低，直接限制了立体停车设备行业的发展和普及。国家高度关注民生领域，随之出台相应的政策，一方面加大力度整治车辆乱停乱放的不文明现象，另一方面出台有关政策支持建设立体停车库，鼓励和引导立体停车设备行业走上健康有序的发展道路。汽车的持续普及是立体停车设备行业持续发展的永恒动力。因而从历史的角度分析可知，新型立体停车设备的使用最终会取代传统平面停车场，就像城市里高层住宅取代平房一样，这只是时间问题。

总之，不管是近期还是未来，立体停车场的市场需求和容量都会很大。

1）提高立体停车设备核心技术的研发水平

由于立体停车设备的钢结构多种多样，而且在外界载荷作用下的分析计算也颇为复杂，当前对立体停车设备动载和静载的分析计算以及运动分析的精度都相对粗略，限制了对核心部件的深度优化设计。因此，对于结构多样的库型，分别完善对应的载荷校核验算理论，通过对核心部件更精准的运动仿真和载荷计算，优化立体停车设备的核心部件，诸如优化载车板、传动机构、控制结构和执行机构的性能，这样才能提高产品整体的性能，让立体停车设备变得更好用、更经济。

2）提高控制精度，优化控制系统

当前业内常规采用的 PLC 控制组件性能平平，其运算速度和响应速度均难以满足消费者对智能立体停车设备的期望，故难以吸引消费者的关注；而 DSP+CPLD 新型数字信号控制系统不仅可以提高控制精度、改善响应速度，而且还能降低项目的运维成本。在 DSP+CPLD 双控制核心系统中，分工明确并且控制效率得到显著提升，CPLD 核心完成庞杂的逻辑运算任务，而 DSP 核心则完成数字运算任务，从而更加高效地完成目标，大大提高了立体停车设备控制系统冗余度、运行可靠性以及存取车效率。

3）立体停车+共享汽车+智能手机

"共享经济"眼下盛行，其本质就是利用现有平台整合闲置的优秀资源，让他们以低于预期的价格获得心仪的产品或服务；而智能手机的普及，也让"远程控制""移动经济"成为可能，比如通过手机随时随地预约存取车、完成停车费支付和实时监控车辆情况和存取排队人数，可极大地改善立体停车场用户的存取车体验。这些新科技的加入均为克服立体停车行业的短板指明了方向。现阶段随着共享经济的火热发展，加之汽车保有量的持续增加以及动、静态交通状况日益艰难的矛盾，如果能科学地将立体停车设备与共享汽车有机结合，不但能够解决以上一系列问题，还有助于立体停车行业的健康发展，所以探索立体停车与共享汽车的结合模式将会是未来的研究热点。

1.4.2 智慧运营前景

国内停车位的使用率只占已设停车位的 50%，这说明国内停车位没有完全被利用起来。提高车位的使用率，是当下解决停车难的重要目标。智慧停车场就是在目前市场的需求中应运而生的。通过云停车平台系统和增值服务的方式，实现停车场无专职收费人员、云控中心统一监管和现场保安应急响应的智慧停车管理模式。

停车智慧运营的核心在于全面利用停车场的综合信息，用大数据分析停车位的合理利用，引导车辆驶入空闲车位，缓解停车难的问题。国内城市对大型停车设施建设十分重视，停车设施数量不断增多，机械停车楼、立体停车库等新型停车设施日益增加，城市停车设施规模也逐渐向大型化发展。但是，传统模式的停车场已经满足不了当今市场需求。"物联网+车牌识别+人工智能"通过大数据分析利用，极大地推动了智慧停车的发展，政府的重视和相关政策的实施，也加大了智慧停车行业的落实推广。

通过互联网大数据共享的方式，运用大数据、物联网和人工智能等技术实现泊位资源的有效配置。建立智慧停车云停车平台，通过大数据资源不仅可以与车企合作，还将与商业活动、营销推广和智能充电等其他模式进行配合。完全连接停车场数据，在云端建立数字城市综合管理平台，在停车场建立实时数据中心，与动态交通信息配合实现停车资源的优化配置，填补目前展示的众多停车位的空白。

1）大数据助力智慧停车，城市停车资源大规模数字化连接，实现资源深度整合配置

目前，智能交通行业的自动驾驶、大数据及车联网技术等在新型智慧停车领域起到了重要的引领作用。普及城市智慧停车，是国家经过相关部门的调查报告得出的解决当下停车难的一个重要决策，是政府、企业、民众实现多方共赢的有利选择。通过大数据来优化资源配置，为提高城市建设和推动建设产业做了良好的发展开端。为了智慧停车的普及发展，停车场的数据信息获取需要精细化。从整个智慧交通的级别来说，停车场作为智慧交通的一个重要组成部分，信息获取仍然是一个断面信息而不是整个路网中的全方位的信息。停车场作为服务的提供方，可通过无线通信技术、移动终端技术和 GPS 定位技术来配置停车位置。车辆的信息不全面，无法使停车场和车辆进行信息的交互，从而满足不了车主日常停车的需求，也使智慧停车失去根本意义。

智慧停车服务需要通过互联网大数据分析，从智能终端获取到的车主需求来进行。而信息的采集，能将信息互通的效率得到有效提高，为车主提供便捷，做到智慧的引领，让停车不再难。

近几年，互联网飞速发展，停车收费系统全面加入移动终端，智慧停车的资源共享、收集以及配置，大大增加了车辆停车到便捷付费的效率。而停车收费的支付方式更加多元化，微信支付、支付宝支付和银联卡支付等多种支付方式大大降低了人工成本。首先，智慧停车云停车平台的出现，停车场免取卡入场，无须停车，识别车牌就可以抬杠通过，离开停车场直接驶出，出场前系统自动扣费，让更多的车主体验到智慧停车的快捷、方便。整个缴费过程无须人工干预，车主通过手机可以查看到各种缴费情况。其次，支付功能的便捷和多元化，在用户体验的同时，更要重视车辆信息的收集，让停车场的大数据更加详细。通过大数据分析传输到各个终端，与其他停车场信息实现资源共享。

2）快速采集海量用户习惯及行为分析，实现更为精准的人性化智慧停车服务

停车场中传统数据的收集，主要是停车设施的基础信息、停车位的泊位信息。这些数据的收集只能采集到比较客观的数据，不适用于智慧停车。而大数据的形成，则选择了更多的手段，通过移动设备、计算机和手机的利用，采集图像、录像等信息，同步定位，数据实时上传，为大数据的获取配置提供了有利的条件。

（1）大数据时代下的智慧停车场，为了提高数据的准确性以及合理应用，从各种渠道收集数据，海量的数据资源通过管理得到较好的配置，让用户、停车服务和商业服务相结合，体现了大数据在智慧停车中的实用性。另外，大数据中从多媒体以及商业中采集到的数据信息，经过分析管理，应用到各种配置，通过信息价值筛选，其真实性和实用性得以加强，为智慧停车的商业用途做了铺垫。

不同于传统模式的管理方式，利用互联网的移动数据，对停车场和停车位进行应用，车主之间共享车位，车主个人主动发出停车信息，这些都加大了数据采集，推动了停车行业的发展。

（2）在大数据系统的分析以及应用服务中，智慧停车场通过用户的个人信息，对数据资源进行处理和筛选，结合车辆归属以及需求问题，提高服务用户在停车问题上的精准程度。同时，通过用户个体化的体验活动，从中采集更多有利资源，上传数据系统进行进一步分析和整理。对用户的后期需求做更详细、更有效的评估。大数据采集的精准化，使得数据库中对用户的服务质量也有更好的保障。而运用互联网的应用传播给客户带来不一样的体验。利用停车场的大数据平台以及采集到的用户个人信息，通过移动设备终端给用户制定个性化的服务。实现智慧停车与用户间的交流无距离，对于用户的需求做到自动推荐。

3）智慧停车大数据的未来发展趋势及展望

随着社会经济的不断发展，车辆的保有量大幅度增加，智慧停车需要关注更加个性化的用户需求，让用户亲身体验智慧停车的方便、快捷。而作为社会发展中的需要程度，智慧停车拥有庞大的发展空间和市场，智慧城市、智慧交通的兴起不断推进智慧停车行业的发展，让用户、政府企业以及商业全面发展。

智慧停车大数据还需要不断地采集、挖掘、管理和利用，把大数据系统中的有利价值信息更好地利用起来，让大数据平台更加完善，让智慧停车更加完美化。

为了让大数据系统中的价值得到更好的利用，首先，需要在已有的系统平台统一管理，加强系统中大数据的分析。之前，智慧停车场的改造没有解决大数据实际的问题，导致整个系统中数据的使用没有实用化，无法向外围拓展。但在物联网、互联网时代，移动终端的连接使得大量数据资源得到共享，开创了用户与停车场之间的车位预留、车位引导和电子付费等便捷方式。

数据的联网共享、车位全程自动化服务以及移动服务的普及是目前需要加大力度普及的必要选择，智慧停车是政府、企业与车主间的互相合作。公众车主用户方面，从引导停车、分享车位、共享车位等角度切入；政府方面，需要从停车场的规划以及政策智慧停车行业的支持上切入；而企业方面，可以从停车场的管理、人力资源的调配以及节能环保上切入，实现政府、企业以及民众间的多方共赢。解决停车难、借道拥挤的问题是政府必然的决策，智慧停车大数据的资源共享和配置，是推动城市文明建设的一个重要问题。

Chapter 2

第 2 章
国内外停车政策及法规

2.1 国外停车政策及管理

停车管理作为交通需求管理的手段之一，正在受到越来越多的关注。率先进入机动化成熟期（或饱和）的欧美等发达国家（或地区），也率先经历了小汽车过快增长所带来的各种负面影响，比如交通拥堵、空气污染等。早在20世纪20年代的美国、50年代的西欧国家、60年代的日本、70年代的新加坡和中国香港，停车已成为阻碍城市发展的最棘手问题之一，引发学术界的研究和关注。20世纪70年代左右，发达国家逐渐转变停车管理思路，传统以"需求为导向"的停车政策受到批判。20世纪80年代，随着新城市主义等思潮的兴起，交通和规划学者开始探索如何通过对停车的控制和管理，实现更广泛的社会和环境目标，以促进城市交通的可持续发展。

2.1.1 北美城市

北美城市的机动化始于19世纪初，伴随机动化发展，对停车问题的认识经历了三个阶段的演变：初期主要考虑如何增加供给以解决车位不足的矛盾；初期至1970年，认识到改善停车管理的重要性；1970年后，更关注过量供给造成的资源浪费，环境问题及其对城市可持续发展的影响。

大多数北美城市具有典型的低密度蔓延的空间特征。历史上以机动车为主导的城市发展模式，客观上使得公共交通丧失其竞争优势且不经济。20世纪20年代，小汽车拥有率已达到7%（相当于某些发展中城市目前的水平），面对可预期的机动车增长和将小汽车理解为最优出行方式，增加车位供给并向使用者提供充足的免费车位，被认为是政府理所应当的职责。1915—1920年，已有部分城市对商业区路边停车进行收费和限制停车时间（如底特律、波士顿、芝加哥、纽约等），但后来面临小汽车激增带来的车位短缺，这些措施被逐渐取消，代之以要求所有地块提供规定的最少停车位，而最低车位配建标准是按用地性质，以高峰时段的停车需求预测的，这一标准的长期实施，在当时激发了更多的停车和驾车需求，亦是造成之后车位供给过剩的主因。过量建设的停车场也加剧了城市空间的蔓延，一些学者注意到，很多用地内停车场所占面积远大于主要功能建筑，这进一步排斥了小汽车以外的出行方式。

1970年，随着美国《清洁空气法》（*Clean Air Act*）的颁布，机动车依赖的种种问题开始被认识，停车政策也开始向可持续的思路转变。此时，机动车拥有率已达到60%，已有的城市模式及习惯于小汽车的生活方式，形成强烈的环境和心理依赖，使得停车政策的转变面对各种阻碍。总体来看，20世纪70年代后北美城市的停车政策具有如下转变：

（1）供给上，一些城市规定了最低停车配建标准，或降低了原有的最低停车配建标准，并鼓励片区的协同及车位共享，以及转换停车场用地性质等，旨在解决车位过剩带来的资源浪费和环境问题。

（2）价格管理上，取消居住建筑车位捆绑租售，取消由企业提供的停车补助等，旨在将停车成本外部化，使公众逐渐改变"停车是政府必须提供的免费公共物品"的传统认识。

（3）财政上，一些城市尝试设定停车利益区，将停车场收益用于公交或城市步行环境建设。

2.1.2 欧洲城市

与北美相比，欧洲城市停车政策演化的最大差异应该源于城市形态。20世纪60年代之前，大多数欧洲城市与北美城市一样，努力增建更多的路外停车场，试图缓解车供给不足的问题。政府允许机动车免费停放在公共广场、人行道及任何可用于停车的场所。但值得注意的是，当时欧洲城市平均的机动车拥有率仅为8%，小尺度的历史街区、城市中心等更适合步行或非机动车使用的场所被少数机动车使用者占用，很快引起社会反思。哥本哈根、苏黎世等西欧城市很早就认识到，以需求为导向的停车供给会加剧交通拥堵，直接破坏社会活力、中心城区的历史文化价值及经济繁荣。因此，更多的欧洲城市（尤其是老城和历史城区），并未经历因单纯增加供给进而过剩的阶段，反而是利用供需矛盾，将中心区的机动车水平控制在城市形态和交通容量可接受的范围之内。尽管在供给的具体措施上，欧洲和北美城市的差异不大，都是采用限制最大车位数、冻结中心区车位等方式，但其背后的逻辑则显著不同。前者是以保护城市历史形态和重塑社区活力为出发点，以停车供需矛盾为契机对机动车使用进行的积极管控；后者则是面对因长期需求导向带来的绝对过剩，而不得不进行的避免资源浪费的供给紧缩。由于尚未形成对机动车强烈的心理依赖，城市密度和尺度也支持公交和非机动化的出行方式，因此欧洲城市在推动停车价格控制上的难度要小得多，并且采用了很多更为细致的措施，如在伦敦最先实施的基于碳排放的停车收费，不同类型停车设施的价格协调，基于停车时间的渐进收费标准等。此外，更多环境设计手段被使用，如通过隔离柱、划线、减速带等设施限制机动车停泊在影响公共空间使用的地点，进一步使得机动车在城市交通中不具备优先权。

2.1.3 亚洲发达城市

新加坡、日本东京和中国香港等城市在20世纪60—70年代都面临停车难的窘境。但这三个城市，更多地受到空间资源的限制，各城市政府一开始便认识到高密度的城市发展难以承受完全机动化导向的交通模式。同时，限制机动车拥有和使用一直是其主导的政策方向，包括高车辆牌照费、车辆配额系统和拥车证（新加坡，COE）、道路收费系统（新加坡，ERP）等。停车成本也是限制个人用车的手段之一，在这样的背景下，其停车政策呈现出有别于欧美城市的特点：

（1）使用最低配建标准，保证车位供给（尤其是居住地的车位供给）。如香港在20世纪90年代鼓励私人建设停车场，政府也积极建设公共停车场，2000年后基本实现供需平衡；新加坡亦有严格的建筑物配建标准，对配建不足的用地征收停车设施建设差额费，对挪作他用的处以极高罚款；日本推行"购车自备车位"（proof of parking），并鼓励民间资本投资建设停车场。

（2）通过昂贵的停车价格管控增加拥车和用车成本。如香港居住区停车月费约为3 000 港币，相当于其毗邻城市深圳的近 10 倍，同时规定了停车收费水平应保证片区内有 15%的车位空置率；新加坡配合其道路收费系统，在收费区内外采用不同的费率，以鼓励转乘公交到达市中心，同时政府设定了停车收费的最低标准；东京提高市中心停车收费，并采取累时加倍方法，缓解交通拥堵。

（3）在城市核心区（CBD）减少甚至不提供路内停车，按停车时长累计收费也是这三个城市共同使用的政策手段。

日本兵库县立大学教授沈悦博士，北京城市规划设计研究院李伟和北京交通发展研究院孙海瑞，经过大量的文献调研和实地走访，详细介绍了日本《车库法》的立法背景和实施过程，还原了日本大都市从严重的道路拥堵、停车难，向停车有序的历史性转变，为我国大城市解决"停车难"提供了很好的借鉴。

第二次世界大战后，日本汽车工业得到了快速的发展。1955 年，日本通产省发表了"国民车育成纲要案"，加速了小汽车走入寻常百姓家的进程。在经济高速发展的背景下，日本大中城市机动车保有量增加明显，交通拥堵日益加剧。据不完全统计，20 世纪 50 年代头五年，日本机动车保有量增加了 300%，同时，交通事故也成比例增加。1957 年，东京都内 110 个主要交通路口的交通数据显示，机动车流量是道路承载能力的 2 倍之多。通过调查，多地政府发现，道路交通不仅涉及动态交通的问题，也涉及静态停车的问题。

在立法方面，日本于 1957 年修正了 1948 年实施的《道路交通取缔法》，增加了对道路停车的限制。同年，日本《驻车场法》公布，通过积极引入民间资本，加速了路外停车场的建设，形成了大中城市公共停车的格局。1960 年，日本实施了新的道路交通法，在强化道路车流人流管控的同时，引入针对违停车辆的措施。1961 年 12 月，日本六大都市圈（东京都、大阪府、京都府、兵库府、爱知县、神奈川县）公安委员会联合提出了规制无车库自家车等四项提案，旨在针对规制无车库自家车，改造车牌，大型机动车以及在警视厅新设交通局。自此以后，日本《车库法》的编制拉开了帷幕，并于 1962 年 8 月 20 日发布，9 月 1 日起实施。《车库法》的核心内容包括：汽车所有者如不提交有关停车保管场所证明，其车辆将无法登记上牌；道路空间不能作为停车保管场所；强化管制禁止停车和时间限制。另外，日本违法停车罚款高昂，并且采取违法计分或记入个人档案的办法，由于违法停车行为扣分较多，一旦记录在案会给日常生活带来很大不便。道路两旁停车，只要司机不在车内，一概贴条罚款，这个业务由专业公司的"停车监视员"负责取证贴条。警视厅聘用了大量民间监督员，治理"乱停车"问题。违法停车罚款高昂，一般都要花去 3 万～4 万日元（折合人民币约 2 500～3 000 元），除执行高额罚款外，还采取违法计分或记录个人档案的办法，由于违法停车行为扣分较多，且一旦记录在案会给日常生活带来很大不便，所以说实际处罚力度比罚款还高。高压政策施行后，效果非常明显，违章停车现象4年间减少了81.5%，平均每5 km的行车所需时间减少了10.8%。

日本立体车库较多，基本为可自动搬运车辆的立体车库。但部分大型写字楼、商场和购物中心的立体车库的出入口设于大厦的地下，顾客从停车场步行到目的地距离长，取车等待时间长。2019年6月，日本经产省自动驾驶业务组发布《实现自动驾驶的工作报告与政策3.0版》，指出基于改善停车场经营效率、提高安全性和客户体验（缩短等待泊车的时间、缩短徒步行走的时间）等需求，日本停车场管理人员十分期待自主代客泊车系统的应用。特别是对于从停车场到目的地出入口有一定距离的城市机械立体停车库，AVP功能的需求更为强烈。停车场将来能提供的最佳服务便是乘客在目的地下车后向其提供代客泊车。日本产业技术振兴协会（JITA）制定的《停车场系统战略报告书》从交通事故、堵车、驾驶压力、停车场犯罪、空间的有效利用等方面，分析了当前停车场存在的问题。该报告指出，停车场内车辆相撞的事故最多，其次是汽车与停车场设施发生的碰撞，合计占据停车场交通事故总量的比例高达85%左右。从年龄来看，60岁以上老人约占事故发生的40%，75岁以上驾驶员在停车场倒车、发动、直行时踩错踏板的事故发生率非常高。

为实现停车需求与城市社会经济发展、交通、土地利用和环境保护的平衡，美国将建筑物配建最低值的规定改为限定最高值，同时控制停车设施供给总量并对部分地区冻结和禁止停车设施建设项目。美国还对部分停车设施的服务对象以及服务时间进行了管理。商业区最佳服务对象是短时停车者，居住区道路内停车设施的最佳服务对象是夜间停车者。路内停车适用于短时停放，在泊位上设有停车计时表，停车时限因地而异，1小时、2小时不等，偏远地段时限则要长一些。通过牌照识别技术可确定停放车辆是否超时，也可以识别其是否为允许长时间停放的车辆。

2.2 国内重点城市停车政策及法规

2.2.1 智慧停车国家层面政策

根据我国国民经济"十五"计划至"十四五"规划，国家对智慧停车行业的支持政策经历了从"加快智能型交通的发展"到"加快交通等传统基础设施数字化改造"的变化。

"十五"计划（2001—2005年）时期，国家层面提倡以信息化、网络化为基础，加快智能型交通的发展。"十一五"规划明确了要建设便捷、通畅、高效、安全的综合运输体系。"十二五"至"十三五"规划期间，明确了要加强停车场等设施建设，提高交通运输信息化水平。到"十四五"时期，根据《"十四五"规划和2035年远景目标纲要》，加快交通等传统基础设施数字化改造，加强泛在感知、终端联网、智能调度体系建设成为"十四五"时期的重要任务。

国家智慧交通主要政策汇总如表2.2.1所示。可以看出，自2012年以来，国务院、国家发展改革委、国家住房和城乡建设部等多部门都陆续印发了支持、规范智慧停车行业的发展政策，内容涉及加强智慧停车技术研究、推进新兴技术在停车领域的应用、建设智慧城市等内容。

其中，2015年8月3日，国家发展改革委、财政部、国土资源部等七部门联合发布的《关于加强城市停车设施建设的指导意见》，首次将吸引社会资本、推进停车产业化纳入国家层面，力度空前，要求充分调动社会资本，推动停车智能化信息化，促进咪表停车系统、智能停车诱导系统、自动识别车牌系统等高新技术的开发与应用，加强不同停车管理信息系统的互联互通、信息共享，促进停车与互联网融合发展，支持移动终端互联网停车应用的开发与推广。该意见指明了智慧停车建设的宗旨和方向，同时极大地鼓舞了市场。

2019年7月，交通运输部发布《数字交通发展规划纲要》，推进数字经济发展的决策部署，促进先进信息技术与交通运输深度融合，目标到2025年，交通运输基础设施和运载装备全要素、全周期的数字化升级迈出新步伐，数字化采集体系和网络化传输体系基本形成。其中，智慧停车等城市出行服务新业态受到鼓励和支持。

2021年5月，《国务院办公厅转发国家发展改革委等部门关于推动城市停车设施发展意见的通知》，鼓励电子不停车快捷收费系统应用于停车设施。统筹推进路内停车和停车设施收费电子化建设。加快应用大数据、物联网、第五代移动通信（5G）、"互联网+"等新技术新模式，开发移动终端智能化停车服务应用。

2022年1月，国务院发布《"十四五"数字经济发展规划》，提出加快既有住宅和社区设施数字化改造，鼓励新建小区同步规划建设智能系统，打造智能楼宇、智能停车场、智能充电桩、智能垃圾箱等公共设施。

2022年1月，国务院发布《"十四五"现代综合交通运输体系发展规划》，稳妥发展自动驾驶和车路协同等出行服务，鼓励自动驾驶在港口、物流园区等限定区域测试应用，推动发展智能公交、智慧停车、智慧安检等。

2022年5月，中共中央办公厅、国务院办公厅发布《关于推进以县城为重要载体的城镇化建设的意见》，提出应建设以配建停车场为主、路外公共停车场为辅、路内停车为补充的停车系统。

表2.2.1 中国智慧交通政策一览

序号	政策名称	发布时间	发布部门
1	《关于推进以县城为重要载体的城镇化建设的意见》	2022.05	中共中央办公厅、国务院办公厅
2	《"十四五"现代综合交通运输体系发展规划》	2022.01	国务院

续表

序号	政策名称	发布时间	发布部门
3	《"十四五"数字经济发展规划》	2022.01	国务院
4	《关于推动城市停车设施发展的意见》	2021.05	国家发展改革委等部门
5	《关于开展ETC智慧停车城市建设试点工作的通知》	2020.12	交通运输部办公厅
6	《关于推动交通运输领域新型基础设施建设的指导意见》	2020.08	交通运输部
7	《关于全面推进城镇老旧小区改造工作的指导意见》	2020.07	国务院办公厅
8	《关于做好县城城镇化公共停车场和公路客运站补短板强弱项工作的通知》	2020.07	国家发展改革委
9	《2020年交通运输更贴近民生实事》	2020.01	交通运输部
10	《推进综合交通运输大数据发展行动纲要（2020—2025年）》	2019.12	国务院
11	《交通强国建设纲要》	2019.09	国务院
12	《数字交通发展规划纲要》	2019.07	交通运输部
13	《关于加强和改进城市停车管理工作的指导意见》	2019.06	住房和城乡建设部办公厅
14	《智慧交通让出行更便捷行动方案（2017—2020年）》	2017.09	交通运输部
15	《新一代人工智能发展规划的通知》	2017.07	国务院
16	《关于开展城市停车场试点示范工作的通知》	2017.03	国家发展改革委
17	《"十三五"现代综合交通运输体系发展规划》	2017.02	国务院
18	《关于进一步完善城市停车场规划建设及用地政策的通知》	2016.08	住房和城乡建设部、国土资源部
19	《推进"互联网+"便捷交通 促进智能交通发展的实施方案》	2016.07	国家发展改革委、交通运输部
20	《关于推动交通提质增效提升供给服务能力的实施方案》	2016.06	国家发展改革委、交通运输部
21	《关于印发2016年停车场建设工作要点的通知》	2016.03	国家发展改革委办公厅
22	《关于进一步加强城市规划建设管理工作的若干意见》	2016.02	中共中央、国务院
23	《加快城市停车场建设近期工作要点与任务分工》	2016.01	国家发展改革委
24	《关于加强城市停车设施建设的指导意见》	2015.08	国家发展改革委等七部门

续表

序号	政策名称	发布时间	发布部门
25	《关于促进智慧城市健康发展的指导意见》	2014.08	国家发展改革委、工信部等八部门
26	《国家新型城镇化规划（2014—2020年）》	2014.03	国家发展改革委
27	《关于促进信息消费扩大内需的若干意见》	2013.08	国务院
28	《国家智慧城市（区镇）试点指标体系（试行）》	2012.11	住房和城乡建设部
29	《国家智慧城市试点暂行管理办法》	2012.11	住房和城乡建设部

总结智慧停车相关政策规划，目标到2025年，全国大中小城市基本建成配建停车设施为主、路外公共停车设施为辅、路内停车为补充的城市停车系统，社会资本广泛参与，信息技术与停车产业深度融合，停车资源高效利用，城市停车规范有序，依法治理、社会共治局面基本形成，居住社区、医院、学校、交通枢纽等重点区域停车需求基本得到满足。到2035年，布局合理、供给充足、智能高效、便捷可及的城市停车系统全面建成，为现代城市发展提供有力支撑。

2.2.2 重点城市政策

"十四五"时期是我国落实交通强国建设部署的关键阶段，我国各省市政府机构均响应国家改革和发展措施，根据各自省内综合交通运输体系发展的现阶段特点，结合交通运输部明确规划编制体系，出台了符合省内建设条件的智慧交通发展规划，同时发布了推动智慧停车建设的支持性政策。例如，江苏省人民政府办公厅印发的《关于加快新型信息基础设施建设扩大信息消费的若干政策措施》提到要实现信息查询、出行规划、智能诱导、智慧停车等个性化服务；浙江省人民政府办公厅印发的《浙江省综合交通产业发展规划》提到要构建网络化共享停车系统，积极推广共享停车新模式，培育形成智慧交通等一批新业态，浙江省"十四五"规划中也提到要加强智慧停车等现代化交通设施建设。由于各省不同的交通现状及发展条件，各省政府部门在制定智慧交通发展规划相关政策时会有不同的侧重点，例如广东省更侧重智慧交通中的指挥平台建设和智能网联汽车，江苏省更侧重智慧交通治理以及智慧公路建设和智慧交通产业建设等。各省市智慧交通相关政策汇总如表2.2.2所示。

表2.2.2 各省市智慧交通政策汇总

省市	发布时间	政策名称	重点内容
江苏	2020.04	《关于加快新型信息基础设施建设扩大信息消费的若干政策措施》	完善交通出行和信息服务体系。实现信息查询、出行规划、智能诱导、智慧停车等个性化服务，组织省内重点软件企业研发智慧交通产品，实施智慧交通示范工程

续表

省市	发布时间	政策名称	重点内容
江苏	2021.03	《江苏省国民经济和社会发展第十四个五年规划和二〇三五年远景目标纲要》	推动老旧小区精细化改造,补齐停车等公共基础设施和功能配套短板。发挥物联网赋能智慧交通功能,加快智能终端推广应用
浙江	2018.02	《浙江省综合交通产业发展规划》	构建网络化共享停车系统,积极推广共享停车新模式。培育形成智慧交通等一批新业态
浙江	2021.02	《浙江省国民经济和社会发展第十四个五年规划和二〇三五年远景目标纲要》	完善停车场、旅游集散中心等基础设施,提升综合服务水平。加大城区停车位建设力度。开展交通公共场所智慧化服务提升行动,提升公众智慧出行服务体验
浙江	2021.05	《浙江省新型城镇化发展"十四五"规划》	积极培育智慧商圈,优化商业网点规划布局。推进智慧交通等建设。加强智慧停车等现代化交通设施建设
福建	2021.03	《福建省国民经济和社会发展第十四个五年规划和二〇三五年远景目标纲要》	提供智慧便捷公共服务,加强城市"神经元"感知系统建设,提供城镇交通等智慧应用服务。加快建设"智慧+立体"停车场,建设大型"P+R"换乘停车场,新增公共停车泊位8万个
福建	2021.05	《福建省加强城市地下市政基础设施建设工作方案》	积极推动地下停车场、立体停车库等设施建设,鼓励充分利用公园、绿地等公共区域地下空间建设停车场,到2025年全省新增8万个公共停车泊位,设区市投用智慧停车系统
北京	2021.01	《北京市2021年办好重要民生实事项目分工方案》	推进停车设施有偿错时共享,推广智慧停车;利用人防地下空间提供5 000个停车位,进一步缓解"停车难"问题
北京	2021.03	《北京市国民经济和社会发展第十四个五年规划和二〇三五年远景目标纲要》	推动实施停车设施补短板。智能交通能力建设等工程。保持城市道路、停车设施等交通基础设施领域较高强度的投资。在中心城区探索利用公园、绿地等公共空间建设地下停车场

续表

省市	发布时间	政策名称	重点内容
广东	2020.07	《关于加强和改进全省城市停车管理工作的指导意见》	建设城市智慧停车工程。开展停车设施普查，建立停车泊位编码制度，充分利用省政务服务大数据中心建设成果，建立城市停车泊位主题数据库，制作以"海政图"平台底图为基础的城市停车泊位"一张图"
广东	2021.04	《广东省国民经济和社会发展第十四个五年规划和2035年远景目标纲要》	打造新型智慧城市。推进智能交通灯、智能潮汐车道、智能停车引导、智慧立体停车等智慧治堵措施广泛应用。实施智能化市政基础设施建设和改造，加快推进智慧社区建设
上海	2021.01	《上海市国民经济和社会发展第十四个五年规划和二〇三五年远景目标》	完善公共停车信息平台功能，利用信息化服务提高泊位利用效率，实现商业综合体移动端停车信息服务全覆盖。深化智慧交通发展，构建交通智能感知信息网络
上海	2021.06	《上海市综合交通发展"十四五"规划》	挖掘停车资源，缓解老城区停车矛盾，推进新城公共停车场建设，构建规模适宜、布局完善、结构合理的停车设施系统。促进停车产业化和智慧停车融合发展，引导一批行业领先企业落地实践先进技术。推动停车设施新技术试点应用，做好跟踪评估和拓展推广
江西	2021.02	《江西省国民经济和社会发展第十四个五年规划和二〇三五年远景目标纲要》	加快公路、铁路、水运、民航、邮政等基础设施智能化升级，重点推进南昌、赣州等地智慧出行及公共交通智能化应用、基于5G的车路协同智慧物流示范区、智慧停车示范、自动驾驶开放测试道路场景等项目
江西	2021.09	《江西省"十四五"消费升级发展规划》	开展完整居住社区建设，因地制宜改善社区市政基础设施和公共服务设施。统筹推进智能停车等社区生活服务设施建设，推动"互联网+社区"公共服务平台建设

续表

省市	发布时间	政策名称	重点内容
四川	2020.09	《关于全面推进城镇老旧小区改造工作的实施意见》	满足居民生活便利需要和改善型生活需求，改造或建设小区及周边的无障碍、适老、停车泊位及停车库（场）、等配套设施及结合停车库（杨）配套建设防空地下室
四川	2021.03	《四川省国民经济和社会发展第十四个五年规划和二〇三五年远景目标纲要》	大力倡导绿色出行，着力解决城市行车、停车、排涝等功能性短板，鼓励社会资本投资参与城市更新行动。促进信息技术应用市场化服务为重点，加快发展智慧交通等智慧化服务体系，加快建设数字社区、数字小镇、数字乡村
云南	2021.02	《云南省国民经济和社会发展第十四个五年规划和二〇三五年远景目标纲要》	促进公共服务数字化便捷化，建立健全适应数字化公共服务供给体制机制，提高公共资源配置效率和管理能力。加快公共交通等便民服务设施数字化改造
云南	2021.06	《云南省智慧交通行动计划（2021—2022年）》	推进昆明城市数字交通大数据平台，应用系统和一站式数字出行服务平台建设，打造基于城市智能交通系统的"城市大脑"；实施智慧停车试点项目，加快推进智慧停车云平台建设
安徽	2020.09	《关于促进线上经济发展的意见》	鼓励建设智慧景区，推广应用电子门票、智能导游、电子讲解、智慧停车等服务
安徽	2021.04	《安徽省国民经济和社会发展第十四个五年规划和2035年远景目标纲要》	推行智慧出行等数字化服务。推广人脸识别、智能车库等智慧物业应用。推进智慧社区建设，每年选取10~20个社区进行智慧社区试点

"十四五"期间，我国部分省份提出了智慧停车行业的发展目标。其中，北京市推动实施停车设施补短板、智能交通能力建设等工程；安徽省推广人脸识别、智能车库等智慧物业应用；浙江省加强智慧停车等现代化交通设施建设；江西省统筹推进智能停车等社区生活服务设施建设；江苏省补齐汽车等公共基础设施和功能配套短板，发挥物联网赋能智慧交通功能，加快智能终端推广应用；上海市促进停车产业化和智慧停车融合发展，引导一批行业领先企业落地实践先进技术；福建省加强城市"神经元"感知系统建设，提供城镇交通等智慧应用服务；四川省促进公共服务数字化便捷化，

建立健全适应数字化公共服务供给体制机制；云南省实施智慧停车试点项目，加快推进智慧停车云平台建设；广东省推进智能停车引导、智慧立体停车等智慧治堵措施等。

　　智慧停车将实现停车位资源利用率的最大化、停车场利润的最大化和车主停车服务体验的最优化，同时提高交通效率、保障交通安全、改善交通环境和提高能源利用效率。目前国内停车需求与已有的城市规划冲突日益显现，推动交通体系向智能化转型将是解决这一矛盾的主要措施。国家及省市政策的出台将有效引导、激励和规范市场，促使智慧停车行业快速健康发展。

Chapter 3

第 3 章
城市停车特性与规划

3.1 城市停车特性分析

3.1.1 停车特性指标

要做好城市停车场的规划设计，必须充分了解城市中车辆停放的具体情况和特性，因此对城市停车特性指标做以下三方面的具体分析。

1) 城市停车的总体水平与特性指标

城市停车的总体水平与特性，是指一个城市中停车供给与需求总量及其分布特征，是通过车辆停放的统计指标（累计停车数的大小和特性）反映出来的。所谓累计停车数，又称停车总量，是指某一停车场或区域内在一定时间内实际停放车数量，是度量停车需求连续性的指标。累计停车数是一时间序列，一般来讲，累计停车数在一天内随时间波动在上午11点至下午2点到达峰值。累计停车数与城市规模、停车场所处的区位和服务对象等有关，一般规律如下：城市规模越大，则累计停车总量越大，停车泊位总数越大，人均拥有泊位越少；位于或靠近市中心区的停车场累计停车数较大，自市中心繁华路段向外，随距离增加，累计停车数下降；配建停车场的累计停车数在一天内的时间序列比较平稳，而公共停车场的累计停车数则波动较大。

影响累计停车数的时间和空间分布的是停车费用，它是反映城市停车供需关系的重要指标，是停车场的主要收入来源，停车费用的空间差异、时间差异和停车场的类型差异对调节城市停车需求与供给的关系具有重大作用。城市中心区的停车费用一般具有以下特点：停车费用随城市规模的扩大而增加；随停车时间的延长，总费用上升，但均摊到每个时间单位的停车费用下降；距离中心区越远，停车费用越低；在时间、地点相同的条件下，停车费用反映停车设施的其他特性，如成本、便利性、舒适性等。

2) 城市停车的分类特性指标

反映城市停车分类特性的指标有停放时间、步行距离（或步行时间）等。该类指标一般与出行目的和停车场类型相联系，反映不同出行目的对停车场使用的特性，不同类型的停车场的该类指标差异较大。因而，对该类指标的分析称为分类特性分析。

停放时间是说明泊位使用状况的一项重要指标，长时间停车会造成车位周转率降低，短时间停车可以使车位有较高的车位周转率。一般来说，停车者在城市市区的停车时间具有以下特点：在城市中心区，停车时间随城市规模的增大而延长。调查数据表明，3小时以下的短时停车在小城市中所占的比例高于大城市；在不同目的的停车者中，上班停车时间最长，一般在3小时以上，而购物、办事及其他目的的停车时间较短，一般不超过2小时。

表3.1.1给出了按出行目的分类的停放时间。

表 3.1.1　按出行目的分类的停放时间　　　　　　　　　　　　　单位：h

城区人口	出行目的 购物	出行目的 个人私事	出行目的 工作	各类停放时间的平均值
1 万～2.5 万人	0.5	0.4	3.5	1.3
2.5 万～5 万人	0.6	0.5	3.7	1.2
5 万～10 万人	0.6	0.8	3.3	1.2
10 万～25 万人	1.3	0.9	4.3	2.1
25 万～50 万人	1.3	1.0	5.0	2.7
50 万～100 万人	1.5	1.7	5.9	3.0
>100 万人	1.1	1.1	5.6	3.0

注：数据来源于美国以及我国台湾、上海学者的调查统计。

步行距离是指车辆存放后停车者到达目的地的实际步行距离，反映停车场布局的合理性。该指标具有下述特点：停车者对步行距离有一定的容忍度；停车者的步行距离随城市规模的增大而增大；停车者的步行距离因其出行目的的不同和停车时间长短而异，工作出行步行距离最长，停车时间越长，停车者愿意付出的步行距离越长。表 3.1.2、表 3.1.3 分别给出了按出行目的、按停车场类型分类的从停车点至目的地的平均步行距离，表 3.1.4 给出了可接受步行距离的建议标准。

表 3.1.2　按出行目的分类的从停车点至目的地的平均步行距离　　　　单位：m

城区人口	购物	个人私事	工作	其他
1 万～2.5 万人	60	60	82	60
2.5 万～5 万人	85	73	120	64
5 万～10 万人	107	88	121	79
10 万～25 万人	143	119	152	104
25 万～50 万人	174	137	204	116
50 万～100 万人	171	180	198	152

表 3.1.3　按停车场类型分类的从停车点至目的地的平均步行距离　　　单位：m

城区人口	路内	路外 地面停车场	路外 地下停车库	平均
1 万～2.5 万人	64	64	—	64
2.5 万～5 万人	76	107	30	85
5 万～10 万人	85	116	73	85
10 万～25 万人	113	165	101	128
25 万～50 万人	119	232	213	168

注：数据来源于美国几个城市的调查结果。

表 3.1.4 可接受步行距离的建议标准

人口分组 （都市化地区）	步行距离/m	人口分组 （都市化地区）	步行距离/m
2.5万人以下	91	10万~25万人	162
2.5万~5万人	105	25万~50万人	226
5万~10万人	149	50万人以上	229

注：数据来源于我国台湾地区的调查统计。

3）城市停车的行为决策特性指标

研究城市停车的行为决策特性，就是分析影响停车者停车决策行为的因素，主要有等待及寻找停车泊位时间、高峰拥挤现象、停车方便性、停车舒适性、停车安全性、停车费率的合理性等。根据各国的调查统计，一般来讲，机动车出行影响停车者停车决策行为的因素按其重要性，主要是高峰拥挤现象和停车安全性。当然，不同城市调查结果会有差异，如在一个治安状况特别良好的城市，安全性可能是停车决策考虑的次要因素。

3.1.2 停车特征参数

停车特征参数主要用来反映停车场的利用情况，具体参数如下：

（1）停车场容量：规定的停车场或停车区域停放范围内的最大停车泊位数量。

（2）停车时间：车辆在停车场的实际停放时间，其大小与周边的土地利用有关，是交通周转效率方面的基本衡量指标。

（3）累计停车数：从某一时刻开始的累计时间段内停放车辆的累计数量。

（4）停放车指数：某一时刻实际累计停放量与停车场泊位容量之比，反映了车辆停放场地的拥挤程度。而高峰停放指数是指某一停车场在高峰时段内累计停放量与该停车场泊位容量之比，反映了高峰时间停车的拥挤程度。其公式为

$$S = n'/c$$

式中　S——高峰停车指数；

　　　n'——高峰停车数；

　　　c——停车场泊位容量（泊位）。

（5）泊位周转率：在一定时间段内每个停车泊位的平均停放车辆次数，即总停放累计次数与停车场泊位容量的比值。它是衡量停车场泊位利用效率的重要参数之一，根据不同的研究时段可分为高峰小时周转率和平均周转率。其公式为

$$f = N/c$$

式中　f——泊位周转率（%）；

　　　N——累计停放次数；

　　　c——停车场的泊位数。

（6）泊位利用率：在一定时间段内平均每个停车泊位占用时间与总时间的比值，反映了单位停车泊位在一定时间段内的使用效率。其公式为

$$V = \frac{\sum_{i=1}^{n} t_i}{c \cdot T}$$

式中　V——泊位利用率（%）；
　　　t_i——第i辆车的停车时间（min）；
　　　c——停车场的泊位数；
　　　T——时间段的时长（min）。

（7）停车密度：停车负荷的基本度量单位，分为停车时间密度和停车空间密度。其中，停车时间密度是指某一停车场的停车吸引量或某一区域内所有停车场的停车吸引量随时间变化的程度，它可以用停车吸引量的时间分布柱状图来表示；停车空间密度是指在同一时间段内，不同停车场的停车吸引量的变化情况，它反映了不同停车场在某一时间段内对停车吸引的强弱程度，可以用停车吸引量的空间分布柱状图来表示。

3.1.3　停车行为与决策分析

城市区域停车场规划的主要目的是满足车辆在使用过程中的停放需要，为停车者创造一个舒适、安全、满意的停车环境。然而，不同的停车者对停车场的服务要求不尽相同，为了尽可能达到停车满意度最大化，对停车者的停车行为与决策的分析研究就显得尤为重要。

1）停车者对停车场的选择过程

根据停车者获取信息（如：至最近停车场的距离、有无停车位等）的不同，停车者寻找、选择停车场的过程也有所差别，其基本过程分别如图3.1.1～图3.1.3所示。

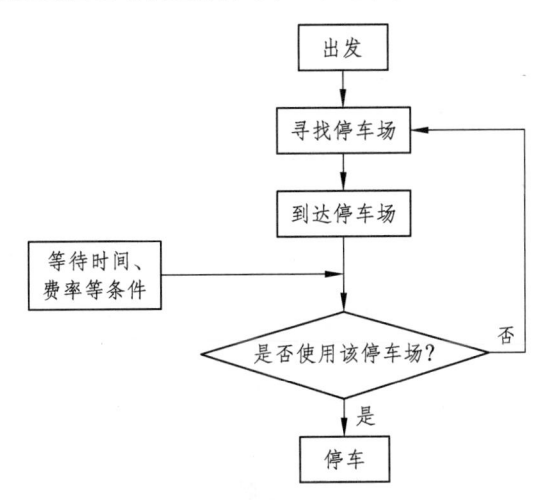

图3.1.1　完全没有停车诱导信息条件下的停车场寻找过程

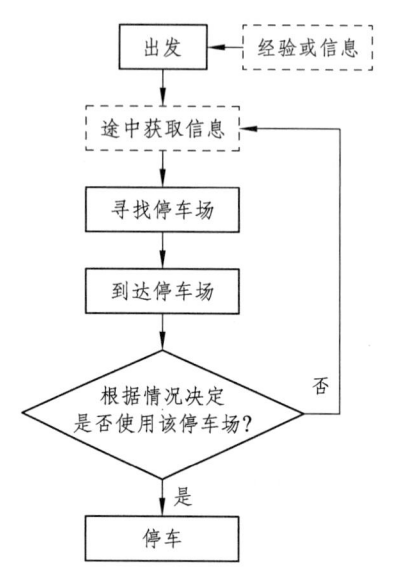

图 3.1.2　向停车者提供部分停车场信息条件下的停车场寻找、选择过程

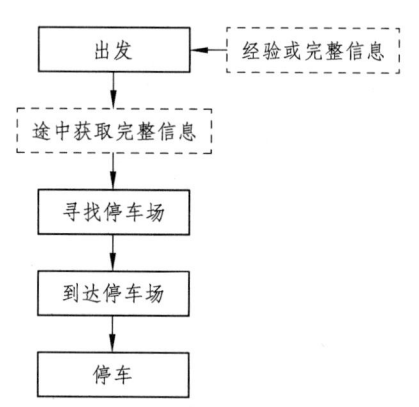

图 3.1.3　向停车者提供完全停车场信息条件下的停车场寻找、选择过程

由图 3.1.1～图 3.1.3 可以看出，在停车场寻找、选择过程中，如果完全没有信息或经验时，停车场的寻找、选择过程最为复杂；而当出发前或行驶途中获取了完全信息时，该过程将会变得最为简单。因此，向停车者提供停车场信息不仅可以简化停车者的停车场寻找过程，还可以减少路上寻找停车场的交通量及入库等待时间，从而有利于促进交通秩序的好转。

2）停车行为的影响因素

国内外研究人员经过多年来的调查分析，总结出以下影响停车行为的若干因素：

（1）停车费率。

在多数情况下，停车费率是影响停车行为最重要的因素之一。然而，根据停车费用的支付者的不同，停车者对于停车费率的敏感程度亦有所不同。

通常由停车者支付停车费用时，停车者对于停车费用表现得更为敏感。这时，如果其他条件相同，停车费用越高，该停车场的利用率越低，选择该停车场的停车者越少。但是，如果停车者不是停车费用的最终支付者（如：停车费用可以报销时），停车者对于停车费用就不是很敏感。

根据研究人员的调查分析，在私家车占有率逐渐上升的形势下，停车费率将逐渐成为调节停车供需关系的有力武器。

（2）停车后的步行距离。

停车后的步行距离是停车者比较优先考虑的问题之一。对国外停车者的调查结果表明，停车者有时宁愿用步行距离来交换停车费用，即停车者有时愿意将车停在距离较远（下车后步行距离较长），但是停车费用较便宜的停车场。

根据上述停车者的行为特点，可以利用价格杠杆来平抑不同地点的停车场利用率。例如，距离重要设施较近的停车场的收费可以高一些，距离重要设施较远的停车场的收费可以低一些。随着私家车拥有量的增加，利用上述距离与费用的关系来调节停车供需的条件将会日益成熟。

（3）停车场使用的方便程度。

停车场使用的方便程度由抵达停车场的难易程度（道路的拥挤与否）、到达停车场后入库等待时间（是否能够及时入库）以及入库后存取车辆的方便程度等方面组成。

通常入库等待时间越长，选择停车场的车辆越少，而选择路侧停车的车辆就会越多，这将会对路上交通产生干扰。但一般来说，入库等待时间对停车场利用率的影响并不是很大，不会超过10%。

综合来看，停车者希望选择等待时间较少、存取车辆方便的停车场。

（4）取缔违章停车的执法力度。

在停车者决定是否路上违章停车或者选择停车场停车时，取缔违章停车的执法力度是停车者考虑的最为重要的因素。

图3.1.4为取缔路上违章停车频率与路上停车率的关系模拟分析曲线。它定量地反映了取缔违章停车执法力度与路上停车率之间的关系。

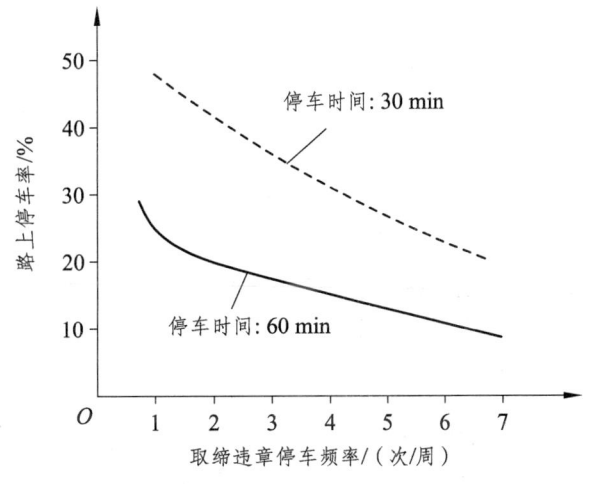

图3.1.4 取缔路上违章停车频率与路上停车率的关系

图 3.1.4 表明,随着取缔路上违章停车力度的加大,选择路上停车的车辆有所减少。在相同条件下,短时间停车的车辆更倾向选择路上停车。

(5)停车信息。

调查表明,超过 81%的被访者在寻找停车场时,希望获得关于停车场的信息。其中最为希望获得的信息是停车场是否有空位(满、空信息)和到达停车场的道路交通信息。超过 80%的被访者表示会利用停车场信息。因此,可以认为停车场诱导信息对于停车者的停车行为具有重要的影响。

(6)其他因素。

除上述可以通过停车政策影响停车行为的因素之外,许多停车者特性、停车场特性、使用车辆特性等所包含的因素也会对停车行为产生影响。其中,停车者特性,包括停车者的职业、收入等;停车场特性,包括停车场的类型、大小、停车方式、停车周转率等;车辆特性,包括车辆的新旧、价格等;出行特性,包括停车时间的长短、停车目的的不同等。这些因素和上述因素相互作用,对停车者的选择行为产生影响。

3.1.4 城市停车与土地利用的关系

1)城市停车与土地利用的一般关系

土地是以人为主体的各种经济文化活动的载体,但土地数量的有限性要求对其进行合理分配以满足社会多方面的需要。老城区的停车场布置,受到城市区域土地利用状况的制约;新城区的停车场建设,也要求城市为其提供一定的空间和土地。从这个意义上讲,停车问题既是交通问题又是土地利用问题。城市停车与土地利用之间的关系,表现为:土地使用发生变化→交通需求发生变化→流量分布变化→停车需求发生变化→停车场供给特征发生变化→区域可达性发生变化→土地利用发生变化。

分析城市停车与土地利用的关系,是为了寻求合理规划与设计城市停车场的依据,推动城市交通健康有序发展。

2)城市停车与土地利用的定量关系模型

城市停车与土地利用的定量关系,也就是建立停车需求与土地利用的数学模型,一般有以下两种方法。

(1)类型分析法。

类型分析法是对各类建筑物进行分门别类的详细调查,再进行统计和回归分析,得出各类建筑物的停车生成率。最常用的反映土地利用规划的自变量为建筑面积和就业岗位数,而在城市停车规划中确定配建指标时,多采用建筑面积,因而采用一元线性回归的方法建立类型分析法的静态交通需求与建筑面积的拟合曲线。其表达式为

$$P = \lambda S + b$$

式中 P——静态交通需求量(泊位);

S——建筑面积(m^2);

λ, b——回归参数。

(2)静态交通发生率模型。

静态交通发生率模型又称产生率模型,该方法的基本原理是建立土地使用性质与停车产生率的关系模式。其表达式为

$$P_{di} = \sum_{j=1}^{n} R_{dij} \cdot L_{dij} \quad (j=1,2,\cdots,n)$$

式中　P_{di}——第 d 年 i 小区的静态交通需求量(标准泊位);

　　　R_{dij}——第 d 年 i 小区 j 类土地使用单位静态交通需求量产生率(%);

　　　L_{dij}——第 d 年 i 小区 j 类土地使用量(面积或就业岗位数)。

3.1.5　城市停车与动态交通的关系

车辆的"行"与"停"是城市交通中不可分割的组成部分,即我们常说的动态交通和静态交通。前者以后者为起点,后者是前者的延续。静态—动态—静态的链状循环是城市交通基本的运行结构,它们之间既相互促进又相互制约,共同构成城市交通系统。动态交通和静态交通之间的关系具体表现为:① 动态交通需求量大时,静态交通需求量也较大,满足动态交通的同时,必须提供一定量的停车设施供给;② 静态交通的满足供应会刺激动态交通的增长;③ 静态交通管理不善会影响动态交通的效率。

如果停车场泊位不足,一部分车辆会出现违章占道停泊现象,降低路段的通行能力,形成区域性瓶颈,引起拥堵,交通状况恶化;另一部分欲停车辆由于找不到停车位而滞留于道路上,同样会降低道路通行能力,引起拥挤延误。

若是停车场的泊位在量上能满足要求,但与交通系统不协调,即所谓的动静不匹配,非但不能解决停车难题,还会干扰动态交通。

1)路外停车对动态交通的影响

路外停车与道路交通的相互作用主要反映于交通流量(交通系统的流量、停车场出入口的流量等)以及它们之间的界面(出入口)。

停车场既是出行的终点又是出行的起点,进出停车场的流量始终与车辆出行紧密联系在一起,出行的高峰小时也必然产生进出停车场流量的高峰小时。

2)路内停车对动态交通的影响

路内停车对动态交通的影响根据道路板块结构的不同而有所区别。

(1)机动车与非机动车间有分隔带,可分为:① 在人行道外沿划出停车地段停车(即路边停车),对道路通行能力的影响较小,可忽略不计,只要能保证有严格的管理使非机动车不能进入机动车道,鉴于此,在划定机动车停车位时应当尽量考虑非机动车的通行需求;② 在最外侧车行道布设停车位(即路内停车),因占用车行道和停车车辆的进出而大大减小道路通行能力。

(2)机动车与非机动车间没有隔离带,则人行道外缘停车行为对非机动车直接干扰较大,常会发生非机动车挤占机动车道行驶,引起机动车和非机动车混行,极易造

成交通混乱。借助国外同类研究的成果，进一步分析路内停车对道路通行能力的影响程度。美国《交通工程手册》介绍，同一道路（同宽及同样的交通条件）上，没有路边停车时可通过的交通量要比有停车时大得多，说明路边停车大大降低了道路的通行能力；而在同样的交通条件下，由于市中心的道路交通需求量和停车需求量都非常大，因而市中心的路边停车对道路通行能力的影响最大。英国《交通规划与工程》介绍，不间断的单向路边停车可使路上车流速度降低 20%以上，由此可见路边停车对行车速度的影响之大。

针对我国的实际情况，通过调查分析，可以估算出路内停车对城市道路容量的影响。一般来讲，若允许路边停车，道路容量将减少 20%~25%，路宽越小，道路容量减少的比例越大，具体数据见表 3.1.5。

表 3.1.5 路边停车对城市道路容量的影响

道路宽度/m	单行道/(车次/h)				双行道/(车次/h)			
	禁止路边停车	两侧路边停车	容量减少值	减少百分比/%	禁止路边停车	两侧路边停车	容量减少值	减少百分比/%
11	6 680	4 220	2 460	36.83	5 600	3 680	1 920	34.29
12	7 740	5 240	2 500	32.30	6 460	4 380	2 080	32.20
14	8 800	6 380	2 420	27.50	7 320	5 080	2 240	30.60
15	9 900	7 480	2 420	24.44	8 220	5 860	2 360	28.71
17	11 000	9 650	2 350	21.36	9 100	6 640	2 460	27.03
18	12 120	9 783	2 337	19.28	9 960	7 360	2 600	26.10

路内停车场对于停车者而言，无疑是一种最佳选择，其吸引力往往高于其他停车场类型，从而造成道路路内停车面积总是无法满足实际需要的局面，进而引发大量的违章停放，愈发加剧了对道路通行能力的干扰。此外，路内停车对路段的影响程度还与停放车辆的数目及停放车辆驶入的时间分布等因素有关。

城市停车的特性分析是进行城市交通规划和制定管理法规的重要依据，是推进城市静态交通发展的基础性工作。本章概述了停车场的基本理论，解释了各停车特性指标和参数的含义，分析了停车者的停车行为选择过程和影响因素，讨论了城市停车与土地利用以及动态交通之间的相互关系，明确了城市停车对于城市交通系统的重要意义和作用。

停车问题是城市道路交通的一个重要问题，是静态交通的重要组成部分，是影响城市交通的主要因素，如果城市内没有足够的机动车停放位置，势必造成车辆的随意停放。占用人行道和非机动车道停车，既影响交通运输，又妨碍市容市貌，还容易造成交通事故。因此，正确处理机动车辆的停放问题，特别是合理地进行停车场规划，对解决道路交通拥挤、减少交通事故、提高道路通行能力具有重要意义。

3.2 停车场规划概述

停车场规划就是确定停车场的建设目标，并制定达到该目标的步骤、方针及方法的过程。早期的停车场规划大多指停车场相关硬件设施的规划设计，然而随着时间的推移，在长期的实践中人们发现停车问题关系到城市交通乃至城市规划，单靠完善停车硬件设施已经无法解决停车问题，因而与停车相关的政策法规建设也被包含在停车场规划概念的外延之中。由此可见，停车场规划是指在有关政策和法规的指导下，对与停车相关的硬件设施进行的规划。在本书中，主要讨论的是城市区域公共性质的停车场规划。

3.2.1 停车场规划的步骤

参照发达国家的规划办法，根据我国停车场规划的现状和发展需求，停车场的规划主要包括现状调查与分析、需求预测、分布规划、设计、评价等内容，如图3.2.1所示。

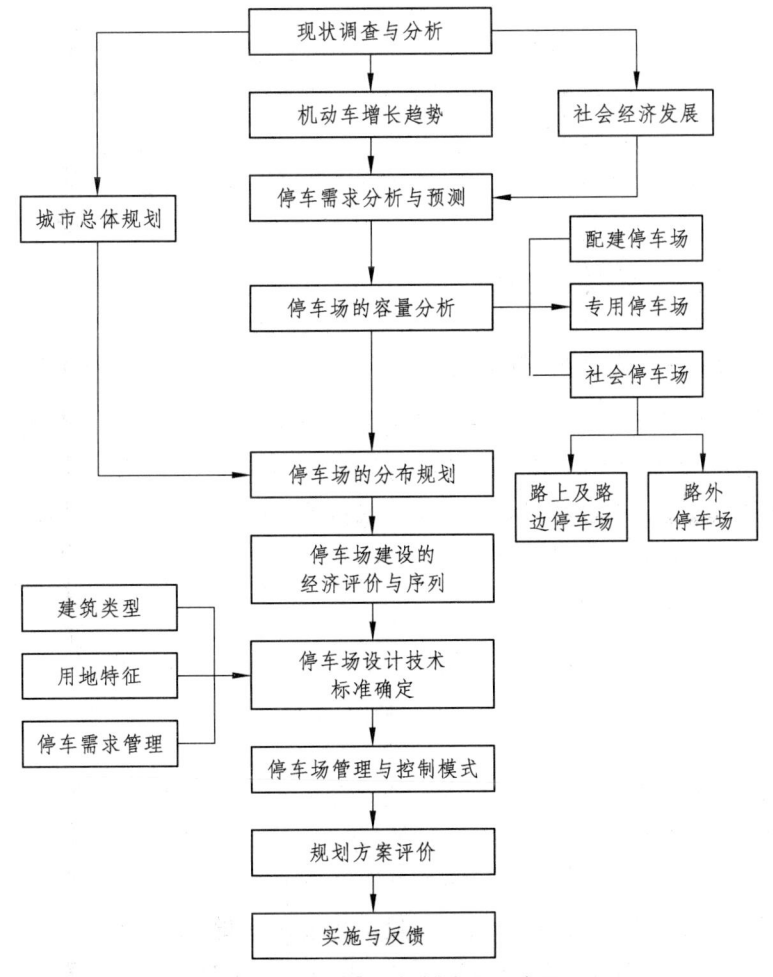

图 3.2.1 停车场规划步骤示意图

3.2.2 城市区域停车场规划的原则

本书所讨论的城市区域停车场的类型为公共停车场，该类停车场是目前在城市区域中最为常见、使用频率最高的，它的规划设计与道路网规划、交通规划、用地规划、交通组织、交通环境等方面有着密切的联系。其规划原则如下：

（1）以城市总体规划和综合交通规划等为依据。

（2）布局合理、规模适当、易于实施，结合道路交通、用地功能分区、人防工程等合理布局，符合有关规范、规定等技术要求。

（3）节约用地、因地制宜。应尽量少占繁华的商业用地，充分利用闲置边角地或原有场地改造，多布置多层或地下停车场（库），规模以中小型为主。在城市出入口附近或城市边缘地区，则多布置大、中型地面停车场。

（4）外来车辆停车场应布置在城市外围、出入口道路附近，主要停放大型车辆。市内公共停车场应靠近服务对象设置，其场址选择应符合城市环境及车辆出入要求而不妨碍城市交通。

（5）停车场规划要与交通综合治理、交通组织相结合，以利于城市交通环境的改善。

（6）社会公共停车场规划主要解决城市公共停车问题，机关团体和大型公共建筑应严格按照有关规定配建相应的停车场（库），不得将停车场移作他用。

（7）充分考虑停车场的建设步骤，做到近、远期相结合。

3.3 停车需求与供给分析

3.3.1 城市停车需求预测与分析

城市停车需求预测是停车规划的重要内容，预测分析的目的是为规划泊位预留提供依据。早期的停车规划均以停车需求预测为依据。城市停车需求受多种因素的影响，停车需求预测方法要基于这些因素而建立。国内外已经对此进行了很多研究，由于各国的国情不同，城市发展形态不同，经济增长不同，所以停车预测模式也不同。

1）城市停车需求影响因素分析

城市停车需求指由车辆使用引起的停车需求，是日间停车需求的主要组成部分，主要由于社会经济活动产生的各种出行所形成。停车需求受众多因素的影响，主要影响因素有：

（1）城市的社会经济发展水平。它在很大程度上影响着城市人口、人均收入和个人消费意识，这些都与城市停车需求量密切相关。

（2）土地的利用方式。土地利用方式决定了停车发生源的性质，也决定了停车需求特征。首先，土地利用方式是吸引交通量、产生交通量的源，交通需求是土地利用开发的函数，在动态和静态交通中均是如此。其次，车辆停放特征，如车辆停放时间、停车目的等，显然与土地利用方式密切相关。再次，土地开发利用的强度越大，建筑、人口、交通就越集中，停车需求也就越大。最后，停车需求还受到土地利用格局的影响。

（3）城市机动车保有量。这是产生车辆出行和停车需求的必要条件，车辆增长是导致停车需求增长的最重要因素。

（4）城市交通政策。它影响着个体的出行方式，也相应影响城市的停车需求量。鼓励私人交通和宽松的停车政策会刺激停车需求的增长，相反，限制私人交通和停车控制供给政策将起到抑制或减缓停车需求增长的作用。

（5）个体意识出行者选择的目的地、出行方式和费用。这些都对停车需求量产生很大影响。

（6）停车供给的反馈。它影响停车泊位供给量的增加，会激发潜在的停车需求，导致停车需求的增加，反之，供给量的减少会抑制停车需求，导致停车需求量的下降。

2）城市停车需求预测方法

停车需求预测分析的目的是为确定停车泊位供给规模提供依据。停车需求量预测准确与否，对停车规划的影响巨大。纵观国内外现有停车需求预测方法，主要有人口规模预测法、机动车保有量预测法、以停车生成为核心的用地分析法、以停车和车辆出行关系为核心的出行吸引预测法、多元回归分析等预测方法。

（1）总量预测法。

① 人口规模预测法。

城市的公共停车设施用地面积与城市人口有关，根据我国《城市停车规划规范》（GB/T 51149）规定，机动车配建停车场为最重要部分，应不少于总量的85%，公共停车场作为补充，应占总量的10%~15%。其表达式为

$$F = p \cdot b$$

式中　F——规划期末城市所需的总停车面积（m^2）；

　　　p——规划期末城市的人口数量（人）；

　　　b——人均所需的停车面积（m^2/人），一般取 0.5~1.0 m^2/人[①]。

② 机动车拥有量预测法。其表达式为

$$F = m \cdot n \cdot a$$

式中　F——规划期末城市所需的总停车面积（m^2）；

　　　m——规划期末城市的机动车拥有量（辆）；

　　　n——使用公共停车场车辆占机动车拥有量的百分比，一般取 10%~15%[②]；

　　　a——小型汽车的单位停车面积，一般按平均 25 m^2 计算。

[①] 客运车辆比例大、经济发展水平高、过境交通比重大的地区取大值，反之取小值。
[②] 客运车辆比较大、经济发展水平高、过境交通比重大的地区取大值，反之取小值。

（2）以停车生成为核心的用地分析法。

① 停车生成率模型。

停车生成率指单位土地利用指标所需的停车泊位需求数。该模型是建立在土地利用性质与停车需求生成率之间关系的基础上的。其基本思路是将区域内各种不同土地利用性质的地块看作停车吸引源，而区域总的停车需求量等于这些单个地块吸引量之和。目前很多城市的停车规划中都采用该模型，尤其计算大型公用建筑的配建停车泊位时尤为实用。该模型的表达式为

$$P_{di} = \sum_{j=1}^{n}(R_{dij})(L_{dij}) \quad (j=1,2,\cdots,n)$$

式中　P_{di}——第 d 年第 i 区高峰时间停车需求量（泊位数）；

　　　R_{dij}——第 d 年第 i 区第 j 类用地单位停车需求生成率（%）；

　　　L_{dij}——第 d 年第 i 区第 j 类土地使用量（面积或雇员数）；

　　　n——用地分类数。

模型对研究区域中的每一类型用地均可以得到详细的统计参数，但需要进行详细的停车特性调查，不仅工作量大，而且由于建模的基础是单一用地类型，所以在研究土地使用类型多而且混合的城市区域时，回归数据易受其他因素干扰，模型对于规划年份各种土地使用类型的停车生成率难以把握，因此预测周期不宜过长。

② 用地与交通影响模型。

该模型是建立在城市区域的停车需求与该区域的经济活动特性和交通特性密切相关的基础上的，通过停车特征调查和土地利用性质调查，从机动车保有量、土地利用等的现状及其变化趋势入手，确定它们与停车需求的关系，进而分析当前停车需求及预测未来停车需求。该模型的表达式为

$$p = f(x_i) \cdot f(y_i)$$

式中　n——预测年各区域内的日停车需求量（标准泊位/日）；

　　　$f(x_i)$——日停车需求的地区特征参数，即不同区域土地利用特征所产生的日停车需求，它反映了预测区域内土地利用的性质、规模与日停车需求之间的关系；

　　　x_i——第 i 类型土地利用的模型，通常采用不同类型用地的建筑面积表示（100 m^2）；

　　　$f(y_i)$——日停车需求的交通影响函数，它反映了交通量的不断增长对停车需求的影响情况；

　　　y_i——区域内的交通量的平均增长率（%）。

该模型是停车生成率模型的扩展，既具备了生成率模型的特点，又将停车生成率与道路交通量相结合，较好地兼顾了停车与土地利用和道路交通的关系，分析与预测的结果更为合理。

③ 静态交通发生率模型。

该模型与停车生成率模型相似，也是建立在停车需求与土地利用性质的关系基础上的。静态交通发生率是指某种用地功能指标工作岗位或居住人口所产生的全日停放车辆数。

由于综合性功能区的停车需求是土地、人口、职工岗位和交通 OD 分布等诸多因素交互影响的结果，如果仅采用传统的预测模式，分别调查确定停车发生吸引率则难度较大，而且精度未必可靠。静态交通发生率模型无须进行分门别类的详细调查和统计回归分析，只需分小区调查当前基本日停放车辆数和各类用地的工作岗位数，从而大大减少了工作量。该模型的表达式为

$$P_j = f(L_{ij}) = \sum_i a_i L_{ij}$$

式中　P_j——预测年第 j 分区基本日停车需求量（标准车位）；

L_{ij}——预测年第 j 分区第 i 类土地利用指标（人）；

a_i——用地的静态交通发生率指标（标准车位/100 工作岗位·日）。

对于 n 个小区、m 种用地分类的情况，上式可以表示为

$$\boldsymbol{P} = \begin{bmatrix} P_1 \\ P_2 \\ \vdots \\ P_n \end{bmatrix} = [a_1 a_2 \cdots a_n] \times \begin{bmatrix} L_{11} & L_{12} & \cdots & L_{1n} \\ \vdots & \vdots & & \vdots \\ L_{m1} & L_{m2} & \cdots & L_{mn} \end{bmatrix}$$

该模型的优点是，停车需求的计算可以采用研究区域内用地性质相近、规模相当、用地功能比重相对独立的组合大样本作为建模抽样的基础，既避免了调查的困难，又提高了典型资料的使用率，对研究区域不仅可以得到总停车需求，还能按土地使用功能比重计算出每一土地使用指标的停车产生率，适用性很强。这种模型在上海市停车需求预测中多次被采用。但是，对静态交通发生率的计算从数学上看是一种总误差最小的最优解，与实际值存在一定的误差，对于区域用地功能中所占比重小的用地，误差较大。

④ 商业用地停车分析模型。

这种方法基于停车需求与用地性质、雇员数量之间的关系来对以商业为主的地区，进行规划年的停车需求预测。基本假设为：长时间的停车需求是由雇员上班引起的，而短时间停车需求是由在该地区进行的商业活动引起的。该模型于1984年由美国提出，并在城区总体交通规划研究中的停车需求的预测上进行了应用。具体的模型如下：

$$d_i = A_L \cdot \left(e_i / \sum_{j=1}^n e_j \right) + A_S \cdot \left(F_i / \sum_{j=1}^n F_j \right)$$

式中　d_i——第 i 区高峰停车需求（泊位数）；

A_L, A_S——长时间和短时间停车总累计停车数；

e_i, e_j——第 i 区和第 j 区的雇员数；

F_i, F_j——第 i 区和第 j 区零售及服务业的建筑面积（m^2）；

n——停车小区数。

这种模型对数据的要求简单，但对建筑面积和雇员数的准确性要求较高。该模型适用于用地较为单一、以商业服务为主的城区，而对于用地十分复杂的大城市总体停车需求分析和预测精度较差。

（3）以停车和车辆出行关系为核心的出行吸引预测法。

停车需求的生成与地区的经济社会强度有关，而经济社会强度又与该地区吸引的出行车次有密切关系。出行吸引模型的原理是建立高峰小时停车需求泊位数与区域机动车出行吸引量之间的关系。模型建立的基础条件是开展城市综合交通规划调查，根据各交通小区的车辆出行分布模型和各小区的停放吸引量建立数学模型，由此推算获得停车车次的预测资料。

① 香港模型。

香港在停车需求方面进行了大量的研究。香港于1995年完成了香港停车泊位需求研究的最终报告，内容涉及全香港各种车辆的停车需求。停车模型由四个主要的子模型组成：私人汽车拥有关系停车需求模型；私人汽车使用关系停车需求模型；货车白天停车需求模型；货车过夜停车需求模型。

前三个子模型的建模方法是从城市综合运输研究模型的全日机动车出行量转化为全日停车需求的时间分布曲线。后一个子模型为回归模型，建立在用地类型与全日机动车出行和最大累计停放量之间的回归关系。

② 中规院模型。

这种方法是一种基于停车需求与车辆出行关系的模型。模型的基本形式如下：

$$P_i = [N_i + (D_{i1} \cdot f(s) - O_{i1})] + (D_{i2} \cdot f(s) - O_{i2})$$

式中　P_i——i 小区高峰停车需求（泊位）；

N_i——i 小区初始停车量，即夜间停车量（泊位）；

D_{i1}——i 小区高峰时段前累计交通吸引量（车次）；

O_{i1}——i 小区高峰时段前累计交通发生量（车次）；

D_{i2}——i 小区高峰时段末累计交通吸引量（车次）；

O_{i2}——i 小区高峰时段末累计交通发生量（车次）；

$f(s)$——i 小区机动车停车生成率。

该类模型的特点是以车辆出行作为停车需求生成的基础，较好地考虑了停车的交通特性模型需估计城市各分区所吸引的以机动车为交通工具的出行端点数，该数据的获取需做过城市总体交通规划或抽样率较高的大规模的城市居民出行调查，随着经济发展及其他因素的变化，停车生成与车辆出行之间关系的现状和未来会有很大不同，因此用该类模型进行预测的预测期不宜过长。

（4）回归分析模型。

① 美国 HRB 模型。

美国道路研究协会发表的研究成果，旨在建立停车需求量与城市经济活动、土地使用变量之间的函数关系，突出了城市内人口、建筑面积、职工岗位数等对停车设施需求影响较大的参数，所需数据大多为社会经济数据，比较容易取得，但由于停车需求预测是基于各因素的预测数据，而各因素的预测数据本身已有一定的预测误差，所以该模型不适用于长期预测。对于土地使用复杂的区域，由于相关变量较多，模型精度也会受到相应的影响。

典型的相关分析模型为

$$p_i = a_0 + a_1 X_{1i} + a_2 X_{2i} + a_3 X_{3i} + a_4 X_{4i} + a_5 X_{5i}$$

式中　P_i——预测年第 i 区的高峰停车需求量（标准泊位）；

X_{1i}——预测年第 i 区的工作岗位数；

X_{2i}——预测年第 i 区的人口数；

X_{3i}——预测年第 i 区的建筑面积（m^2）；

X_{4i}——预测年第 i 区的零售服务人员；

X_{5i}——预测年第 i 区的小汽车拥有量；

a_i——回归系数（$i=1, 2, \cdots, 5$）。

② 交通量-交通需求模型。

上海综合交通研究所对该模型进行了深入研究。模型有一元对数回归模型和二元对数回归模型，二元对数回归模型分别将区域交通量中客运出行吸引和货运出行吸引作为自变量进行回归。模型通式为

一元回归：$\log(P_i) = A_0 + A_1 \log(V_i)$

二元回归：$\log(P_i) = A_0 + A_1 \log(V_{pi}) + A_2 \log(V_{wi})$

式中　P_i——预测年第 i 区机动车实际日停车需求量（泊位）；

V_i——预测年第 i 区机动车日出行吸引量；

V_{pi}——预测年第 i 区客车日出行吸引量；

V_{wi}——预测年第 i 区货车日出行吸引量；

A_0，A_1，A_2——回归系数。

该模型以车辆的出行行为作为停车需求生成的基础，较好地考虑了停车的交通特性，预测得到的结果更合理。它适用于对城市规划区域进行宏观的停车需求分析，可用于预测近期停车需求，较适用于区域用地功能较为均衡、稳定的情况。该模型的不足在于无法具体得到区域内每一土地使用的停车设施需求量，因此通常作为验证其他预测模型计算结果的有效方法。

3）城市停车需求预测模型的评价

通过对各种停车需求预测模型的比较和评价，得出各种模型的特点和适用性，如表 3.3.1 所示。

表 3.3.1　停车需求预测模型的比较和评价

模型分类		数据要求	优点	局限性	适用范围
总量预测	人口规模法	规划年末城市人口规模	从总体规划的角度考虑停车需求强度和规模，较为理想化地解决城市的停车需求	规划供给量大，近期建设完成的难度很大	适用于总量预测
	机动车保有量法	规划年末城市机动车保有量	较合理地考虑了当前停车需求状况，确定的停车供给较符合停车需求的实际状况	在规范上并无明确指标，只是根据国内外的停车研究成果	适用于总量预测
用地分析	生成率模型	停车特性、土地使用特性及规划	直观、数据要求单一，较容易获得	对样本数量要求较高，否则预测偏差较大	空间上适用于分区预测，时间上适用于近期预测
	用地及交通影响分析模型	停车特性、土地使用特性及规划、未来干道交通量及机动车保有量	将停车生成率与道路交通量相结合，预测结果可信度高	模型中的交通影响函数较难确定，影响预测精度	空间上，可用于分区预测，也可用于整体预测；时间上，适用于近期预测
	商业用地模型	累计停车数、雇员数、各类用地的建筑面积	对数据要求简单，成本较低	预测精度较低	实质上也是一种总量预测法，适用于总量预测
出行吸引	香港模型	停车特性、未来 OD 资料	模型以车辆出行作为停车需求生成的基础，较好地考虑了停车的交通特性	需做过城市总体交通规划或抽样率较高的大规模城市居民出行调查；停车生成与车辆出行之间关系的现状和未来会有很大不同	空间上，可以用于分区预测，也可以用于整体预测；时间上，适用于近期和中长期预测
	中规院模型	详细分时段 OD 资料			

续表

模型分类		数据要求	优点	局限性	适用范围
回归分析	美国HRB模型	停车需求、人口、机动车保有量、就业岗位数等历史数据	模型所需数据大多为社会经济数据，较易取得	我国对于停车方面的研究起步较晚，很难取得停车需求的历史数据	空间上适用于较大范围整体预测，时间上适用于近期预测
	交通量-交通需求模型	区域停车特性和到达交通量的历史数据	基本思路和出行模型相似。但对OD的数据大大低于出行模型	较适合于区域用地功能较为均衡和稳定的情况	实质上也是一种回归模型，可以用于近期停车需求预测

综观现有的停车需求预测方法，基于相关预测原理的方法占大多数，各种方法各有其优缺点和适用性。总体上，适用于中长期预测的方法不多，各种预测方法用于远期预测可能存在可行性问题，如用地分析法基于土地利用现状调查，对未来的发展预测比较困难；出行吸引法基于现状停车特性和未来OD资料，由于影响交通的因素很多，出行OD量及分布的远期预测的可靠性也难以把握。

3.3.2 城市停车供给分析

停车规划要以停车需求预测为依据，在确定城市停车泊位规模时，要力求停车泊位供给量能够满足停车需求，但是城市停车供给还受其他多种因素的影响。本节将在分析城市停车供给影响因素的基础上，分析城市停车设施与路网容量的协调，并给出若综合考虑路网容量的限制、城市停车政策以及停车设施利用情况等城市停车需求与供给分析因素，如何确定城市的停车供给规模。

1）城市停车供给影响因素分析

城市停车设施供给的影响因素比较复杂，综合起来包括以下6个方面：① 城市交通发展战略规划和区域规划；② 城市土地开发和利用状况；③ 城市停车需求；④ 城市道路网容量；⑤ 城市停车政策与管理措施；⑥ 停车设施的使用状况（如停车周转率、平均停车时间）。

这些因素相互影响，相互作用。以下将在分析城市停车设施供给与城市道路网容量相互平衡的基础上，分析综合考虑停车需求、路网容量、停车政策及停车设施的使用状况等因素，如何合理确定城市停车泊位供给的规模。

2）城市停车设施系统与道路网络系统的协调

城市停车设施系统与道路网络系统的协调，一方面指它们在容量上要相互平衡，另一方面指可以通过规划和相应的道路交通管理政策，使它们在服务水平上达到一致，满足最大的交通需求，达到系统的效益最大化。下面将对停车设施供给与路网容量的平衡进行分析。

（1）路网容量的概念和计算。

路网容量指在一定的交通状态和环境下，单位服务时间内天气良好时所有车行道或道路上能够通过的最大车辆数。路网容量可以用来反映交通供给与交通需求之间的矛盾，通常可以采用时空消耗法、进出口通行能力法进行计算。

时空消耗法：在一定时期内城市道路资源是有限的，无法重复使用。这种方法将城市道路资源看成是由时间和空间决定的一种资源，是一定时间内高峰小时道路机动车道的总长度。任何交通个体的出行都要占用所使用道路一定的时间和空间，消耗一定的时空资源。路网交通个体的时空消耗指车辆在一定时间内占用道路的空间（多用动态车头间距来表示）或在一定空间内占用的时间。道路路网容量可以通过道路机动车道的时空资源与单个交通车辆时空消耗的比值来确定。

进出口通行能力法：考虑在交通高峰小时，中心区内的大多数路段都处于高饱和状态，在很多情况下，这些路段都直接连接着中心区的进出口。因此，在中心区内部交通量很小、内部路网容量足够的情况下，中心区的各个进出口的容量就成了交通的"瓶颈"，所有进出口的交通容量总和可作为该中心区的道路交通容量。

（2）停车设施供给与路网容量的平衡分析。

停车设施供给与路网容量的平衡分析可以采用正向和反向平衡分析。

① 正向平衡分析。

首先计算出路网容量，然后利用与出行相关的停车需求分析模型，求出当道路交通量达到饱和时的停车需求，最后求满足此停车需求所需的停车设施供给。另外，如果把计算的结果与停车设施供给现状进行比较，可知停车设施供给现状能否满足交通量达到路网容量时产生的停车需求。如果不能满足，说明停车设施发展滞后，应加快停车设施的建设，增加停车设施的供给。但在城市中心区，如果实行停车控制政策，则非如此，反之，说明停车设施供给过多，可能引起严重的交通阻塞。

② 反向平衡分析一。

首先利用与土地利用相关的停车需求分析模型求出停车需求，然后利用与出行相关的停车需求分析模型反推出与此停车需求相应的路网交通量，将它与路网现状容量进行比较，就可以知道路网现状容量能否满足该区域土地开发产生的停车需求。若不能满足，则应该考虑扩大路网容量或者控制停车需求。

③ 反向平衡分析二。

由停车调查得到停车设施现状供给，根据停车供需关系式，求出由现状停车供给决定的停车需求，再代入与出行相关的停车需求分析模型，反推与此停车设施需求相适应的路网交通量，把它与路网的现状容量进行比较，就可以知道路网现状容量与停车设施现状供给决定的停车需求是否相适应。

通过以上三种方法，可以分析停车设施系统与道路网络系统是否协调。

3）城市停车泊位供给规模的确定

对于城市中心区域，交通需求较大，交通结构复杂，道路服务水平偏低，且受到用地限制，所以应该考虑路网容量的限制，缩小其停车泊位供给，并在中心城区的出入口附近设置停车换乘设施。缪江华（2006）对城市中心区基于路网容量的停车需求预测进行了研究。

本书借鉴前人的研究成果，结合前面对停车设施供给与路网容量的平衡分析，研究既考虑满足停车需求又考虑与路网容量的平衡关系的情况下，如何确定城市中心区的停车泊位供给规模。

（1）路网容量计算。

采用进出口通行能力计算方法，路网容量的表达式为

$$C = C_{in} + C_{out} = \sum A_i + \sum G_i$$

式中 C——中心区路网容量；

C_{in}——中心区进口道通行能力（pcu/h）；

C_{out}——中心区出口道通行能力（pcu/h）；

A_i——第 i 进口通行能力（pcu/h）；

G_i——第 i 出口通行能力（pcu/h）。

其中

$$\sum G_i = Q_1 - p_1, \quad \sum A_i = Q_2 - p_2$$

式中 Q_1——中心区交通发生量；

Q_2——中心区交通吸引量；

p_1——中心区通过进口的穿越交通量；

p_2——中心区通过出口的穿越交通量。

（2）路网容量限制下的停车需求。

停车需求表达式为

$$p_d = k \cdot \beta \cdot (C - p_1 - p_2 - Q_1)$$

式中 p_d——停车需求量；

k——车辆停放的修正系数，它是高峰小时前停车滞留量和车辆平均停放时间的函数；

β——停车产生率（%）。

（3）停车供给与停车需求的关系。

一般地，城市中心区将在尽量满足停车需求的情况下，采取一系列的停车政策和管理手段来对停车需求进行控制与调节。由此引入停车政策与管理参数，另外，还要考虑停车设施的利用特性，停车设施的供需关系可用下式表达：

$$p_s = \frac{p_d a}{tb}$$

式中　　p_s——停车泊位理论供给规模（标准泊位数）；

　　　　p_d——高峰小时停车需求量（标准车车次）；

　　　　a——停车政策与管理参数；

　　　　t——高峰小时停车周转率（标准车车次/h）；

　　　　b——停车泊位平均使用率。

（4）城市停车泊位供给规模的确定。

由公式和计算的城市停车供给规模是一个供应限制值，它代表中心区停车供应的最大极限，如果超过这个供应极限，将会加剧中心区道路的交通压力。

如果综合考虑由按各种预测模型计算的停车需求制约及路网容量对停车需求的制约，假设由按各种预测模型计算的停车需求量确定的停车供给为 p_{s1}，路网容量限制下的停车供给为 p_{s2}，确定城市停车泊位供给规模，有两种情况：

① $p_{s1} < p_{s2}$，这种情况下，应按停车需求量确定停车泊位供给规模，这样既能满足停车需求，又能满足路网容量的制约。

② $p_{s1} > p_{s2}$，这种情况下，可以通过两种办法确定停车设施的供给：一是增加路网容量，适应停车需求，仍按停车需求量确定停车泊位理论供给规模；二是按路网容量确定停车供给规模，并采取停车管理政策，控制停车需求。

3.4　城市区域的停车选址

目前许多城市普遍存在着停车场规划滞后、投资不足、停车用地控制不力等问题，由停车场选址与建设不当而造成的交通拥挤、投资亏损、环境恶化等现象屡见不鲜。因此，如何科学地综合静动态交通的协调组织、停车者步行距离、停车存取便利性、生态环境影响、土地价值利用等多方面的因素，进行停车场规划和设计是十分重要的。

3.4.1　停车规划选址内容

城市停车场选址规划是停车规划的重要组成部分，它以停车者的行为决策为基础，以满足停车设施服务的指标为目的，以有限的区域资源条件为约束，是一个综合系统工程。停车场的选址规划涵盖以下内容：

（1）根据城市不同规划区域的特性和要求，合理选择停车场的位置布局；

（2）给出各规划停车场的泊位规模和数量；

（3）选择各规划停车场的合理建造形式，分析相关情况下的交通影响。

3.4.2　城市停车场选址

停车场在城市中的选址应当结合城市分区的功能和城市道路系统的特征等因素。开放的公共停车场规划布局要根据其服务对象、性质以及城市停车政策来确定。通常情况下，停车场的选址应考虑以下因素：

（1）服务半径（步行距离）：停车场到目的地的距离。一般而言，泊车者期望步行距离越短越好。相关研究表明，一般以步行时间 5~6 min、步行距离 200 m 以内为宜，最大不超过 500 m。

（2）停车场的可达性：泊车者通过主干路网到达停车场地点的难易程度。停车场的可达性越好，被泊车者使用的可能性就越大。

（3）与城市规划的协调统一性：在停车场的规划年限内，与该城市交通规划的适应协调性。

（4）建设费用：包含建筑费用、征地拆迁费用以及环境保护费用等。它连同停车场使用效率很大程度上决定停车场的经济效益。

（5）保护城市文化景观：为了满足旅游交通的需求方便，应当在城市的名胜古迹、风景旅游点附近设置停车场。但考虑到景观保护，停车场的选址应当与被保护对象有一定的距离。

（6）公共空间的有效利用：开发公共设施（如广场、公园）的地下空间，既能有效利用公共空间，又能有效改善城市景观。

上述因素相互影响、相互制约，在进行停车场选址规划时，要合理根据城市区域条件，充分考虑各影响因素，以达到科学合理选址的目的。

3.4.3 城市停车场布局

城市停车场的布局要结合城市的经济模式、地理结构以及居民数量等因素来考虑，一般来说，城市停车场会有以下分布方式。

1）城市中心商业区

城市中心商业区一般是商业、饮食、购物和娱乐的集中地段，部分银行以及政府机关也会处于该地段之中，这些集中地段停车设施少，停车需求量大而且非常集中，是城区内停车场规划布局的重点。因此，针对这种特殊性，在此类地段四周以集中布设路外停车场为主，以解决停车需求量大、停车难的问题。

2）商业、机关、居住混杂区

此区域较集中地散布着一些文娱设施和商业中心，常常以一个或数个大型的建筑为主带动周围小型公用服务设施，停车场一般呈点状分布。因此在规划时，有必要在主要的建筑物地下修建专用停车场或者在其附近修建相应的社会公用停车场，这样既能满足主体建筑的需要，又能照顾到周边小型建筑的停车需求。

3）城市居住区

居住区作为市民居住和生活的地方，人口密度大，其停车需求性相对也较高。结合居住区周边条件和自然环境因素，其规划布局也有自身的特点。居住区停车规划布局考虑的主要因素是停车步行距离以及对居住区生活的干扰程度，因此，应最大限度地遵循居住区的道路组织和交通布局来规划，以达到方便、安全、经济适用的效果。

一般而言，可以分为三种规划布局方式：

① 集中式布局。该布局一般采用建设单层以及多层停车库的布局方式，往往设置在住宅的主要车行出入口或相应服务中心的四周。这样既方便居民购物生活，又可限制外来车辆的驶入，从而有效减少居住区内汽车的通行量，降低空气和噪声污染，保证住宅群落内的安全。一般大型地下车库规划在居住区主入口的服务中心地下范围，而小型地下车库则设在组团之内。此外，针对一些大型住宅，集中式布局往往容易造成居民从家到停车场的路线过长，使居民对停车场缺乏心理归属感。

② 分散式布局。分散式停车会对居民的使用带来很大的方便，因此有必要考虑规划一定比例的分散停车量，特别是针对大规模、多层为主的居住区，采用分散式布局能大大缩短停车服务半径，方便居民的使用，因此这种停车方式更适合于规模大的居住区。

③ 集中和分散式混合布局。这种停车布局最适合居住小区的停车布局。对于小区居民而言，按照每户或单元设置停车位是最方便的一种停车布局。

人们对居住小区停车环境的满意度还取决于对居住区的停车规划。因此，进行良好的停车规划设计是非常必要的。

4）城市周边地区

该区域分布在市区的四周，其用地性质主要以工业、旅游、机场、码头为主，停车需求相对分散。因此，以各单位的内部专用停车场（包括体育中心设立停车场、旅游景点专用停车场等）来满足各类停车需求。

3.5 停车场规划评价分析

停车场规划评价是运用评价方法，借助评价指标，明确规划方案的经济、环境、交通等多方面可能产生的效果，分析规划方案达到规划目标的可能性，从而为决策提供依据。

3.5.1 停车场规划评价指标分析

城市区域停车场规划的评价涉及多方面的内容，不单纯以满足停车泊位需求为唯一目标，还必须考虑停车场的服务水平、对动态交通的影响以及土地使用等因素，因此要对停车设施的使用者效益、城市交通总体效益和土地使用效益等指标进行评价。

1）使用者效益指标

停车场建设的直接服务对象是停车场的使用者，故使用者效益指标是衡量公共停车场布局好坏的重要因素。评价指标主要有：

（1）停车者步行至目的地的距离。

调查表明，95%以上的泊车者能接受的步行距离是 220 m 左右。步行距离超过 350 m，则服务水平很低。停车者的平均步行距离可表示为

$$\bar{l} = \frac{L}{\sum_j p_j} = \frac{\sum_{i=1}^n \sum_{j=1}^m a_{ij} l_{ij}}{\sum_j p_j}$$

（2）停车需求满足程度。
其计算公式为

$$S = P_t / Q_t$$

式中　S——停车需求满足程度；
　　　P_t——t 年区域停车设施供给；
　　　Q_t——t 年区域停车设施需求。

此外，停车的安全性和停车场的收费水平也是需要进行评价的指标。

2）城市交通总体效益指标

城市交通总体效益主要指公共停车场布局规划完成后对周边道路的通行能力、机动车行驶速度以及交通安全的影响。评价指标主要有：

（1）通行能力影响。假定道路原来的通行能力为 N，r_1，r_2，r_3 分别为车道路宽、侧向净空、路边停放出入对通行能力的折减系数，则在路边设置停车设施后的道路通行能力降为

$$Q = N \cdot r_1 \cdot r_2 \cdot r_3$$

（2）交通安全影响。交通事故降低的比率可以反映区域交通状况得到改善的程度和交通事故减少的程度，其公式为

交通事故降低率=有无停车设施的交通事故率之差÷无停车设施交通事故率

3）土地使用效益指标

停车场的建设对区域土地使用效益的影响包含经济效益和社会效益两个方面。经济效益主要表现为区域土地价格的增值、停车场使用率的大小以及建成后停车场的运营状况；社会效益则体现在对广场、医院、社会教育等泊位需求不高但对公众有利的公共型建筑的服务程度上。

对土地使用效益的量化可以使用线性加权法，其计算公式为

$$V = \sum_i e_i \cdot v_i$$

式中　e_i——第 i 类土地功能的停车场数量；
　　　v_i——第 i 类土地功能的停车场的土地使用效益值（见表 3.5.1）。

表 3.5.1　土地使用效益赋值

停车场所有区域	商业、办公、宾馆等高强度用地	公交枢纽、集会场所等中间型用地	住宅、医院、工厂等社会公益性用地
土地使用效益	6.0~8.0	5.0~7.0	3.0~5.0

3.5.2 停车场规划评价方法简介

1）交通效果评价法

（1）道路负荷度评价法。

通常，路边停车场的建造会造成道路通行能力的下降，从而导致道路负荷度的提高。可以用道路负荷度来评价交通效果，负荷度可用下式计算：

$$负荷度=V/C$$

式中　V——道路交通量；

　　　C——道路通行能力。

据《城市道路设计规范》（CJJ 37-90），当道路中的次干路 $V/C \leq 0.85$、支路 $V/C \leq 0.90$ 时，评价为该路段的通行能力和服务水平符合该路原设计要求。

（2）交通障碍率评价法。

路边停车占用道路面积，它的设置和使用将减小供交通使用的道路空间，因此对交通产生影响的大小可用交通障碍率指标来衡量。

交通障碍率（R）是指被占用的道路宽度（b）占道路总宽度（B）的比值，可由下式表示：

$$R = b/B \times 100\%$$

交通障碍率反映了设置路边停车带后，道路有效宽度的变化对动态交通的影响。国外对设置路边停车带造成的交通障碍率一般有明确的控制指标，如美国和日本规定交通障碍率一般不得超过 35%。

2）综合评分法

综合评分法较为常用，其具体步骤为：① 制定各项停车场规划指标的评价标准；② 参加评价的人员根据经验，对不同建设方案分别给出各项评价指标的具体评分；③ 将不同方案的各项评分按一定计算方法归纳整理，得出各停车场规划方案的综合评分；④ 以综合评分为依据进行规划方案的排序或取舍。

综合评分法的优点是简单、易操作，能将一些定性的指标相对量化，并将定量和定性的评价综合，从而为从整体上理解停车场规划以及分析各方案之间的优劣提供了依据。其不足之处在于，由于各项指标评分标准的确定仍依靠经验，难以精确和更具说服力。

3）成本效益分析法

成本效益分析法是将不能用货币衡量的因素用补偿和调查的方法进行转化，然后计算其净现值、成本效益比、内部收益率等指标，以此作为停车场规划方案的决策依据。由于各种非货币因素的衡量和转化十分复杂，涉及社会价值观等多方面的问题，目前尚未得到专家认可。

其他常用的评价方法还有专家咨询法、层次分析法、主成分分析法等。

目前我国的研究学者尚未提出一套系统完整的评价方法，以上的各种评价方法各有利弊，可根据不同情况有针对性地进行使用。

3.5.3 基于交通仿真的停车场规划评价

随着停车难问题日渐凸显，新建停车场已成为解决停车难问题的重要手段。停车位的增加，能在一定程度上缓解城市停车的紧张局势，但同时也会诱增相连道路的交通量，给城市道路增添新的交通拥堵。某些特殊路段，由高峰期间等待入库的车辆排队过长导致的相连道路出现严重堵塞现象时有发生，严重影响着城市道路车辆的通行效率。这主要是因为停车场选址、建设规模及出入口交通组织设计没有充分考虑相连道路的通行能力，盲目追求泊位数量最大化，导致停车场的进出车流量远超相连道路的抗干扰能力，对道路的通行能力造成极大的影响。目前国内学者对于停车场的研究大多集中在停车场选址规划、停车场管理、出入口设计、车位诱导等方面，如针对停车资源紧缺现状提出了基于泊位共享的停车场选址方法，基于地磁传感器和无线通信技术的智能化车位管理系统有效提高了停车场的管理效率，分别对出入口的车道长度及位置进行了研究，对高架桥下停车场的设置方法进行了探讨，但是关于停车场建设规模对道路通行能力的影响研究还相对较少。

考虑到停车场属于静态交通系统的重要组成部分，在规划设计中有必要结合动态交通系统统筹考虑。PTV VISSIM 是一种微观的、基于时间间隔和驾驶行为的仿真建模工具，主要用于城市交通和公共交通运行的交通建模。它可以分析各种交通条件下，如车道设置、交通构成、交通信号、公交站点等，城市交通和公共交通的运行状况，是评价交通工程设计和城市规划方案的有效工具。

VISSIM 仿真软件内部由两部分组成，它们之间通过接口交换检测器数据和信号状态信息。VISSIM 既可以在线生成可视化的交通运行状况，也可以离线输出各种统计数据，如行程时间、排队长度等。

交通仿真器是一个微观交通仿真模型，它包括跟车模型和车道变换模型。信号状态产生器是一个信号控制软件，可以通过程序实现交通流的控制逻辑。逻辑在每一个离散的时间间隔（可以是 1~0.1 s）内从交通仿真器中提取检测器数据，用以确定下一仿真秒的信号状态。同时，将信号状态信息回传给交通仿真器。

交通仿真模型的精确性主要取决于车流量模型的质量，例如路网中的车辆行驶行为。与其他不太复杂的模型采用连续速度和确定的跟车模型不同，VISSIM 采用的跟车模型是 Wiedemann 于 1974 年建立的生理-心理驾驶行为模型（见图 3.5.1）。该模型的基本思路是：一旦后车驾驶员认为他与前车之间的距离小于其心理（安全）距离时，后车驾驶员开始减速。由于后车驾驶员无法准确判断前车车速，后车车速会在一段时间内低于前车车速，直到前后车间的距离达到另一个心理（安全）距离时，后车驾驶员开始缓慢加速，由此周而复始，形成一个加速、减速的迭代过程。

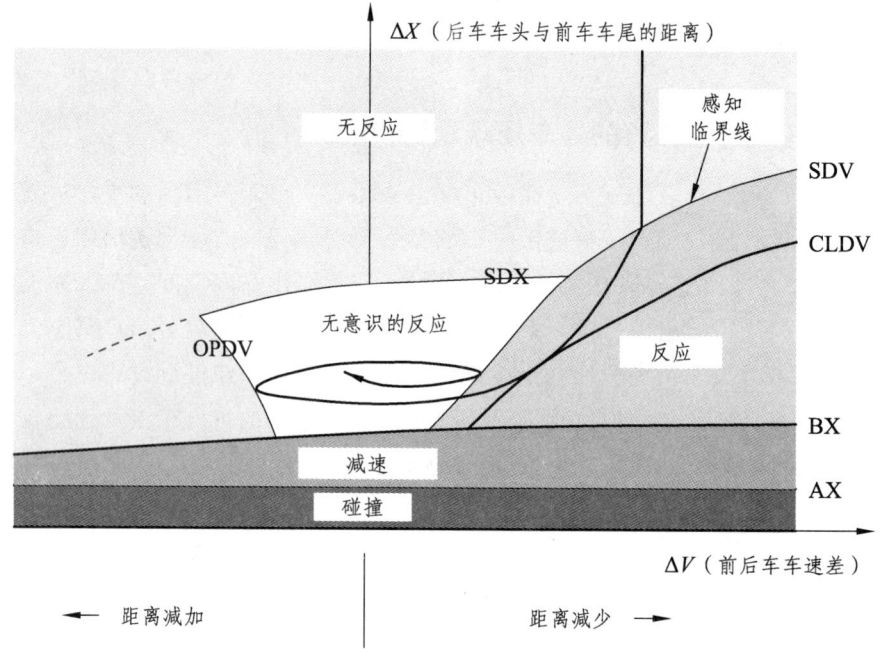

图 3.5.1 跟车模型

注：Widemann（1974）。

在 VISSIM 中，通过在路网中移动"驾驶员—车辆—单元"来模拟交通流。具有特定驾驶行为的驾驶员被分配到特定的车辆，驾驶员的驾驶行为与车辆的技术性能一一对应。VISSIM 采取三种分类来描述"驾驶员—车辆—单元"的特征属性：

（1）车辆的技术参数，如车辆长度；最大车速；可能的加速度；路网中的当前位置；实际车速和加速度。

（2）"驾驶者—车辆—单元"的行为，如驾驶员的生理-心理反应阈值（估计能力，冒险接受力）；驾驶员的记忆力；取决于当前车速和驾驶员期望车速的加速度。

（3）"驾驶员—车辆—单元"的内在联系，如本车道和邻近车道的前车和后车的关系；当前车辆所在路段和下一个交叉口的信息；下一个交通信号信息。

目前停车场规划大多集中在停车场选址规划、停车场管理、出入口设计、车位诱导等方面，停车场建成后对周边道路通行能力的影响还很少考虑，本节根据提出的建设方案，基于 PTV VISSIM 交通仿真软件，建立了××市建委前广场智能立体车库及周边道路的路网模型，并开展了相应的停车场规划评价。

（1）智能立体车库方案一（见图 3.5.2）。

单筒型车库，地上 11 层，地下 5 层，配双升降机，库容 195 个（地上 130 个、地下 65 个）。单升降机负担近 100 台车辆，存取效率难以保证，车库地上部分影响建委大楼采光及将产生一定的噪声污染，该方案需要破除部分原有地下室，原有地下室部分车位被侵占，广场原有地面停车位被大幅削减。

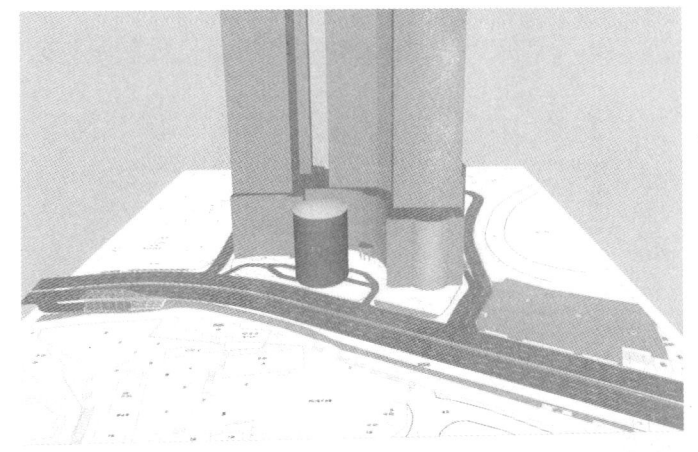

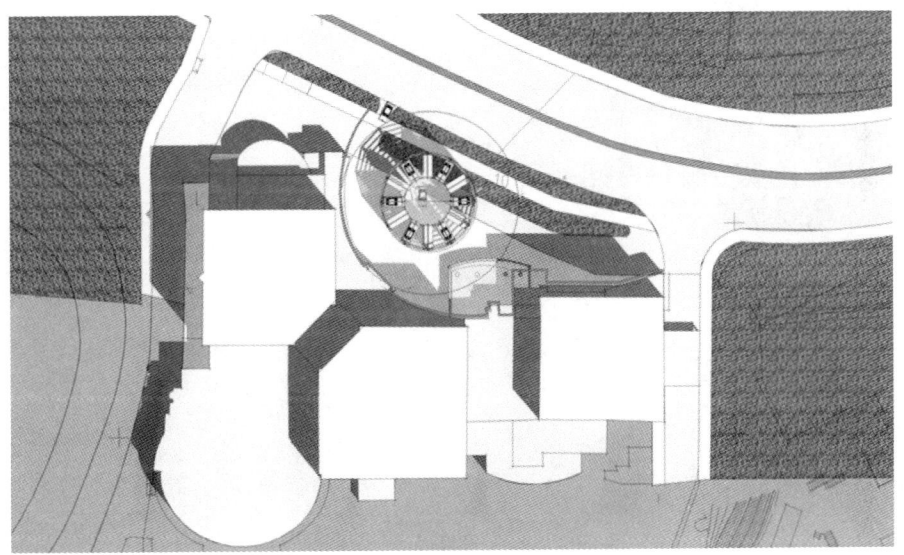

图 3.5.2 智能立体车库方案一

（2）智能立体车库方案二（见图 3.5.3）。

双筒型车库，地上 11 层，地下 5 层，每筒配单升降机，库容 240 个（地上 160 个、地下 80 个）。单筒库内仅 1 台升降机，无冗余设计，运营风险增大。单升降机负担 120 台车辆，存取效率难以保证，车库地上部分影响建委大楼采光及将产生一定的噪声污染，该方案需要破除部分原有地下室，原有地下室部分车位被侵占，广场原有地面停车位被大幅削减。

（3）智能立体车库方案三（见图 3.5.4）。

类矩形车库，地上 10 层，地下 5 层，地上部分配 3 台升降机，地下部分配 5 台升降机，库容 478 个（地上 198 个、地下 280 个）。车库地上部分影响建委大楼采光及将产生一定的噪声污染，该方案需要破除部分原有地下室，原有地下室部分车位被侵占，广场原有地面停车位被大幅削减，车库地上部分交通组织设计欠合理。

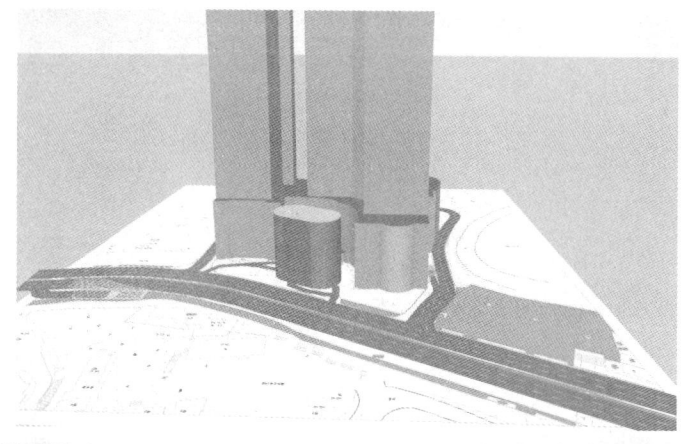

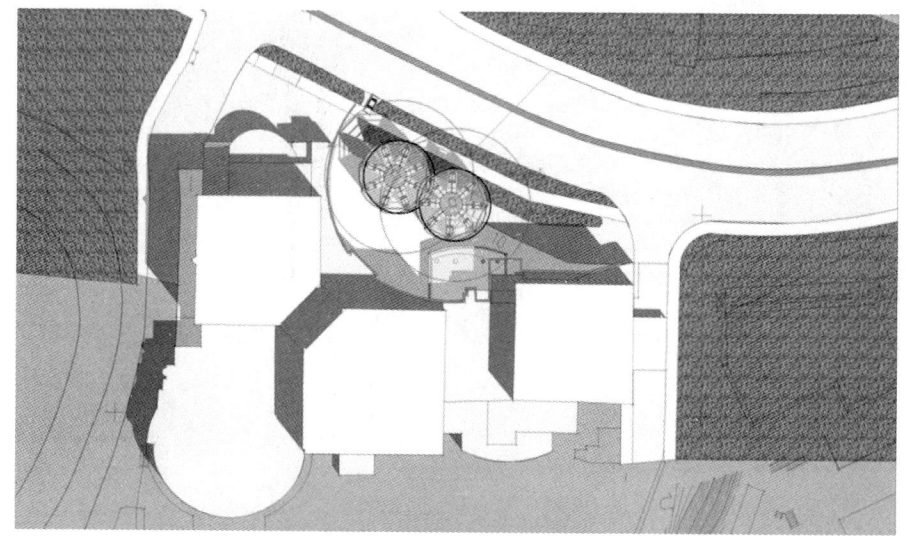

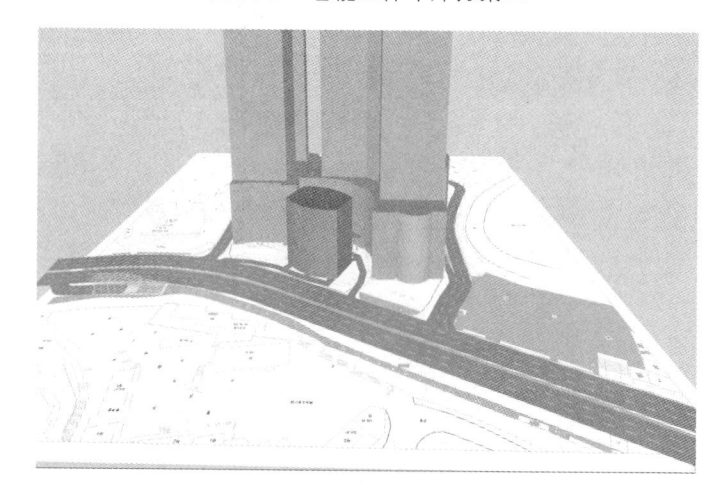

图 3.5.3　智能立体车库方案二

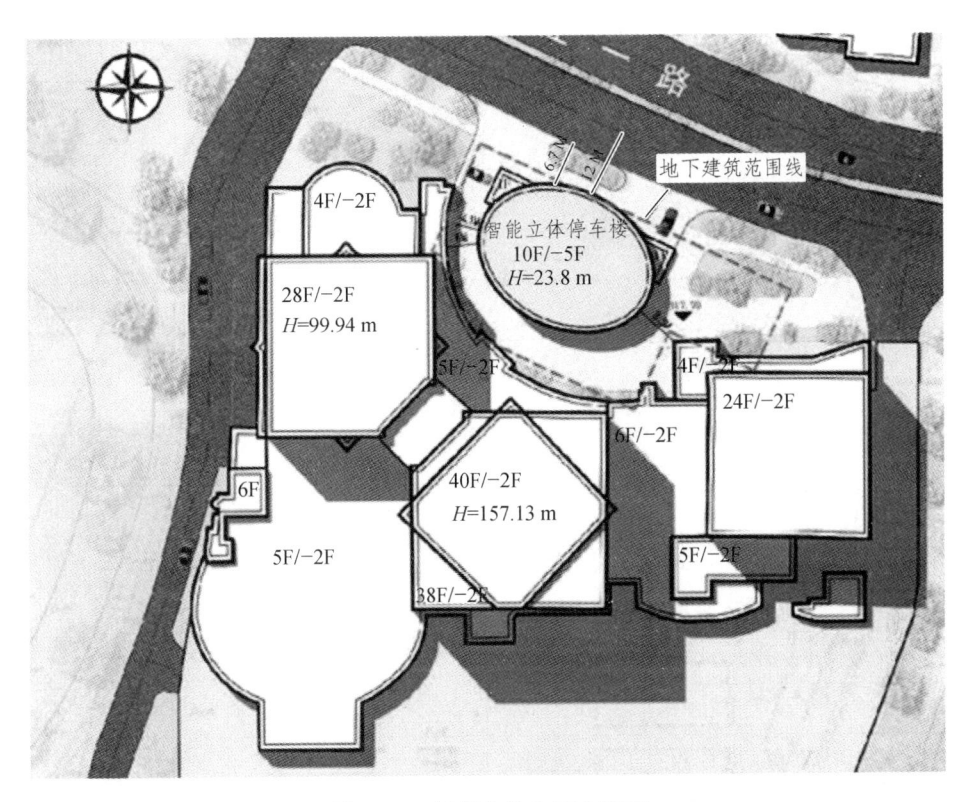

图 3.5.4　智能立体车库方案三

三个方案在布置形式及车库库容上均有不同，分三套模型进行仿真，其中除了库容参数不相同，其他参数和条件均一样，具体仿真输入参数及仿真结果如下。

（1）单筒智能立体车库仿真。

仿真输入参数如表 3.5.2 所示。

表 3.5.2　仿真输入参数

单筒停车场库容	195 pcu
长江一路车流量	4 836 pcu/h
车库出入口 1 流量	70 pcu/h
车库出入口 2 流量	71 pcu/h
跟车模型	Wiedemann 74
离静态障碍物的静止停车距离	0.5 m
安全距离附加部分	2
安全距离倍数部分	3
50 km/h 最小横向距离	1
0 km/h 最小横向距离	0.2

仿真输出结果（观测点设置在车库出入口前后约 100 m）如表 3.5.3 所示。

表 3.5.3　仿真输出结果

仿真时间（仿真秒）	600 s
延误（平均）（所有）	9.35
停车次数（平均值）（所有）	0.51
速度（平均值）（所有）	27.57
停车延误（平均）（所有）	2.93
距离（总）（所有）	225.26
出行时间（总）（所有）	29 410.3
延误（总）（所有）	7 861.2
停车次数（总）（所有）	433
停车延误（总）（所有）	2 461.68
车辆（激活的）（所有）	43
车辆（到达的）（所有）	798
延误（潜在）	551.5
需求（潜在）	0

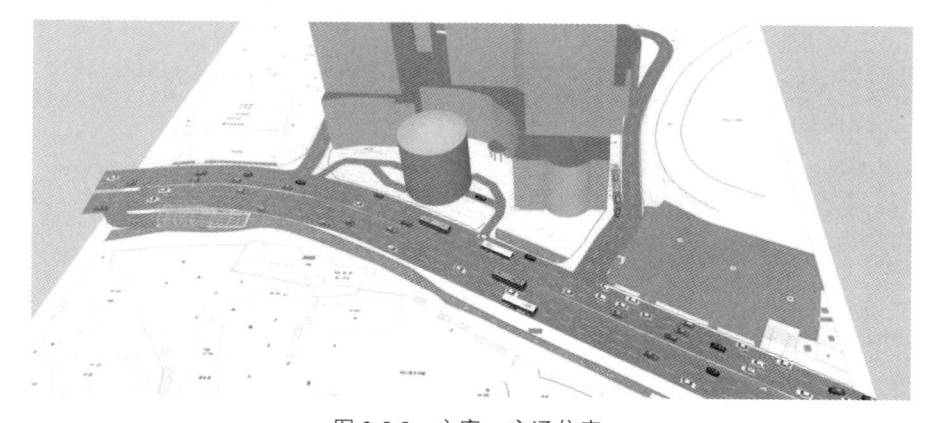

图 3.5.5　方案一交通仿真

由于仿真输入参数大部分为假定值，故仿真输出结果仅供参考。仿真输入参数考虑高峰时段车流，车库出入口流量按一时内停满库容的 60%设置。根据仿真结果可以看出，建委前广场立体车库建成后，考虑库容为 195 个停车位，通过仿真可以得到长江一路高峰时期的平均车速约为 27.5 km/h，车辆平均延误时间约为 2.93 s。

（2）双筒智能立体车库仿真。

仿真输入参数如表 3.5.4 所示。

表 3.5.4 仿真输入参数

单筒停车场库容	240 pcu
长江一路车流量	4 836 pcu/h
车库出入口 1 流量	90 pcu/h
车库出入口 2 流量	90 pcu/h
跟车模型	Wiedemann 74
离静态障碍物的静止停车距离	0.5 m
安全距离附加部分	2
安全距离倍数部分	3
50 km/h 最小横向距离	1
0 km/h 最小横向距离	0.2

仿真输出结果（观测点设置在车库出入口前后约 100 m）如表 3.5.5 所示。

表 3.5.5 仿真输出结果

仿真时间（仿真秒）	600 s
延误（平均）（所有）	12.29
停车次数（平均值）（所有）	0.52
速度（平均值）（所有）	25.84
停车延误（平均）（所有）	6.15
距离（总）（所有）	223.07
出行时间（总）（所有）	31 083
延误（总）（所有）	10 334.95
停车次数（总）（所有）	437
停车延误（总）（所有）	5 172.74
车辆（激活的）（所有）	56
车辆（到达的）（所有）	785
延误（潜在）	388.1
需求（潜在）	0

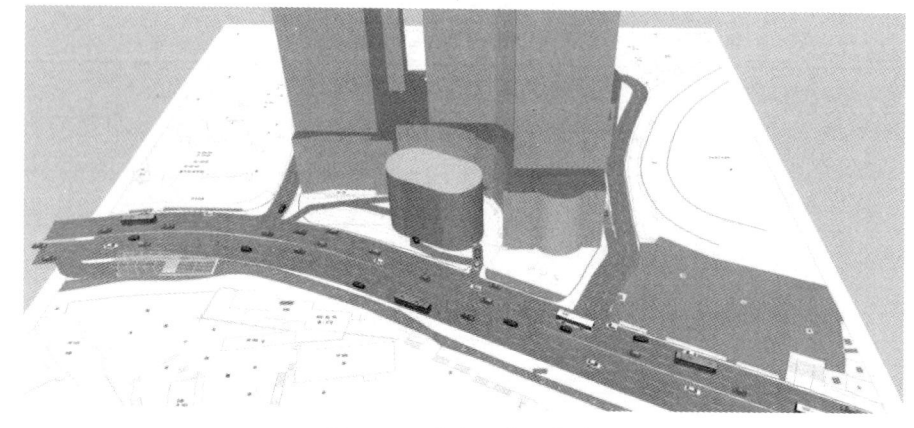

图 3.5.6　方案二交通仿真

由于仿真输入参数大部分为假定值，故仿真输出结果仅供参考。仿真输入参数考虑高峰时段车流，车库出入口流量按一时内停满库容的 70%设置。根据仿真结果可以看出，建委前广场立体车库建成后，考虑库容为 240 个停车位，通过仿真可以得到长江一路高峰时期的平均车速约为 25.8 km/h，车辆平均延误时间约为 6.15 s。

（3）巷道类智能立体车库仿真。

仿真输入参数如表 3.5.6 所示。

表 3.5.6　仿真输入参数

单筒停车场库容	478 pcu
长江一路车流量	4 836 pcu/h
车库出入口 1 流量	60 pcu/h
车库出入口 2 流量	61 pcu/h
车库出入口 3 流量	61 pcu/h
跟车模型	Wiedemann 74
离静态障碍物的静止停车距离	0.5 m
安全距离附加部分	2
安全距离倍数部分	3
50 km/h 最小横向距离	1
0 km/h 最小横向距离	0.2

仿真输出结果（观测点设置在车库出入口前后约 100 m）如表 3.5.7 所示。

表 3.5.7　仿真输出结果

仿真时间（仿真秒）	600 s
延误（平均）（所有）	26.87
停车次数（平均值）（所有）	1.34

续表

速度（平均值）（所有）	27.57
停车延误（平均）（所有）	15.79
距离（总）（所有）	183.1
出行时间（总）（所有）	37 360.2
延误（总）（所有）	19 290.51
停车次数（总）（所有）	961
停车延误（总）（所有）	11 336.6
车辆（激活的）（所有）	72
车辆（到达的）（所有）	646
延误（潜在）	16 941.9
需求（潜在）	124

图 3.5.7　方案三交通仿真

由于仿真输入参数大部分为假定值，故仿真输出结果仅供参考。仿真输入参数考虑高峰时段车流，车库出入口流量按一时内停满库容的 70% 设置。根据仿真结果可以看出，建委前广场立体车库建成后，考虑库容为 478 个停车位，通过仿真可以得到长江一路高峰时期的平均车速 17.64 km/h，车辆平均延误时间约为 15.79 s。

从以上三个方案的仿真结果可以看出，随着库容的增加，在高峰时段长江一路的平均车库减少，平均延误时间增加。同时机械车库内若升降机和车位数比例增大，汽车停车排队等候时间也变长。因此，考虑到上班族同时停车的需求较大，可将地下坡道车库车位用于员工停车，机械车库车位用于市民办事临时停车。

3.6 基于规划与景观的停车库选型

停车场景观是指对停车场空间环境中构成要素进行设计所表现出来的景观环境，其中停车空间环境要素包括地面铺装、园境小品、植物绿化、交通流线以及边界空间等，主要体现为停车场空间形态的塑造、空间环境氛围。

3.6.1 停车场景观要素

1）交通流线

停车场交通流线设计的好坏影响使用者在停放车辆过程中方便、快捷以及发生事故的概率。车道流线在满足停车的同时，还关系到停车空间是否得到了有效利用、内部交通是否顺畅等问题。

步行流线由步行者停车后前往目的地、从目的地返回车辆两种流线组成，因此，步行流线组织中，提供一条完整的连接入口、人行道以及目的地的路线是很有必要的。

2）地面铺装

地面铺装通过对地面的花饰设计使人、车、植物、建筑与停车空间紧密联系起来，构成整体的美感，它直接影响着停车场景观质量的好坏。选择吸热性能好、环境污染小的铺装材料能提高停车地面景观的质量，对铺装图案进行多样化处理，也能增加停车空间的完整性和观赏性。

3）植物绿化

停车场的植物绿化设计能增加停车场空间绿化率，减少大面积混凝土铺装地面带来的"热岛效应"，减少并防止地面径流，减轻阳光的照射刺目程度，提供一个舒适宜人的停车环境。

4）园境小品

停车场空间的园境小品包括花坛、座椅、廊架、电话亭、指示牌、雕塑等，能起到活跃停车场气氛、点缀停车场景观的作用。它们既以停车空间为依托，又有鲜明的形象，能满足人的心理舒适性，美化停车场景观环境。

5）停车场边界空间

停车场边界空间不应该是枯燥的，良好的边界空间能让进入停车空间的使用者感到舒适，同样也会改善停车场的整体景观。

如果停车空间濒临停人行道，其边界设计要考虑到服务人行道，如遮阴树木简单的座椅或者花饰绿篱以及适当的照明等。

3.6.2 城市停车场景观类型

从空间上划分,城市停车场景观类型可以分为地面停车场景观、地下停车场景观和立体停车场景观。

1) 地面停车场景观

在城市中,地面停车是最方便的一种停车方式,可以根据停车的位置和规模分为路旁停车和停车场停车(见图3.6.1、图3.6.2),这两种停车方式有所区别。

路旁停车是占用城市道路作为停车场地的一种侧向停车方式,常设在城市次干路或者支路旁,采用嵌入式的布局方式,这种方式适于商务车、出租车、服务车辆等的临时停靠。但在调研时发现,路旁停车仍是主要的停车方式,特别是在一些比较老的市区地段,这种停车方式更为常见。路旁停车在保证不影响市区道路使用功能的情况下可以作为一种增加停车位的有效手段,而且可以解决临时停车问题。但是从景观的角度讲,路旁停车容易造成秩序混乱、交通堵塞,破坏城市道路景观,降低市民生活质量。

图3.6.1 路旁停车   图3.6.2 停车场停车

露天停车场主要利用硬质铺装的广场作为停车场地,其造价较低并且能够解决大量的停车需求,方便市民的使用,所以在城市各个地段被广泛使用。但其缺点是,占地面积较大,土地使用率相对较低,在无停车的情况下由于大面积绿化的缺乏和其他使用功能的空置,硬质铺装能产生热岛效应,从而严重影响空间环境与景观品质。在小区或组团内道路旁边的适当位置,铺装地面作停车场,能改善道路交通拥挤环境。而在一些大型公共停车场以及景区的停车场,停车高峰期间还往往有侵占相邻道路空间的现象,影响道路交通,因此不适应城市高密度住区的大规模停车需求。

2) 地下停车场景观

随着城市化进程的发展,地下停车库在城市停车设计类型中的使用率逐渐升高,尤其是新建的一些住宅区,逐渐地被高度使用。地下停车场根据其位置不同可分为地下停车库和半地下停车库两种(见图3.6.3、图3.6.4)。

地下停车库位于地面之下,通常建在道路、广场以及建筑物的地下。它可以很大程度上缓解城市道路交通的压力，有效改善城市停车环境，减缓地上停车所带来的拥挤矛盾，提高土地的使用率。由于地下车库的进出口都是固定的，所以停车流线的组织更方便，管理车辆也更方便。地下车库上部结构层上的覆土范围还能作为绿化用地，这样能合理做到使用功能的多样化，提高土地的利用率。然而，地下停车库也有一定的缺陷，比如建造工程量大，还要考虑防水、防火、采光、交通等问题，因此构造颇为复杂，工程造价高。

图 3.6.3　地下停车库　　　　　图 3.6.4　半地下停车库

半地下车库采用半地下室掩土的形式，这样规划用地在满足提供停车设施需求的同时，还能增加绿化面积，发挥土地的双重功能。从改善城市居住区的环境角度看，半地下室建筑通透性强，不会遮挡视线，也不会导致建筑外部环境空间的拥挤，土层竖向绿化还可发挥对汽车排放尾气和汽车噪声污染隔离、吸收的作用，有助于实现人车分流，确保居住小区行人安全以及建筑外部空间环境。此外，半地下车库比全地下车库更接近地面，便于驾驶人员及车辆进出，尤其是能减少行车坡道所占的建筑面积，而且能够增加自然采光、通风。与地下车库相比，半地下车库能节约建设成本，但是使用面积不大，解决停车能力不大，可以结合其余的停车方式一起使用。

与露天地面停车场相比，建筑底层停车能够减少地上停车所占用的大面积空间，还能增加公共绿地，降低环境污染，对居住区环境有明显的改善作用。

3）立体停车场景观

立体停车按照动力来源可以分为立体停车楼和机械立体停车两种类型。

立体停车楼是将整栋或者数层楼房开辟为停车专用地，类似将地下停车场搬到地上空间来，除了停车要上下坡，其他和地上停车场没有什么不同。这种立体停车楼不破坏整体环境，在有限的土地空间内满足更多的停车需求，增加土地利用率。但是立体停车楼也有一定的缺点，比如在居住小区内停车楼位置与住户较远，存取不方便，因此在规划设计时，要考虑其服务范围，避免车库使用效率不高，又带来路边停车的弊端。

机械立体停车是利用机械设备作为运送或停放车辆的一种停车方式。由于该类型取消了车辆行驶坡道，占地面积不大，所以其空间使用效率比较高，便于车辆的监督管理，单位面积的停车量也是地面停车量的数倍。另外，机械停车对地形环境的适应性强，因此可结合地面停车或地下停车库来进行综合设计。它具有停车安全性高的优点，由于都是全机械自动化、智能化的车辆停放控制，可以避免驾驶员停车技术不佳而引发的车辆碰撞事故。目前机械立体停车系统在西方发展势头比较好。一些汽车数量较多、国土面积较小的国家，比如日本，其机械立体停车占70%的比重，具有绝对优势，而在中国，机械立体停车仅占2%~3%的比重。据相关预测，机械立体停车在中国市场将会有飞速的发展。

机械式立体停车库的特点主要体现在以下方面：

（1）占地面积小。机械式立体停车库采取竖向空间积水式叠加，取消坡道，最大限度地高效利用空间。

（2）结构多样化，配置更灵活。机械立体停车可以在绿地或者居住区、市区中心贸易区、高密度集中停放车辆的场地独立建造，也可以依附于建筑物室内或室外建造。

（3）相对造价低。由于机械车库占地面积小，可大大减少土地购买费，有利于停车的总体规划，发挥综合经济效益。

一般而言，不同的机械停车在景观设计上都有其各自的优缺点，只有合理使用才能充分发挥停车设备的功效。景观设计类型通常有以下几种：

（1）升降横移类。一般分为二层式、多层式、机械链条升降式、钢丝绳提升式等类型。这种类型的突出特点是适应场地性能强，地上、地下建造都可以，规模也可大可小，泊位数量可以几十个也可以上百个。它具有设备简单可靠、使用便利、价格实惠等优点。它可以结合库顶进行景观综合设计。

（2）简易升降类。这种类型设备构造简单，操作方便，可充分提高空间使用效率，提高停车景观视觉效果，多建造于住宅、办公楼的四周。

（3）水平循环类。这种类型无须行车道，不但面积利用率高，而且自动化水平也比较高，最适用于地下面积较大的停车库。但由于车库运行速度太慢，所以设备停车存容量不大。这种类型对景观的影响主要体现在地下停车场的整体设计环境以及停车空间的人性化设计上。

（4）多层循环类。这种类型不需坡道、可自动停放存取、方便迅速，适用于单个出入口的地方，比如建筑物地下室、广场以及高架桥下面等。这种车库只有单个出入口，所以设备容量不大，而且对停车景观的影响相对较小，一般可在周围进行植物绿化设计来提高景观视觉效果。

（5）垂直升降类。这种类型占比较大，其突出的优点是平面和空间的综合使用效率高，几乎一辆车只需 $1 m^2$ 的建筑面积，而且具有高性能、噪声小、安全可靠、维护方便等优点，最适合建在繁华市中心区地段和车辆停放集聚的场所，如大型商场、医院、饭店等。

我国机械式停车发展时间很短，起步落后发达国家约二三十年，而且市民对其了解程度也不够，其推广的速度受到影响。机械式停车设备的一次性建设造价和使用成本都偏高，不容易被开发商和车主接受。存取时间长、层数多的机械式立体停车库体现得最为明显。

不同停车方式景观环境对比如表3.6.1所示。

表3.6.1　不同停车方式景观环境对比

景观类型	形式特点	绿地率影响	景观质量
地面停车	建造成本低，车辆存取方便	占用地面多，降低绿地率	一般
地下停车	用地不受约束，成本高，可配合建筑地下室	库顶可结合绿化，对绿地率影响小	一般
立体停车	单位车位占地小，建造成本高，对周围环境影响小	可能占用部分地面，库顶可结合绿化，对绿地率影响小	较好

3.6.3 停车空间与园林绿化的结合

停车空间与园林绿化的结合将影响停车场的景观环境，其功能特点主要体现以下方面：① 提高土地空间利用率，在同一用地区域内，既满足停车场建设配套的需要，又能增加园林绿化覆盖率，能发挥停车设施建设和植物绿化两方面的综合效益，增加停车空间的同时提高绿化率。② 植物绿化能吸附灰尘和废气，隔离汽车噪声，减少停车空间对周围环境的污染。③ 园林绿化可改变停车场单调、枯燥、缺少自然景观的视觉感受，改善停车库的视觉环境。④ 在夏季，停车场的植物绿化还能起到遮阳降温、改善小气候的作用。

1）地面停车与绿化结合

地面停车是最直接、最简单的一种停车方式，对景观环境的影响也最直接。提高地面停车园林景观的方法主要有两种：一种是改善硬质铺装材料，比如采用植草砖来提高铺装景观环境，尽量减少单调的硬地面积，使停车环境与景观环境相协调，提高地面停车的景观视觉效果。另一种是在停车场四周种植乔灌树木营造优美的停车浓荫环境，这样不仅能为车辆提供良好的保护措施，避免夏季车内温度升高，还能营造更好的停车景观环境。

2）停车棚与绿化结合

停车棚是一种能够防雨、防晒、四周通透的停车设施。多数情况下停车棚用来停放自行车或者电动车。停车棚周边可设绿化，比如花灌木绿篱或者花坛等，也可以用相关设备将地面种植的攀缘植物引向顶棚，形成立体绿化的效果。棚顶材料可采用有机玻璃或者膜结构等，尽量避免使用粗陋的材料以免破坏停车棚景观，最终实现经济效益与景观效益的双丰收。

3）住宅架空与绿化结合

住宅架空是应用非常广泛的一种停车方式，它的优点是停放汽车量大，居民停车方便，而且不占用居住区的外部环境绿地。住宅底层对居民的停车视线干扰性弱，然而这种停车布置所需的道路进出口交通面积大，而且宅间绿地的绿化也会受到一定程度的影响，必要时要与建筑造型相联系，提升建筑周围整体的景观环境。

4）地下停车与绿化结合

地下停车与景观绿化的结合主要体现在出入口，出入口的布局选址应远离城市或者居住区内的主要活动场所，降低汽车噪声干扰。如果进出口离小区住宅太近，可在入口位置设置防噪声障碍设施。这种防噪声障碍设施可以与景观环境中的景墙、小品以及垂直绿化带相结合，既减弱噪声又美化小区环境。另外，入口位置种植乔灌木能降低车道的压抑感。植物绿化应当结合停车入口相关设施来综合设计，选择合适的绿化树种，避免由不规范的绿化设计给地下停车带来的不良后果。

Chapter 4

第 4 章
停车库设计与设备选型

根据建筑形式及使用方式的不同，停车场可分为地面平面停车场、自走式立体停车库以及立体机械停车库三大类。对于地面平面停车场，主要是交通流线的规划设计，本书不做过多介绍。对于自走式立体停车库，目前国内也较为常见，按空间又分为地下室自走停车场和地上的自走式停车楼，本章将分别对其设计要点进行介绍。而对于立体机械停车库，有九大类机械车库，它们各有其特点。本章将对全智能型的车库设计进行关键点分析，除建筑结构设计外，以新能源公交智能立体停车库为例，对其配套的信息化功能设计进行剖析介绍。

4.1 停车库设计一般要求

4.1.1 机动车设计尺寸

机动车库应根据停放车辆的设计车型外廓尺寸进行设计。机动车设计车型的外廓尺寸取值（见表4.1.1）。

表4.1.1 机动车设计车型的外廓尺寸

车型		外廓尺寸/m		
		总长	总宽	总高
微型车		3.80	1.60	1.80
小型车		4.80	1.80	2.00
轻型车		7.00	2.25	2.75
中型车	客车	9.00	2.50	3.20
	货车	9.00	2.50	4.00
大型车	客车	12.00	2.50	3.50
	货车	11.50	2.50	4.00

4.1.2 基地出入口

建筑基地机动车出入口位置，应符合所在地控制性详细规划，并应符合下列规定：

（1）中等城市、大城市的主干路交叉口，自道路红线交叉点起沿线70.0 m范围内不应设置机动车出入口。

（2）距人行横道、人行天桥、人行地道（包括引道、引桥）的最近边缘线不应小于5.0 m。

（3）距地铁出入口、公共交通站台边缘不应小于15.0 m。

（4）距公园、学校及有儿童、老年人、残疾人使用建筑的出入口最近边缘不应小于20.0 m。

（5）基地出入口不应直接与城市快速路相连接，且不宜直接与城市主干路相连接。

（6）基地主要出入口的宽度不应小于 4 m，并应保证出入口与内部通道衔接的顺畅。

（7）当需在基地出入口办理车辆出入手续时，出入口处应设置候车道，且不应占用城市道路。机动车候车道宽度不应小于 4 m、长度不应小于 10 m，非机动车应留有等候空间。

（8）机动车库基地出入口应具有通视条件，与城市道路连接的出入口地面坡度不宜大于 5%。

（9）机动车库基地出入口处的机动车道路转弯半径不宜小于 6 m，且应满足基地通行车辆最小转弯半径的要求。

（10）相邻机动车库基地出入口之间的最小距离不应小于 15 m，且不应小于两出入口道路转弯半径之和。

4.1.3　出入口与道路

建筑基地内地下机动车车库出入口与连接道路间宜设置缓冲段，缓冲段应从车库出入口坡道起坡点算起，并应符合下列规定：

（1）出入口缓冲段与基地内道路连接处的转弯半径不宜小于 5.5 m。

（2）当出入口与基地道路垂直时，缓冲段长度不应小于 5.5 m。

（3）当出入口与基地道路平行时，应设不小于 5.5 m 长的缓冲段再汇入基地道路。

（4）当出入口直接连接基地外城市道路时，其缓冲段长度不宜小于 7.5 m。

4.2　自走型停车库

4.2.1　地下停车场

按照地下车库与地面建筑的关系，地下车库可分为单建式和附建式两种。

1）单建式地下自走型停车场

单建式地下车库是地面上没有建筑物的地下车库，一般建于城市广场、公园、道路、绿地或空地之下。其主要特点是不论其规模大小，对地面上的空间和建筑物基本上没有影响，除少量出入口和通风口外，顶部覆土后仍是城市开敞空间。

单建式地下车库对地上建筑的布局和功能基本上没有影响，可以建在城市用地紧张的中心地段，甚至可以对城市闲置的地段进行利用。单建式地下车库的结构形式和柱网布置不受地面建筑的限定，库内按照车辆行驶存放的需要进行设计，可以全面提高车库面积的利用率和建造的经济性。但单建式地下车库在建造过程中需要一定的开挖施工场地，对人流量较大的城市中心区和车流量较大的道路段势必造成影响。因此，单建式地下车库一般选在场地不受限制的城市广场之下，这样施工受到限制较少，地面恢复也比较容易。

2）附建式地下自走型停车场

高层建筑由于基础埋深（一般不小于的建筑高度）的需要，产生了一部分地下空间，这些地下空间一般用来解决地面停车和布置其他设备用房。有些建筑由于停车需求量大，自身的地下空间向院区内的广场和绿地下外扩，以此来增加地下空间的容量。这些地下车库统称为附建式地下车库。

附建式地下车库与地面建筑紧密结合，使用方便，节省用地。但这种类型地下车库的最大弊端在于地面建筑结构柱网对地下空间布置的限定。为了解决这一矛盾，一些高层公建通常利用底层大空间楼层（如商场、超市、娱乐、会议等）与上面标准层（办公、旅馆、住宅等）之间的结构转换来改善地下车库的柱网限定。此外，在一些框架剪力墙垂直落下来的地下空间内，如果这些建筑基底面积比较大，可以把不好利用的部分做成设备用房、储藏间或非机动车库。

单建式、附建式地下车库与地面关系如图 4.2.1 所示。

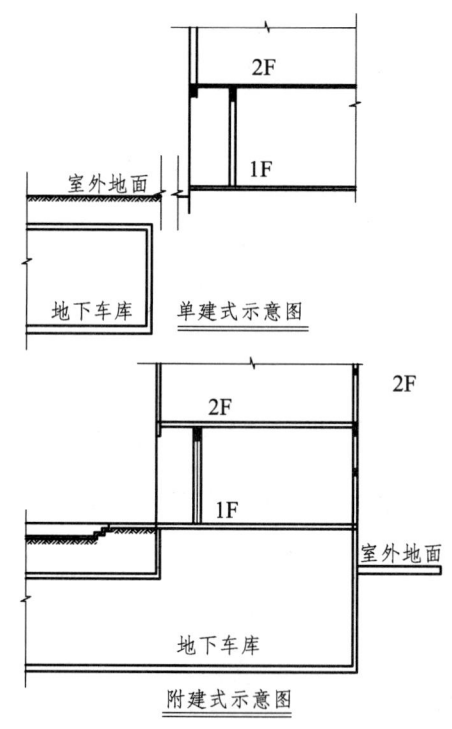

图 4.2.1 单建式、附建式地下车库与地面关系图

与单建式地下车库相比，附建式地下车库更常见，利用率更高，需要研究的问题也更多。

4.2.2 地上停车楼

停车楼按建造形式可分为两种类型：单建式停车楼和附建式停车楼。

1）单建式停车楼

单建式停车楼是指单独设置的停车楼，可分为独立式地上停车楼和地上地下贯通式停车楼两类。

单建式停车楼以独立的形态并不附属其他建筑而存在。通过利用城市零散空地修建独立式地上停车楼，可以缓解周边停车难的问题。由于单独建造，地上部分需要考虑到美观问题，这类停车楼不仅要求造型优美，同时要与周围建筑相协调，不得有损城市的形象。

2）附建式停车楼

附建式停车楼是指与主体建筑结合布置，通常置于主体建筑底部或顶部数层，或内嵌于主体建筑的停车楼类型。

一些大型的公共建筑需就近建造为其服务的停车楼，为节约用地，可利用地面主体建筑的部分空间布置专用汽车库，因与主体建筑联系密切，其使用较为便捷。

（1）建筑物之上的停车楼：在建筑物的底层设置一些其他服务设施，楼上部分供车辆停放。如在建筑底层设置有关汽车的零售商业和一些美食餐饮。还有目前在国内外广泛推进的"P+R"停车模式，将停车和其他交通方式相结合，将一层建成公交设施的换乘枢纽。

（2）建筑物之下的地上停车楼：停车设施置于建筑底层，人们生活办公位于其上部，实现人类与汽车同处一个屋檐下。很多大型公共建筑采用高低层结合布置的形式，这是由于车库一般需要较大的柱网尺寸，易于与设置于其上的功能（如商场、餐饮、报告厅等）取得柱网尺寸上的一致，我国近年来新建的一些高层 SOHO（商住两用的商务公寓）和商住楼，多采用这种方式来建造其附属的停车楼。

（3）嵌入式停车楼：停车楼嵌入整个建筑中，属于整个建筑的一部分。现在很多城市采用"停车楼与其他建筑联合"的探索模式，希望通过此模式能有效突破停车楼建筑用地难、运行经营难等瓶颈。

4.3 立体车库设计要点及分类

4.3.1 立体车库设计原则

1）规范化原则

规范化设计包括设计规范化、标准规范化两个方面，在设计过程中避免使用非标准件以及异形设计，以此来降低设计成本、加工成本、安装成本，合理地按照基本工作流程，以形成统一、规范、稳定的设计加工流程，达成协调、高效的目的。在设计过程中所使用的设计标准按照相关行业的设计标准来执行，避免设计失误，为后期的实际加工提供完整的加工标准及施工流程。

2）完整性原则

完整性原则，要求车库对每一次存取车过程都要系统地、连续地、毫无例外地进行完整记录，也就是记录一定周期内单位车辆的全部存取活动。车库存取工作必须是五个方面完全的完整，即用户资料记录完整、用户操作活动完整、存取过程记载完整、系统工作过程完整、档案留存完整。资料可在一定周期后进行系统内自动销毁。

3）易用性原则

易用性是综合可用性的一个重要方面，新的立体车库对用户来说意味着要学习新的使用方法，主要从新立体车库的学习和使用、减轻记忆负担、提高使用满意度的角度去降低使用复杂程度，综合提高可用性。

产品易用性好，可从车库操作界面、操作流程等方面去进行简化和归纳，以此来降低用户认知成本低等。同样的界面、环境、功能，对于不同的用户而言，因为其认知能力等多方面的不同，易用性程度也是不同的。

4）可扩展性原则

可扩展性原则的意义在于最大化的设计重用，以最简单的设计模块、零部件，更快速地满足不同实地情况对立体车库的安装要求。可扩展性不单单是设计单元的模块化，还应包括相关构件加工工艺的模块化，不同零部件制造成型的模块化，不同要求下安装的模块化，不同停车场使用的模块化。可扩展性的意义在于提高核心竞争力，适用不同场景以及复杂安装情况，同时在设计、加工、制造过程中，避免二次变形设计。

4.3.2 立体车库主要设计参数

1）机械式停车设备的适停车辆分类

不同的机械式停车设备所停放的车辆不同，所以我们首先要对各种各样的车辆进行分类。按照车辆尺寸和质量的大小（见表4.3.1），适停车辆分为5个轿车组和1个客车组。5个轿车组指小型轿车（代号为X）、中型轿车（代号为Z）、大型轿车（代号为D）、特大型轿车（代号为T）、超大型轿车（代号为C）。最后一个客车组的代号为K。

表4.3.1 适停车辆的尺寸和质量

分类代号	适停车辆尺寸（长×宽×高）/（mm×mm×mm）	适停车辆质量/kg
X	≤4 400×1 750×1 450	≤1 300
Z	≤4 700×1 800×1 450	≤1 500
D	≤5 000×1 850×1 550	≤1 700
T	≤5 300×1 900×1 550	≤2 350
C	≤5 600×2 050×1 550	≤2 550
K	≤5 000×1 850×2 050	≤1 850

2）机械式停车设备停车时间

在设计机械式停车设备过程中，各个阶段的时间选取至关重要，分别是计划要求的所有汽车出入库平均作业时间、计划要求的所有汽车入库时间、计划要求的所有汽车出库时间（见表4.3.2）。

表4.3.2 所有车辆出入库时间及平均时间　　　　　　　　　　单位：h

机械式停车设备的应用场所		计划所有汽车入库时间	计划所有汽车出库时间	平均存取车时间
服务商	类似银行的金融类场所	1	1	1.5
	电影院、KTV等大型娱乐场所	1	1	2
	购物商场、餐饮场所等与此类似的场所	1.5	1.5	1.5
	与上面三个场所不同的其他场所	1.5	1.5	2
营业用	按停车时间的长短进行收费，或将按停车时间的长短和按月收取的形式结合起来进行收费	1	1	1.5
	单独按月租金或年租金的形式进行收费	2	2	2.5
	其他	2	2	2.5

3）机械式停车设备单位车辆出入库的最大时间

机械式停车设备单位车辆出入库的最大时间是指从一个进库或出库的信号被给出而开始，通过机械式停车设备的操作将车停在车库最难进入或取出的位置，一直到该停车设备收到下一个进入车库或开出车库信号为止所需时间。单车进入库的最大时间的选取，视具体情况而定。不同的机械式停车设备选择的"单车出入库的最大时间"这个参数有时候不一样，但是必须满足一个最基本的要求就是不能出现存取车辆的排队现象。

目前，机械式停车设备行业的几个标准对单车出入库的最大时间做出规定（见表4.3.3）。

表4.3.3 机械式停车设备单车出入库的最大时间

机械式停车设备类型	单车出入库的最大时间 t/s	
升降横移类	$35 \leqslant t \leqslant 170$	
垂直循环类	存车数量不超过10辆的小容量垂直循环类停车设备	存车数量在10~50辆范围内的大、中容量的垂直循环类停车设备
	$t \leqslant 90$	$t \leqslant 180$
垂直升降类	$45 \leqslant t \leqslant 210$	
简易升降类	$30 \leqslant t \leqslant 110$	

影响存取时间及效率的因素主要有存取机构的数量、存取策略、存取方式、操作流程等方面，主要体现在车库存车形式、存取车方案及策略、存取机构形式、存取过程是否接续等关键点上。

4.3.3 立体车库分类及特点

立体车库共有九大类，分别为升降横移类、垂直升降类、巷道堆垛类、垂直循环类、水平循环类、多层循环类、平面移动类、简易升降类、汽车专用升降机等，这些车库各有其特点及适用范围。

1）升降横移类机械停车设备

（1）升降横移类机械停车设备概述及分类。

升降横移类停车设备是指以载车板为存取工具和停车位，通过其上下升降到指定的层或左右横移运动到指定停车位的方式来存取车辆的设备。目前升降横移类停车设备在我国各大城市应用很广泛，其原因在于其视规模、建设用地的大小而定，对场地、环境等各种外界因素有很强的适应性。在居民小区、宾馆和企事业单位等用得比较多。升降横移类机械停车库示意如图 4.3.1 所示。

图 4.3.1 升降横移类机械停车库示意图

工作原理（见图 4.3.2）：升降横移类停车设备中的所有车位均配备载车板，车辆的存取主要靠载车板来实现，而载车板通过上下升降和左右横移运动的方式到达指定地面层，驾驶员驾驶车辆进入到载车板上，驾驶员离开，其控制系统自动完成车辆的存取。

车位在停车设备内运行情况：图 4.3.2 中，③⑥⑨号车位直接存取车，⑩号车位直接通过上下升降的方式运行至地面层存取车，②⑤⑧号车位要通过③⑥⑨号车位左右横移腾出空位才能使②⑤⑧其中一个车位向下运行至地面层存取车。如需要在⑦号停车位进行存取车操作时,就将⑧⑨号停车位整体向右走过一个空停车位的距离,⑦号车位垂直下降到地面层即可。如需在⑤号停车位进行存取车操作时,⑥⑨号停车位向右移动腾出一个空车位使⑤号停车位向下运行至地面层即可。

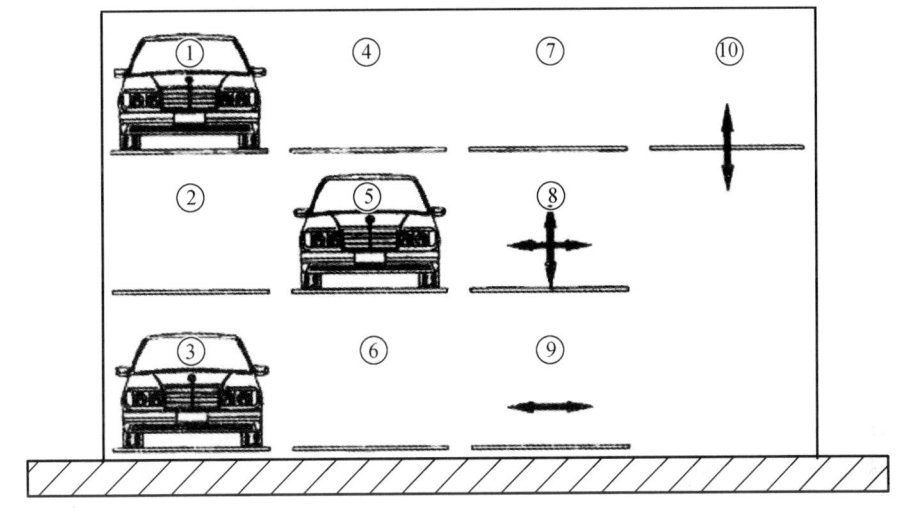

图 4.3.2　升降横移类机械停车设备工作原理

升降横移类停车设备的形式多种多样,划分的方式也不尽相同。目前主要有按车位布置形式分、按提升方式分和按设备结构分三种分类方式。

按提升方式,分为钢丝绳提升的形式,链条提升的形式,液压缸提升的形式,螺杆提升的形式,液压缸、钢丝绳组合提升的形式。

按设备结构,分为四柱结构和二柱结构两种形式。

相比以上两种分类方式,按车位布置形式分类是到目前最主要的分类方式,如表 4.3.4 所示。

表 4.3.4　升降横移类机械停车设备的分类及注意事项

分类	形式	备注
按车位布置形式分	全地上布置	行业标准 JB/T 8713—1998 规定,全地上布置的升降横移类机械停车设备的层数一般在 2~5 层这个范围内,最高也不得超过 5 层。由于整套的升降横移类机械停车设备安装过程比较简单方便,二层式停车设备在地下室或室外都可以修建。一般这种二层式停车设备层高被要求在 3 500~3 650 mm,存(取)车的效率高,单车完成一次存(取)车的最大时间为 11.5 min。在它的第一层存取车辆时,不用升降横移那么麻烦,直接存取。将此种停车设备建在地下室,如果遇到紧急情况,也可以从容地疏散人和车辆。三层以上的此种设备一般都建在室外,因为它的安装比较复杂。对于超过五层的设备,必须对钢结构的强度和刚度进行校核。对停车设备运行的稳定性和存取车时间进行优化

续表

分类	形式	备注
按车位布置形式分	半地下布置	半地下布置比这种全地上布置在停车位数量上有所增加，所以在地上建造升降横移类停车设备因受到采光、日照等因素而不能增加层数时，可以向地下发展。一般地下布置不得超过两层，同时一定要做好防水排水系统
	重列式布置	重列式布置的升降横移类停车设备一般应用在能停放在二排及二排以上汽车长度的停车位。它的常用形式是驾驶员穿过前排设备的空车位将车开到后排的载车板上，或从载车板上开出。为了减少驾驶员存取后排车时受穿越的困扰，也可采用机械形式将后排载车板移至第一排，这就方便了存取车，但是这种形式的装置对尺寸宽度的要求比较大

（2）升降横移类机械停车设备的主要组成（见图4.3.3）。

升降横移类机械停车设备的钢结构框架主要是由槽钢、H形钢、角钢、钢板通过焊接和高强度螺栓连接的方式组成的，有很好的刚度和强度。由于钢框架的结构不同，有很多种形式，其中单柱形式的升降横移类机械停车设备有紧凑的结构，安装和搬运比较灵活，对驾驶员停正车辆有一个辅助的作用。跨梁形式的升降横移类机械停车设备可以分为二跨度、三跨度和四跨度等形式，所以停车比较方便。后悬臂形式的升降横移类机械停车设备不仅停车方便，而且钢结构稳定性差。

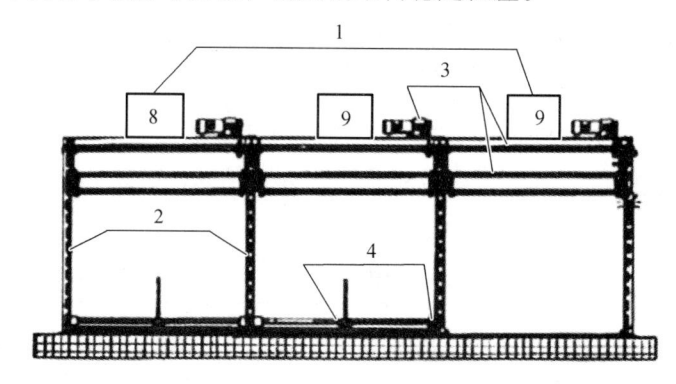

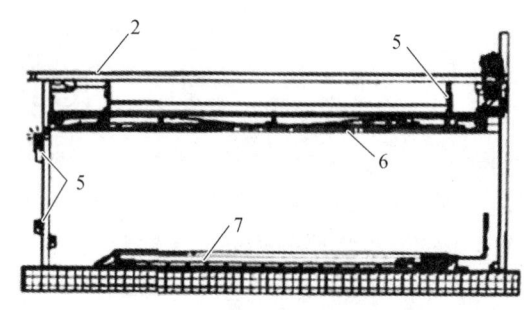

1—控制系统；2—钢结构框架；3—传动机构；4—横移传动机构；5—安全防护机构；6—升降机构上的载车板；7—横移机构上的载车板；8—主要控制箱；9—辅助控制箱。

图4.3.3 升降横移类机械停车设备主要组成

框架形式的载车板所用的材料是型钢和钢板，通过焊接技术制成载车框架，一般采用的结构为中间凸起两侧附有停车通道的结构，在中间凸起上面焊接的钢板可以薄一点，但是在停车通道上必须焊接厚一点的钢板。这种形式的载车板根据车辆轴距的宽度而设计行车通道的宽度，导向功能很好，适合各种小汽车的停放。拼板形式的载车板一般利用镀锌钢板一次滚压成形，通过咬合技术制成载车板，然后用螺栓连接，最后为了美观对其进行一些必要的表面处理。上述内容对载车板的两种结构形式进行了对比分析。

升降横移类机械停车设备的外形尺寸一般是由适停车辆的长、宽、高来决定的。相关技术参数如表4.3.5和表4.3.6所示。

表4.3.5 升降横移类机械停车设备的平面尺寸要求

适停车辆型号	适停车辆尺寸（长×宽）/（mm×mm）	适停车辆质量/kg	适停设备尺寸范围 长 L/mm	适停设备尺寸范围 宽 W/mm	备注
小型车（X）	4 400×1 750	≤1 300	5 000≤L≤5 300	2 250≤W≤2 350	
中型车（Z）	4 700×1 850	≤1 500	5 300≤L≤5 500	2 350≤W≤2 450	推荐选用
大型车（D）	5 000×1 900	≤1 700	5 500≤L≤5 800	2 400≤W≤2 550	推荐选用
特大型车（T）	5 300×2 050	≤2 350	5 800≤L≤6 300	2 550≤W≤2 700	

表4.3.6 升降横移类机械停车设备的高度要求

停车设备形式		停车设备尺寸范围 高 H/mm	备注
地面上	二层停车设备	3 500≤H≤3 650	半地下停车设备中地面上的高度与地面上停车设备的高度要求一致
	三层停车设备	5 650≤H≤5 900	
	四层停车设备	7 450≤H≤7 700	
	五层停车设备	9 300≤H≤9 550	
半地下	底坑一层停车设备	1 900≤H≤2 100	

2）垂直循环类机械停车设备

（1）垂直循环类机械停车设备概述及分类。

通过垂直循环运动的形式实现存取车辆的停车设备，行业内称为垂直循环类停车设备。这种类型的停车设备较其他停车设备具有其显著特点，即整个系统提供的动力比较单一、控制系统不复杂、修建它所使用土地面积不大。它的适用范围主要是零散地块、停放车辆不多的小规模停车场。垂直循环类机械停车库实物图如图4.3.4所示。

图 4.3.4　垂直循环类机械停车库实物

工作原理：首先电机转速很高，必须通过减速机进行降速，然后由减速机传递出来的动力来带动传动机构。在牵引构件的一条链条上，每隔一个已计算好的距离装一个存放车辆的托架。按下电机启动按钮，存放车辆的托架伴随链条的运动轨迹做循环往复运动来实现存取车辆的目的。理解起来比较简单。

司机存车时，先将车辆开进车库准确地停放在存车托架上，然后将车门关好走出车库，按下电机启动按钮，存放车辆的托架随电机运转，和此存车托架相邻的另一个存车托架也正好随之运转到出口位置，继续进行下一适停车辆的存取。车主取车时，按下操作台上存放车辆号码键，在PLC（可编程逻辑控制器）的控制下按最短路程开到出口，即完成一次取车过程。

垂直循环类停车设备的划分类别方式有很多种，但是我们一般按停车位数量和进出口位置两种分类方式进行该种设备的分类。这种形式的大型停车设备一般是封闭的，封闭式外墙的结构一般分为混凝土结构和钢结构。这种机械式停车设备一般又分为独立形式和内置形式两种。独立形式的是没有任何依附建筑物而建造的停车设备，内置形式的是以某建筑物为基础的停车设备。该种形式的小型号垂直循环类停车设备一般情况下是敞开式的。

封闭式的垂直循环类停车设备按存取车进出口分布位置的不同，分为存取车出入口在下部、存取车出入口在中部和存取车出入口在上部。存取车出入口在中部又可细分为右侧出入口和左侧出入口两种形式。

（2）垂直循环类机械停车设备的主要组成（见图4.3.5）。

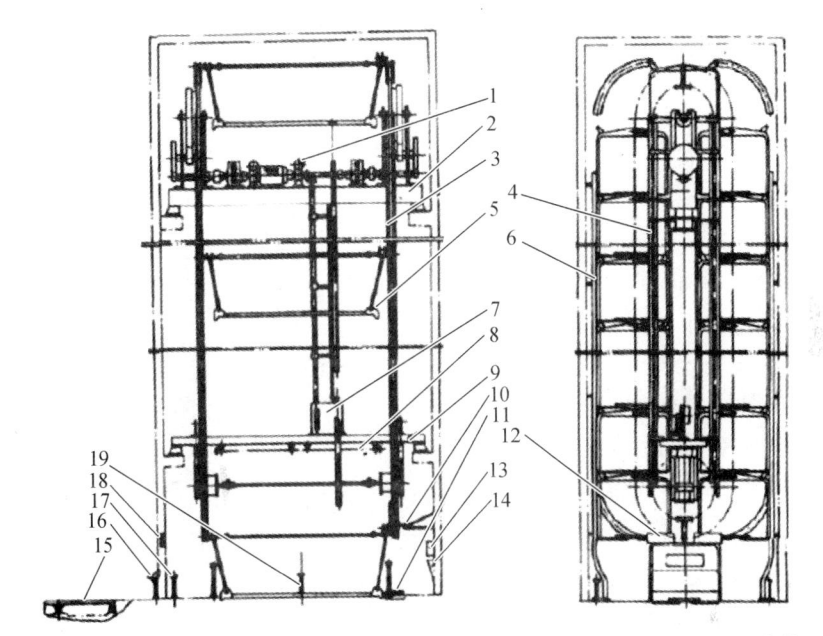

1—开闸器；2—传动部件；3—链条；4—链条导轨；5—托架；6—托架导轨；7—手摇机构；8—报警器；9—张紧装置；10—控制元件；11—顶架装置；12—接收漏油槽；13—字幕显示机；14—导向反光镜；15—回转机构；16—操作面板；17—光电感应开关；18—操作指示灯；19—电控系统。

图4.3.5 垂直循环类停车设备主要组成

此设备钢结构框架部分是其主体结构，基本是由尺寸不等的钢板、各种撑杆等组成的。如果将垂直循环类停车设备建成封闭式的，以混凝土结构为附着体，框架、檩条和钢板部分就可以去掉。如果将垂直循环类停车设备建成低塔敞开式的，那就只保留框架部分，去掉檩条和钢板。

机械部分构成了垂直循环类停车设备的主要部分，整个停车设备的平稳有效运转就是靠它来传动实现。机械部分主要由图4.3.5中的2、3、4、5、6、9、15等部分组成。传动部件2主要使机械部分运转起来，张紧装置9促使机械部分正常运转，二者互为基础。传动链轮和张紧链轮的连接是靠链条来实现的。回转盘主要用来实现汽车转向，为车库的建设节省了土地。

操作面板、配电设备、控制柜集成器等的作用是使垂直循环类停车设备灵活正常运转。

垂直循环类停车设备的外形尺寸是由车库的空间、适停车辆的大小等具体要求决定的。相关技术参数如表 4.3.7 所示。

表 4.3.7　垂直循环类机械停车设备技术参数

设备类型	垂直循环类机械停车设备		
结构类型	钢结构自成一体的或混凝土钢筋混合的		
存车尺寸（$L \times W \times H$）/（mm×mm×mm）	轿车		客车
	≤ 5 000 × 1 850 × 1 550		≤ 5 000 × 1 850 × 2 050
存车质量/kg	≤ 1 700		≤ 1 850
停车设备的外形横向尺寸/mm	5 400		
停车设备的外形纵向尺寸/mm	6 600		
停车设备的外形高度尺寸/mm	7 650　9 350　11 000		10 700　13 250　15 900
存车数量/辆	6　8　10		6　8　10

3）水平循环类机械停车设备

（1）水平循环类机械停车设备概述及分类。

运用一个专门停放汽车的车位系统，以在水平面上做循环往复运动的形式来实现存取车辆的机械停车设备，在行业内称为水平循环类停车设备。在地下室也可以建造这种类型的停车设备，机械传动装置取代了原来的行车通道，不仅节约土地资源，还能节能减排。

该种停车设备的工作原理较上述两种有所不同，用来停放车辆的车位系统做水平往复循环运动，将所停车辆的载车板运送至出入口，最后由驾驶员将车开进或开出。一般该种停车设备只有一个出口，以至于存取车辆时间相对较长。

水平循环类停车设备的分类方式是各种各样的。以载车板运动轨迹的形式为划分依据，通常有按圆形轨迹循环运动的形式、按方形轨迹循环运动的形式。按存取车出入口的位置不同可分为上部出入口式和下部出入口式。顾名思义，上部出入口式即汽车的出入口位置在立体停车设备的上部，下部出入口式即存取汽车的出入口位置在立体停车设备的下部水平。按照操作的形式分为无人操作的形式和准无人操作的形式。驾驶员不用进入停车设备内部，汽车在载车板上自动移动的方式称之为无人操作的形式。准无人操作的形式是驾驶员驾驶着车一起进入到停车设备内部，人离开后车自动移动的方式。

（2）水平循环类机械停车设备的主要组成（见图 4.3.6）。

水平循环类停车设备主要由五大部分构成，分别是钢结构、载车板、机械传动机构、控制装置和安全防护装置。

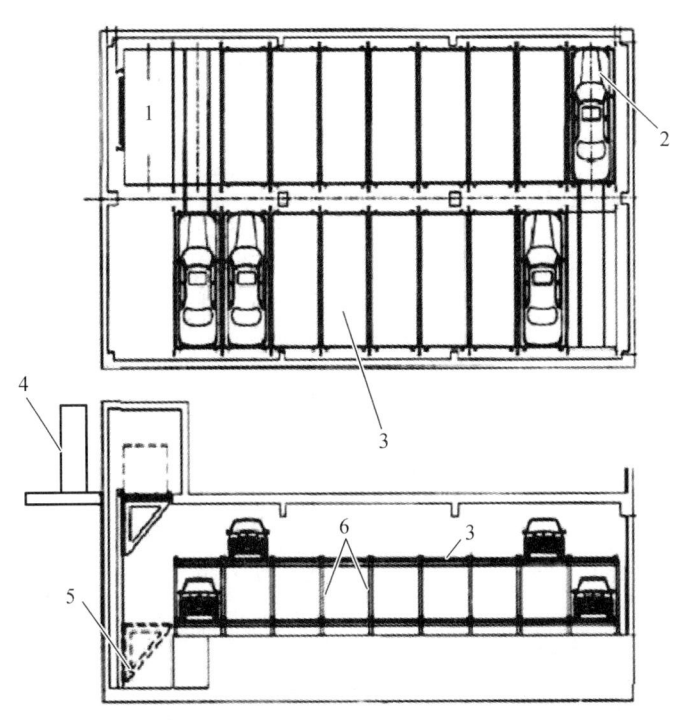

1—设备升降机构；2—设备横移传动机构；3—载车板；4—控制装置；
5—升降传动机构；6—钢结构。

图 4.3.6 水平循环类机械停车设备组成

水平循环类停车设备使用的钢结构部分，主要先由热轧 H 形钢、角钢、钢板等焊接成型，再用高强度螺栓连接成整体的钢结构框架。这种钢结构的强度和刚度能满足使用要求，载车板和前面所述一样。

电机减速机和液压马达构成了水平循环类机械停车设备的主机。电机减速机不仅可以作为横移设备的主机，也可以作为升降设备的主机，而液压马达只适合用在升降设备的主机上。

水平循环类停车设备的外形尺寸是由停车设备的空间、适停车辆的大小等具体要求决定的。相关设计技术参数如表 4.3.8 和表 4.3.9 所示。

表 4.3.8 水平循环类停车设备的平面尺寸要求

适停车辆型号	适停车辆尺寸（长×宽×高）/（mm×mm×mm）	适停车辆质量/kg	垂直循环类机械停车设备 长 L/mm	宽 W/mm
小型车（X）	4 400 × 1 750 × 1 450	1 300	（5 000–5 300）× 2	（2 250–2 300）× N+1 200
中型车（Z）	4 700 × 1 850 × 1 450	1 500	（5 300–5 600）× 2	（2 310–2 450）× N+1 200
大型车（D）	5 000 × 1 900 × 1 550	1 700	（5 600–6 100）× 2	（2 400–2 550）× N+1 200

表 4.3.9　水平循环类停车设备的高度要求

该种停车设备的形式	该种停车设备层数	垂直循环类机械停车设备 高 H/mm
全部地面上或部分地下部分地上	一层	2 000~2 200
	二层	3 500~4 400
	三层	5 650~5 900

注：① N 代表停车单元数；② 所有尺寸都是设备净尺寸。

4）多层循环类机械停车设备

（1）多层循环类机械停车设备概述及分类。

载车板以上下循环往复运动的方式，实现汽车多层存放的目的，称此种机械式停车设备为多层循环类停车设备。这种停车设备具有不需要行车坡道、减少占地面积、自动化程度高和方便效率高等特点。这些特点就决定了它的使用范围，通常主要应用于地下室、娱乐广场的下面等。

载车板上下层交换时，按照它们的运行轨迹分为圆形运动轨迹和方形运动轨迹。按照圆形轨迹运动的方式叫作圆形循环式停车设备，而按照方形轨迹运行的方式叫作方形循环式停车设备。

二者的区别主要是端部上下层转动方式不同，具体讲就是方形循环式停车设备设有两套升降系统，而且每层停车位都有自己单独的驱动系统、车库内各层的载车板沿矩形轨迹移动。

（2）多层循环类机械停车设备的主要组成。

多层圆形循环类停车设备主要由升降机构、水平循环机构和电控装置等三部分组成（见图 4.3.7）。

升降机构的主要功能是使存放车辆到达指定的层，实现存取车。框架结构不仅用来安装固定各种导轨，而且用来承载存放的车辆。载车板功能和结构组成与前面介绍的大致一样。链条 4 是水平循环机构 5 中的核心部件，停车库内的所有水平循环运动都由它来运转。水平循环机构由驱动电机、链轮链条传动、减速器等构成。

利用多层圆形循环类停车设备进行存车操作时，车主首先将车开至位于停车设备的出入口处的载车板上，升降机构将其降到位于升降通道内的水平循环机构上，等升降机构上的升降架停到准确位置后水平循环机构驱动全部载车板做平面移动。停车设备内的停车位是分成上下两层，停车位固定在水平循环机构的载车板上。水平循环机构和载车板是通过链条来链接的，则载车板的移动是随水平循环机构而运动的，从而实现把上层的车辆搬运到下层，反之下层还可以到上层。水平循环系统上的任何一个载车板都可以移动到车库的升降通道处，方便升降机构将其升降。取车，则反向操作。

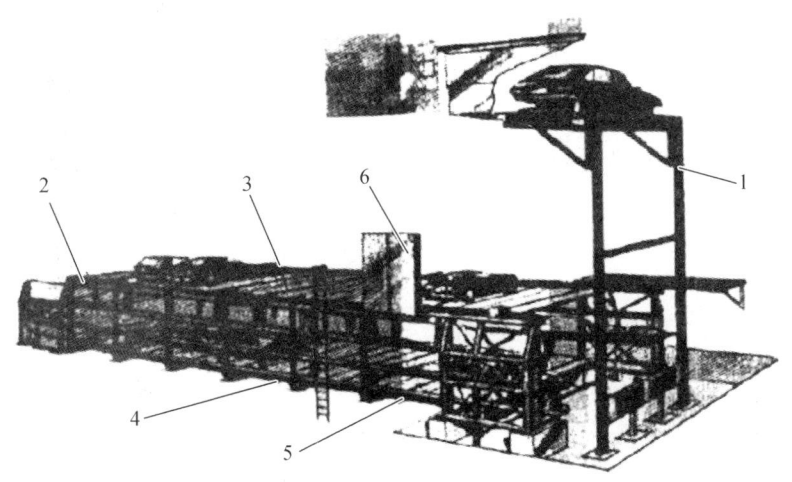

1—升降机构；2—钢结构框架；3—载车板；4—链条；5—水平循环机构；6—电控装置。

图 4.3.7　多层圆形循环类机械停车设备组成

5）平面移动类机械停车设备

（1）平面移动类机械停车设备概述及分类。

平面移动类停车设备是指同一层上，有的采用搬运小车或起重机械进行平面移动从而实现存取车辆的目的，有的采用载车板在平面上进行移动以实现适停车辆的存取，还有的以搬运小车和升降机构相结合的方式在几层平面上实现存取车辆的机械式停车设备。平面移动类停车库示意如图 4.3.8 所示。

图 4.3.8　平面移动类停车库示意图

此类停车设备的形式比较多，按照各种各样的依据进行不同的分析。按照出入口位置不同，分为下部出入口形式、中部出入口形式和上部出入口形式。下部出入口形式的机械式停车设备一般建在地面上，其出入口在车库的最下面。中部出入口形式的停车设备一般是一部分建在地下，一部分建在地上，其出入口在停车设备垂直位置中间。上部出入口形式的停车设备一般建在地下，其出入口的位置一般在机械式停车设备的最上方。

按照人与机械式停车设备的相对位置不同，分为无人式多层平面移动停车设备、准无人式多层平面移动停车设备和人车共载式停车设备三类。其中，无人式多层平面移动停车设备是指人不进入设备内，通过输送机构、升降机构和搬运小车相配合的方式完成车辆的存取。此种设备有存取安全、存取效率高等特点。准无人式多层平面移动停车设备在存取车时司机将车辆开到搬运小车上，人离开设备之后，停车设备才能运行，这种设备有结构紧凑的特点。人车共载式停车设备是指人和车辆都在搬运小车上，被其一起移动。此种停车设备又分为车内共乘和车外共乘两种，它的特点是不利于设备管理，安全系数相对较高等。

按照停车位设置的类型不同，分为横置式、纵置式和多排布置式。横置式和纵置式停车设备一般都用于停放大型轿车（D车型），不同之处在于二者的纵向尺寸和横向尺寸各不相同。多排布置式停车设备一般是中间为搬运小车的巷道，两侧布置多排停车位。

（2）平面移动类机械停车设备的主要组成（见图4.3.9）。

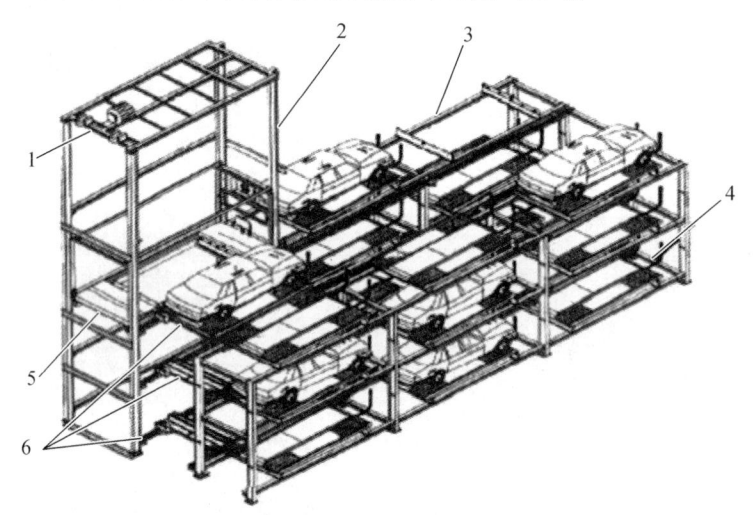

1—升降驱动系统；2—钢结构框架；3—停车位；4—载车板；5—升降机构；6—搬动小车。

图4.3.9 平面移动类机械停车设备组成

平面移动类停车设备根据交换机构设计和载车板形式的不同，分为板式交换和履带式交换。板式交换能带来很可观的经济效益，是因为停车设备具有整体设计较紧凑、安全可靠、停车设备层数相对较少、效率高等优点。履带式交换的技术比板式交换的技术更先进，能够使车辆在搬运小车和停车位上直接进行交换，效率高。其缺点是层高高，成本高。

6）巷道堆垛类机械停车设备

（1）巷道堆垛类机械停车设备概述。

利用巷道堆垛机或桥式起重机将进入到搬运小车里的车辆，通过水平或者垂直运动的形式运送到指定停车位前,再用存取机械机构实现存入和取出车辆的停车设备,称之为巷道堆垛类停车设备。这种类型的停车设备具有容纳车辆的数量大、集中监控、全封闭建造、存取安全等特点。基于这些特点,它的适用范围是大密度存车场所。巷道堆垛类机械停车库实物如图 4.3.10 所示。

图 4.3.10 巷道堆垛类机械停车库实物

工作原理(见图 4.3.11):巷道堆垛类停车设备通过巷道堆垛机械或桥式起重机械将进入到搬运小车里的车辆,通过水平或者垂直移动的方式运送到指定停车位前,再用存取机构存取车辆来完成整个存取车过程。这种停车设备不需要用载车板以及取送空车板。这种类型的机械式停车设备结构复杂,有完善的监控系统、消防系统和安全措施等,因此也就产生了故障率比较高的问题。一方面存取车时间过长,特别是在高峰期时;另一方面它的实用性差。

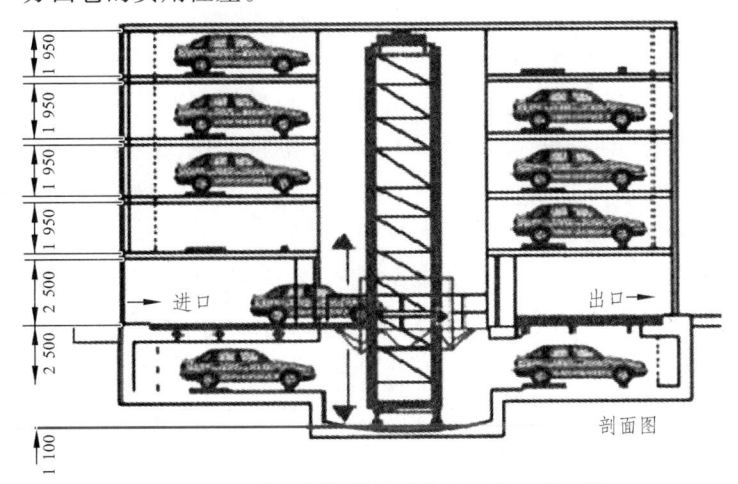

图 4.3.11 巷道堆垛类机械停车设备工作原理

(2)巷道堆垛类机械停车设备的主要组成(见图 4.3.12)。

巷道堆垛类机械停车设备主要由以下部分组成:进出口机械设备、车库内机械搬运设备、车辆存放设备、电控装置和安全检测系统等。

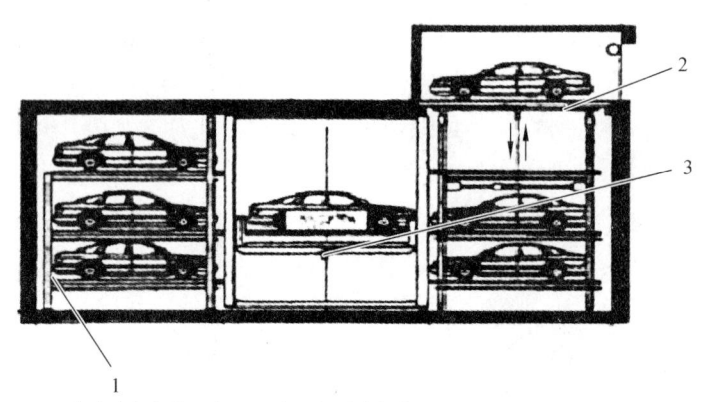

1—库内车辆存放设备；2—出入口升降机构；3—车库内机械搬运设备。

图 4.3.12　巷道堆垛类机械停车设备主要组成

出入口设备以进出口设计的要求为准，选择相应类型的设备。出入口处的设备主要以升降装置为主，主要分为齿条齿轮升降、钢丝绳或链条牵引升降和液压升降三种类型。

车库内机械搬运设备是此种停车设备的主要设备，主要由空间三维运动组成，分别是巷道方向的横向运动、垂直巷道方向的纵向运动和垂直升降运动。横向移动部分的运行速度比较快，一般为 1~2 m/s，驱动电机一般使用 5~10 kW 的变频减速电机直接给主轴提供动力。

巷道堆垛类停车设备所使用的电控和安全检测等装置，与前面其他类型的停车设备基本类似，在这里就不展开分析研究。

7）垂直升降类机械停车设备

（1）垂直升降类机械停车设备概述及分类。

垂直升降类停车设备是指升降系统的上下垂直运动的形式和安装在升降系统上的横移系统在水平方向上来回横移的形式结合起来，从而实现车辆存取的目的，在行业内部此种车库又被称为塔式立体车库。这种停车设备具有平面和空间利用率非常高、存取效率高、操作简单的特点，还有一个更重要的特点在现代社会越来越凸显，就是将塔库直接安装在小区高楼里面预留出来的空间内。因此，此种设备主要应用于城市商业中心以及车辆聚集点。

结合我国垂直升降类停车设备的发展现状，对垂直升降类车库进行更详细的分类。

按照停车位分布形式，分为电梯式、圆柱形、升降机构+平面移动型、升降机构+平面回转型、十字形。其中，电梯式可分为单列和重列，单列又分为纵向并列、横向并列和纵向串列。圆柱形是按辐射状分布的，根据回转机构的不同分为升降台回转式和小车回转式。升降机构+平面移动型是指升降机构的上下升降运动配合载车板的平面移动，二者一起完成车辆的存取。升降机构+平面回转型是指升降机构的上下升降运动配合载车板的平面回转运动共同完成存取车。十字形是指停车位按照十字的形状设置，提升机构在其中间并且可以回转。

按照出入口相对地面的位置，分为车辆在下部出入的形式、车辆在中部出入的形式和车辆在上部出入的形式。

按停车设备是否依附于主体建筑物，通常分为独立式和内嵌式。独立式是指停车设备独自成为一个独立的建筑物，不依附于其他任何土建结构。内嵌式是指停车设备依附于大楼或其内部的钢筋混凝土而建造。

按停车设备之间的相对位置关系通常分为四种，分别是独立形式、并列形式、纵列形式和混合形式。单独建造一个标准的垂直升降类停车设备，称为独立形式。并列形式是指将两台独立形式的停车设备并排组合在一起且出入口方向一致。纵列形式是指将两台独立形式的停车设备背对背纵向组合在一起且出入口方向相反。混合形式是指并列形式和纵列形式以任何形式的组合。

按有无水平回转平台，分为无水平回转式和有水平回转式。有水平回转式又分为内置水平回转式和外置水平回转式。

按出入口的相对位置关系，分为前门进后门出的直通形式和出入都在一个门的折返形式。

按驱动方式，分为上驱动形式和下驱动形式。

按机械传动方式，分为链条传动的形式和钢丝绳传动的形式。

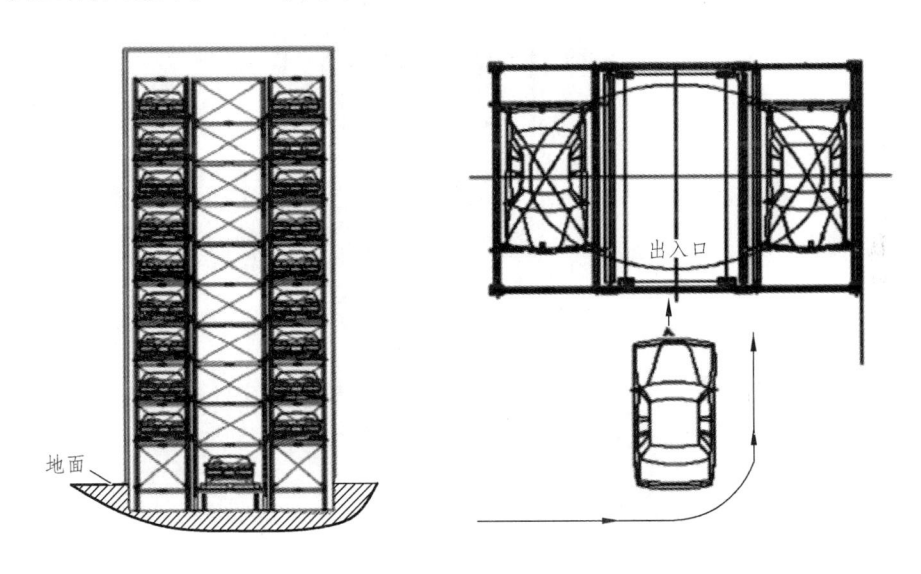

其工作原理如图 4.3.13 所示。

图 4.3.13　垂直升降类机械停车工作原理

由图 4.3.13 可知，存车时，先将车辆停放在车库入口处，通过电机驱动的升降系统以上下垂直运动的形式将车辆运输到指定的层，然后升降系统上的横移系统以横移的形式将停放车辆存放在目的车位，取车反之操作。

（2）垂直升降类机械停车设备的主要组成（见图 4.3.14）。

垂直升降类停车设备主要由钢结构框架、升降系统、横移系统、回转升降机构、电控装置和安全措施等组成，具有很高的科技水平。外部框架、内部框架、升降导轨、配重导轨和载车板等构成了垂直升降类停车设备的钢结构骨架。它的功能是支撑停车位及机械传动机构等。立柱、横梁、拉撑停车位的搁脚和型材等做成外部框架，而内部框架基本由小型立柱、位置倾斜的撑杆、升降机构的专用导轨和配重专用导轨等组成，并和外部框架形成一个整体。

升降系统驱动电机的功率一般选择 18.5～30 kW，升降系统的整体结构是由载车台、配重、钢丝绳、滑轮、电机和减速机等组成的封闭式循环垂直传动系统。由电机提供动力，将动力传递到减速机的四根出轴，再通过滑轮、钢丝绳传递动力从而使载车台上下运动，此时对应配重也运动起来。

驱动电动机、链传动的长轴、链条、链轮和三级滑叉构成了横移机构，其工作原理是由电机将动力传递到链传动长轴，通过长轴两端的链条、链轮传动来带动三级滑叉发生运动。

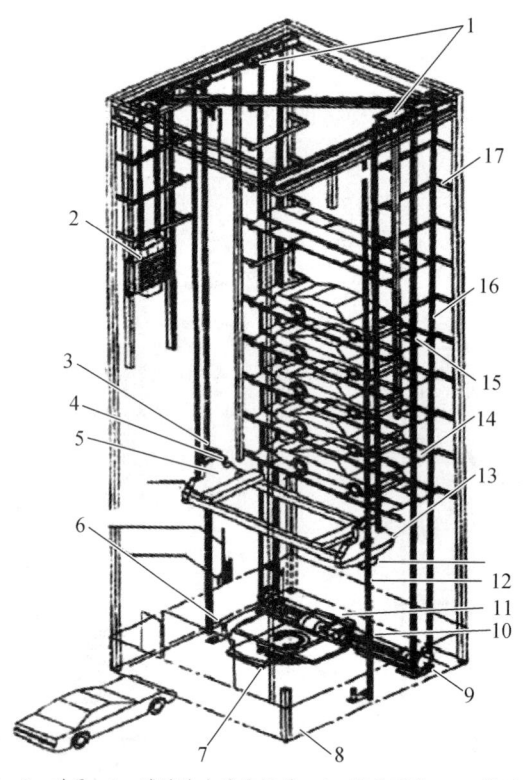

1—设备顶部滑轮系统；2—对重；3—减速光电感应开关；4—限位开关；5—搬运设备；6—缓冲装置；7—回转台；8—地下空间；9—牵引轮；10—升降制动装置；11—升降驱动机构；12—升降导轨；13—搬运小车下坠保险装置；14—载车板；15—认址片；16—主钢缆；17—载车板架。

图 4.3.14　垂直升降类机械停车设备组成

8）简易升降类机械停车设备

（1）简易升降类机械停车设备概述及分类。

简易升降类停车设备是指利用升降机构或俯仰机构在二层或二层以上的钢架车位上来存取车的停车设备（见图 4.3.15）。

图 4.3.15 简易升降类机械停车设备

工作原理：在下层载车板上存取车辆时，上下两层载车板靠前的部分同时上仰，这样下层的载车板的靠前的部分就和地面保持在同一水平面上，于是实现了车辆的存取。

在上层载车板上存取车辆时，上下两层载车板靠前的部分同时下俯，使其与地面相平，从而实现车辆的存取。

垂直升降地上两层这类型的设备虽然看上去结构比较简单，但是实际操作起来比较麻烦，花费的时间也较长，主要用于家庭或企事业单位。

垂直升降半地下两层或三层这类型的设备总体结构相对简单、存取车辆相当方便，但它的不足是施工量大，向下挖地坑一至两层，设置防雨排水系统以防止车辆被破坏。俯仰升降地上两层这类型的设备主要是利用液压系统实现对载车板的上下升降操作，具有结构相对简单、操作便利等特点。该种停车设备在楼层层高不够的场所较常见。

（2）简易升降类机械停车设备的主要组成（见图 4.3.16）。

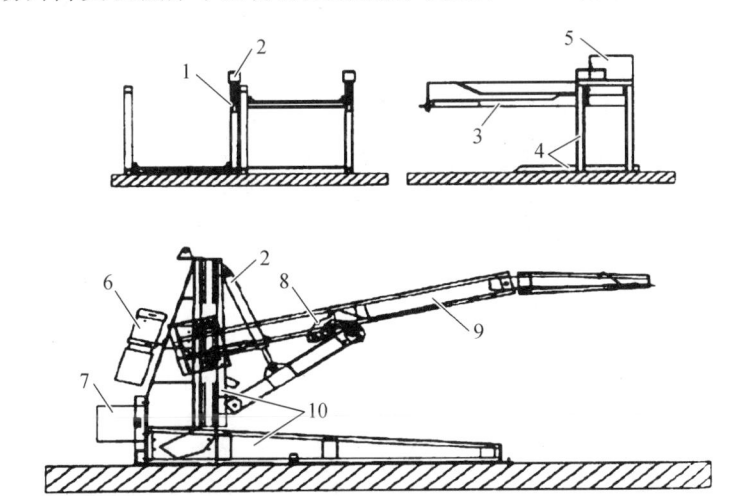

1—安保装置；2—传动机构；3—载车板；4—钢结构；5—控制系统；6—液压马达；
7—控制箱；8—缓冲器；9—载车板；10—钢结构。

图 4.3.16 简易升降类机械停车设备主要组成

这种类型停车设备的钢结构部分所采用的型材有热轧 H 型钢、槽钢、角钢等，然后用高强度螺栓通过连接或者焊接的方式制成框架结构。简易升降类停车设备只有升降传动机构，这种升降传动机构的形式有四点式全部吊挂、带有平衡锤的二点式部分吊挂、后悬二点式部分吊挂等。

9）汽车专用升降机

专门搬运汽车的升降机，将汽车运送至不同层的机械设备，称之为汽车专用升降机。此种设备只能搬运，不能直接存取汽车。这样在机械式停车设备的设计建造中就能把传统自走式斜坡道给取代，不仅节省空间还能提高经济效益。汽车专用升降机应用的常见场合是屋顶、地下等。

工作原理（见图 4.3.17）：司机存车时，首先进行刷卡对汽车专用升降机发出指令，待其接收到开始工作指令后按照预先设定的程序开始工作，到达指定的层后打开门，便于汽车进入升降机轿厢后，按下控制按钮把门关闭，升降机通过垂直升降运动的形式，到达指定停车位的层后，待升降机停稳后，打开门进行存车，取车则反之操作。

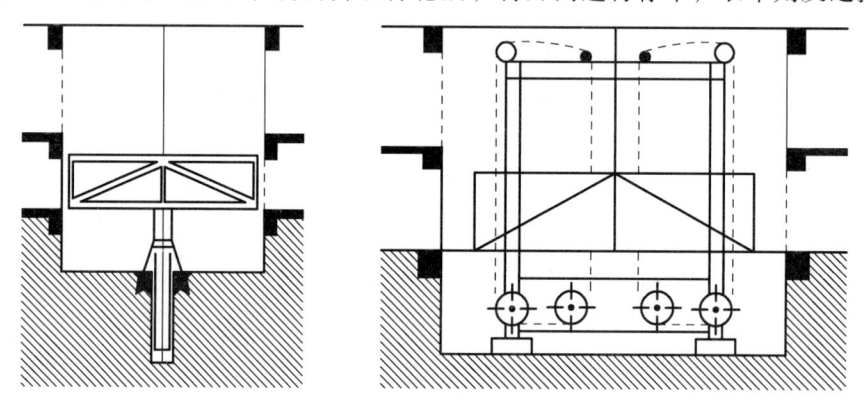

图 4.3.17　汽车专用升降机停车设备运行原理

普通升降类是指升降机通过垂直升降运动的形式，在地面层接到车后，到达指定的层，将车存放好，取车反之操作。升降回转式是指在普通升降类的基础上，在升降机上安装一个回转装置，通过回转一个角度完成存取车，提高了操作效率。升降横移类是指把载车板的垂直升降运动形式和其横移运动形式结合起来完成车辆的存取。

4.3.4　立体车库优缺点分析

各类立体停车库的优缺点见表 4.3.10。

表 4.3.10　立体车库优缺点对比

序号	类型	优点	缺点
1	升降横移	结构简单、操作简便、能耗造价低、设置灵活、自动化程度较低、因受力链绳及存取时间的限制，可建停车规模有限，一般层高不超过 5 层，占地面积大	每组设备须留至少一个空车位；链条牵动运行过程不具有防止倾斜坠落功能

续表

序号	类型	优点	缺点
2	垂直循环	省地，可省去购置土地的大量费用。方便，使用 PLC 自动调车。迅速，调车时间短，取车快速。灵活，可设置在地面上或半地上半地下，可独立或附设在建筑物内，还可多台组合。维护容易，耐用性高；经济，可省去购置土地的大量费用，有利于合理规划和优化设计。省电，占地面积小，存取自动化	存取车速度慢，产生噪声，震动大，能耗高，工作机动性较差，结构易变形，存取室狭小，存取车不方便，目前较少使用
3	水平循环	结构简单，与垂直循环类比较，产生的噪声低、震动小，能耗低	占地面积大，目前较少使用
4	多层循环	自动存取，方便快捷，具有较广的适用性，地下利用率较高，适合地下室安装。结构简单，车库无须坡道，节省占地面积。与垂直循环类比较，产生的噪声低、震动小，能耗低	只有一个出入口，所以存取车时间较长，最远车位一般一次取车需 2 min，高峰取车时间依次取车时间更长，依次取车第 20 辆约需 30 min 以上，实用性差
5	平面移动	形式多样，适用范围广，车库投资费用低，地平面层可停放大尺寸车辆。容车密度较大，存取车快捷	设备结构复杂，造价较高，维护成本较高
6	巷道堆垛	低噪声，低能耗，自动化技术高，全封闭车库，存车安全，有完善的闭锁和监测系统，采用足够的安全措施和消防系统	结构复杂，等待时间长，进出口少
7	垂直升降	占地面积最小，空间利用率最高。耗能低，存取高速智能化，环境影响小，完善的闭锁和监测系统，采用足够的安全措施和消防系统	设备结构复杂，对地基消防要求高，平均车位成本较高
8	简易升降	结构简单、操作容易，可充分利用地下室空间场所	结构设计不科学，力学结构不合理，留有安全隐患，是停车设备需要技术改进的产品
9	汽车升降机	节省空间，提高车库利用率。可以代替汽车进出车库的斜坡道，大大节省空间，提高车库利用率，汽车专用升降机常用于地下或楼层、屋顶或建筑内自走式车库存取汽车的搬运	仅有搬运作用，无直接存取的作用

4.4 智能型立体车库

上节介绍的九大类型机械式停车设备，主要是从它们的概念、原理、特点、分类、机械部分的主要组成和各自的适用范围等方面，做了较为详细的介绍。上述几种类型的停车设备各有优劣，应用的场合各不相同，针对城市中心区车流量大、集中和这个区域的地价贵等现实问题，有的是停车位的数量不满足要求，有的是结构复杂故障率高，有的是不够智能，存取车效率慢，用户体验差。而真正适合高密度开发的城市核心区的是"智能型"的立体车库，它将是未来立体车库的发展方向。

智能型立体车库的主要特征是存取车设置了专门的停车门，实现了"人车分离"，即"车"实现搬运的自动化控制，"人"获得智能化存取车体验。目前九大类立体车库中可称为智能型立体车库的主要有垂直升降类、平面移动类、巷道堆垛类。对于该类智能型、自动型停车库，德国制定了 VDI 4466 自动停车系统规范，具体见附录，读者可以参考阅读。

本节将对垂直升降类、平面移动类（AGV）以及巴士立体车库进行更深入的介绍。

4.4.1 垂直升降类停车库

垂直升降类机械式停车库又称塔式机械立体停车库，是通过升降设备将车辆或有车辆的载车横板横向或者纵向从车辆升降机搬运至停车位。停车位分横置式、纵置式和圆周式三种。通常一个垂直升降类机械式停车库由一套或多套垂直升降类停车设备组成。

1）垂直升降类停车库建筑设计要点

（1）平面布置。

通常垂直升降类机械式停车库的平面布置主要根据停车数量、防火间距、消防通道和周边交通环境灵活进行，其布置形式可以是单库、双库和多库。单库是指中间一个升降井，两边设置停车位。双库和多库是指由单库采用横向或者纵向排列组合而成，如图 4.4.1 所示。单库的平面布置占地面积小、受力简单、工程造价低，但受结构抗震等因素影响，其设计的结构高度受到高宽比的限制，高度不宜过高，设计停放的车辆不多，双库和多库相比单库的结构高度可以大幅提高，多适用于停车需求较多的项目。

（2）柱网的选择。

垂直升降类机械式停车库立面空间都比较大，除了机械立体停车设备，还需要土建结构的配合，为了能提高停车库的利用率，柱网的选择非常关键。决定停车间距尺寸的主要因素很多，主要包括停车宽度、两柱间的停车数量、车辆的停放方式、柱子的截面尺寸等。通常设计时以停放 1 辆车平均所用的建筑面积作为综合指标来衡量柱网是否合理，设计时尽可能减少柱网的种类，统一柱网尺寸，并保持与其他部分柱网的协调一致，对于小型和中型停车库设计，实践中比较经济合理的柱网尺寸为 6.0 m × 7.5 m。

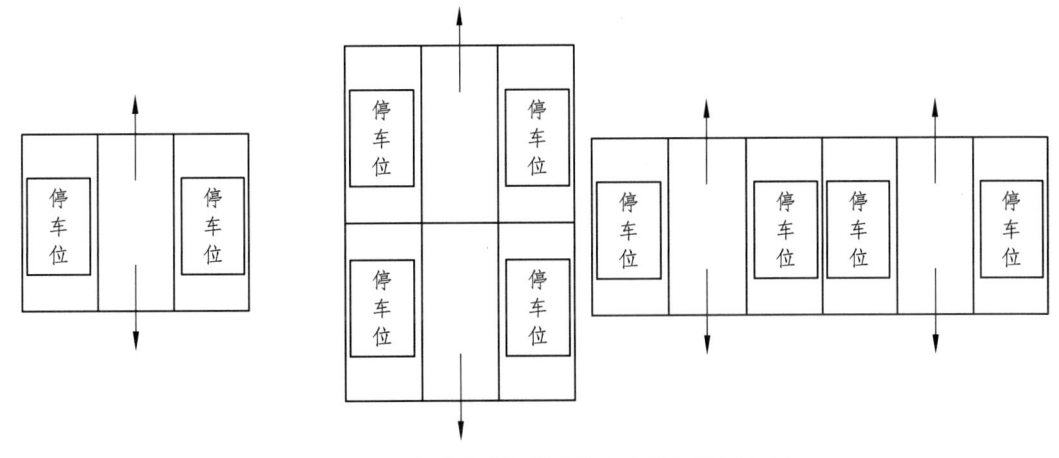

图 4.4.1　垂直升降类机械式停车库常见平面布置

2）垂直升降类停车库结构设计要点

（1）结构刚度。

由于垂直升降类机械式停车库占地面积小，为了增加停车数量，只能增加结构高度，同时垂直式机械式停车库由机械设备直接运送车辆到载车板上，全程无人参与，所以钢框架属于无板结构，该结构主要靠框架梁、框架柱受力，随着结构高度增加，结构整体刚度必然大幅降低，因此结构设计时必须加强对结构刚度的验算，通过设置高宽比和增加支撑来提高结构整体刚度，通常独立式垂直升降类机械式钢结构停车库的高宽比不大于 6.5∶1。

（2）荷载变形。

通常垂直升降类钢结构机械式停车库的主体结构受到的荷载作用包括结构恒载、设备恒载、冲击荷载、停车荷载、风荷载和地震荷载。停车荷载在不同停车状况时又分空载、对称满载、非对称满载、最大偏载四类。结构设计时，应考虑到多种工况的荷载组合对结构的影响，对不同工况荷载作用下结构变形情况进行计算分析。

（3）结构稳定性。

垂直升降类钢结构机械式停车库结构设计的稳定性，要考虑两点：一是结构整体的稳定性，即设计的钢结构在最不利的工况荷载作用下的整体结构抗倾覆情况；二是设备在搬运汽车的过程中由于机械设备的制动等原因，停放的汽车在重力加速度作用下产生冲击力，容易发生局部失稳，所以停车位需要采取一定的隔振减振措施处理。

3）新型垂直升降类停车库

垂直升降类车库由于占地面积小，布置灵活，特别适合高密度开发的城市核心区，尤其是窄小场地的停车库建设。近些年，很多学者以及相关企业在垂直升降类车库的基础上提出或研发了新型的智能立体车库，诸如地下筒仓式车库。

地下筒仓类车库的整体结构布置在地面以下，占用较少的地面空间，地面上只需要留一条车辆进出口，其余大部分空间可用来建造其他无关公共设施，如绿化等。利用钢筋混凝土圆筒外墙当作地下车库的围护，圆筒内部有车辆运输升降机、专业管井以及承重结构等。采用车辆运输升降机运送车辆，可以是一辆车配备一部升降机，也可以多辆车配备一部升降机，需要由地下车库的停车设计容量配备相应的升降机或电梯的数量。

停车平台采用钢筋混凝土环板结构，车辆上下运输平台采用钢结构。圆筒底部布置升降系统减速器，最底部设置集水坑，内部设置自动液位控制潜水泵，用来排除基坑积水。采用变频调速器控制车辆升降速度，自动化程度高，维修和保养工作量较小，成本较低。

地下筒仓类车库设计上可采用一梯两车位、两梯两车位、一梯四车位的平面布置。该类筒仓式车库直径较小，直径可以为 10～13 m，层数通常超过 12 层，单库车位 50 个以内为宜（见图 4.4.2）。

如场地较为宽裕，圆筒直径可增加到 20 m 以上，相应采用一梯十车位、一梯十二车位以上，以 4～10 层为宜。圆筒中间有 8 m 左右直径空间作为车辆上下运输通道，每层停车环板将区域沿径向等分作为停车位（见图 4.4.3）。

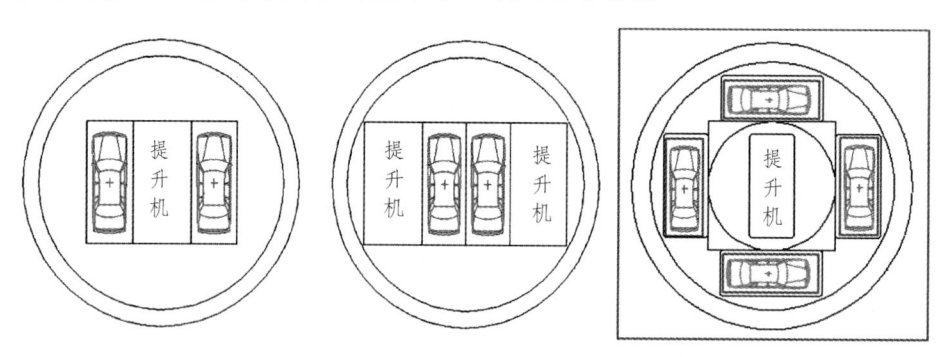

图 4.4.2　小型筒仓类车库

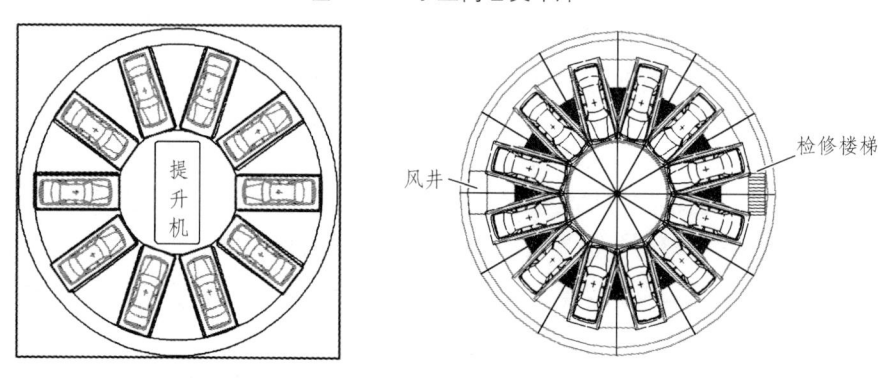

图 4.4.3　中大型筒仓类车库

4.4.2　平面移动类停车库

平面移动类停车设备是仓储式停车设备中的一种常用类型。其工作原理是由搬运台车来完成同一层面内车辆的移动，由升降机来完成车辆的不同层之间的升降运动，通过两者配合，实现车辆自动存取过程。平面移动具有高智能化、高效率存取、布置灵活、高安全性等特点，是机械式停车库中最为理想的形式之一，可布置为地上型、半地下型和地下型。平面移动类停车设备按照车位布置形式分类，可分为横向平面移动式和纵向平面移动式。

1）平面移动类车库设计条件要点

由于多层平面移动类停车库属于自动化大型化立体车库，为保障人、车辆、设备的安全，方便车库管理，提高设备使用寿命，车库一般设置为封闭或半封闭形式。在规划设计、建造立体车库时，往往涉及出入口设置、建筑、照明、消防等公用条件，因此停车设备厂家、建筑设计单位、业主等需先行进行技术接洽，保证设备与立体车库使用安装空间相容一致，达到最大程度地增加容车数量、安全可靠、布置经济合理、运行高效的目的。由于停车设备厂家不同，设计生产停车设备尺寸大小并不一致，必须根据具体厂家提供的停车设备布置尺寸进行立体车库土建规划设计等。

（1）出入口及通道。

机械式停车设备出入口尺寸要求：宽度应大于"存放汽车车宽+500 mm"，且不小于 2 250 mm。对于存放大型轿车类车辆，出入口宽度为≥2 350 mm。仅存放轿车无人方式车库，出入口高度为≥1 600 mm，存放客车类车辆（车高 2 050 mm 以下），应不小于 2 150 mm。对于存放轿车车库，人车共用出入口时（准无人式、人车共乘式）出入口的高度为≥1 800 mm。出入口设置位置距离城市道路的规划红线不应小于 7.5 m，并在距出入口边线内 2 m 处作视点 120°范围内至边线外 7.5 m 以上不应有遮挡视线障碍物。车位数增多时，出入口数量相应增加，以便于在规定时间内清库及合理的出入库。室外多层平面移动类车库距道路红线应有一定的后退距离，距城市主要道路和次要道路以区设置的基地出入口不应小于 10 m；距城市支路红线以及设置的基地出入口不应小于 6 m。不应影响基地内主要道路的车辆正常通行。内部主要道路后退不应小于 6 m，出入口通道上面的空间应无活动或可移动的设备或者构件，出入口对外双向行驶的通道宽度不应小于 5.5 m，单向行驶的通道宽度不应小于 3.0 m。

（2）土建要求。

首先要根据所建车库的停车数量、停车规格、区域位置理方式、存取车高峰情况、经济性等条件进行合理选型，确定本车库类型、布置方式、运行参数等。一旦选型确定后，生产集成式停车设备的厂家需提供土建要求条件、车库预埋件位置、大小、数量；各预埋件受力性质、载荷大小，车库混凝土基础地坪平面度、坡度、排水防水、动力电源线、信号线预埋管大小、位置、尺寸、动力电源电容量要求。对于地下车库设备，应提供车库本身总荷载，满负荷停车情况下总荷载。室外车库基础需做防水，且设置排水系统，为防止地面雨水倒流入库内，应有合理排水坡度及集排水沟槽要求。对于地下室建造多层平面移动类停车库，还要考虑地下室建筑柱网布置、建筑尺寸大小。若柱距分布位置不合理，小于图中尺寸，会产生柱距间布置两车位富余、三车位布置不下的现象，或柱子位置占用搬运器运行空间，只能单边布置一排的情况，造成停车空间极大浪费。因此建筑设计单位一定要事先与设备制造商进行技术衔接。建设车库的基础设计、施工，必须满足有关结构设计规范规定的要求，考虑静、动载荷及地震作用下对车库基础、混凝土结构的强度、稳定性、变形的影响。对于室外独立式停车库，其钢筋混凝土结构高宽比不宜大于 5∶1；对于附建式停车库，停车设备构件与主体建筑物联结时，建筑设计人员应考虑在各联结点安装联结方式，联结的安全、可靠性符合有关规范要求；对于附建独立式结构车库，也应按有关结构设计规范进行设计。

（3）消防要求。

在立体车库防火设计中，设置消防设施时应按照《汽车库、修车库、停车场设计防火规范》（GB 50067）执行。应从国家经济建设全局出发，结合车库的实际情况，积极采用先进有效的防火与灭火技术，做到"确保安全、方便使用、技术先进、经济合理" 的原则。

多层平面移动类立体车库消防灭火系统有自动喷水灭火系统、固定泡沫喷淋系统、高倍数泡沫系统，对于无人的封闭空间还可采用 CO_2 灭火系统。在一个车库内，目前选择的较经济的常规方法是自动喷淋灭火设备，设计时可按《自动喷水灭火系统设计规范》有关规定执行。基于多层平面移动类立体车库的特点，中间巷道与升降机仅是搬运车辆和运动通道，一般不作要求，只在泊位处布置喷头即可。喷头设置在泊位处上方或按停车位分层布置成侧喷式。消防系统的布置主要应考虑不与停车设备运动部件、停放车辆空间相互干扰。一般沿着车位间空隙布置消防输送管道、喷头。生产机械式停车设备的厂家一般不提供消防系统，由消防事业部门提供。各种消防用电设备的配电线路与车库动力、照明线等配电线路应分开设置。

（4）供配电、照明。

在车库供配电设计中，要考虑将车库电源设为专用电源，且应大于车库供电总容量。电源送至车库控制箱位置，利于日后车库电气安装、布线以及车库消防系统自动控制线布置接线等总电源供给。为保证停车设备各驱动用电动机正常运行，必须避免向其他负荷同时供电时电压降低的影响。土建施工中必须提供符合标准要求的保护接地装置，并引至控制箱位置。为了保证停车库的正常运用，不因停电事故造成等候出入的车辆阻塞，并满足实时疏散和消防需要，一般应采用双路供电或单路供电加备用电源。供电电源的电压为三相 380 V 和单相 220 V，电源频率为 50 Hz，供电电压和频率的偏差、三相电压的不平衡度以及电压波形均应符合相应的设计规范标准。

库内及人、车出入口应具有良好的照明和应急照明。照明电源应设专用电路，与车库动力线路、控制线路分设。库内维修调试用照明插座均在升降机或巷道中部两端设置，照明必须达到充分的照度以确保安全。操作室内的照明的照度应不低于 30 lx，机器房、电气室等照明的照度应不低于 5 lx。

（5）通风排烟。

多层平面移动类立体车库，应以经济节能为原则，以自然通风为主导思想，进行车库通风设计。对于地下多层平面移动类立体车库和严寒地区的非敞开式车库，应注意避免由于车库通风不畅，可能积聚的油蒸汽、有毒性尾气等，影响到车库管理人员、维修人员的健康。为达到卫生标准和消防安全要求，应根据实际情况设置通风系统。

汽车库通风系统应独立设置，不应与其他建筑的通风系统混设。对于敞开式多层平面移动类立体车库，由于自然通风条件良好，可以不设置机械通风设备。

车库一旦发生火灾，会产生大量的烟气，且有些烟气有一定的毒性，如果不能迅速排出库外，极易造成人员的伤亡事故，也给消防人员进入车库扑救带来困难，因此宜设置立体库排烟系统。对于中、小型汽车库，一般可与车库内的通风系统组合设置。排风风管应使用不燃烧材料制作。排气口设置在车库内下部，排烟口应设置在上部。各自的风口应上、下分开设置，确保火灾发生时能及时进行排烟。通风排烟系统的设置应与机械式立体车库的布置及搬运车辆的运动不互相干扰。

2）新型 AGV 智能停车库

AGV（Automated Guided Vehicles，自动导航车）智能停车库近年来在国内的应用越来越多，作为平面移动类（PPY）停车库的衍生种类，其更高端的配置、更高的智能化程度以及适用传统停车场扩容的场景使其受到欢迎。

（1）AGV 技术概述。

AGV 是一种自动化机械搬运设备，能按预定路径自动行驶，不需人工干预，它一般使用电池作为动力来源，常用的导航方式包括磁导航、激光导航等，主要被用于运输系统或者生产线上的自动化搬运。首辆自动导航车诞生于 20 世纪 50 年代，属于牵引式机械装置，由美国 Barrett 公司研发而成。19 世纪 60 年代，柔性物料加工等行业开始引入自动导航车完成物料搬运等工作，在此期间它发展迅速。同时，1976 年起重机械研究所研发了我国第一台 ADB 型自动导航车，时至今日，AGV 已经成为工业生产车间中较成熟的物流运输设备，其关键技术如路径规划算法、导航方式、车辆驱动等仍在不断完善。使用 AGV 替代传统运输载体，有效改善了工厂内的工作环境，极大提高了生产效率，并且给其他行业也有所启示。可以认为，AGV 技术已经成为衡量一个国家制造业智能化、自动化水平的重要标志。

（2）AGV 的停车应用。

将 AGV 应用于智能停车行业面临极大的挑战，同时也存在机遇。从目前的泊车状况来看，人工泊车不但费时费力，而且车位预留面积大、浪费空间多。采用 AGV 泊车后，一方面给人们带来了方便快捷的体验，另一方面可以通过不同的车库、车位设计提高土地利用率，在有限的空间内增加更多车位，经济价值巨大。

国外立体车库和 AGV 的发展起步较早，但 AGV 与车库的结合近几年来才刚刚兴起。多家公司开发了不同技术路线的 AGV 停车机器人及自动泊车管理系统，迅速在机场、商业区得到示范性应用。最早的停车机器人诞生于德国。2014 年，Serva Transport Systems GmbH 公司开发制造了第一台 Ray 自动泊车机器人及自动泊车系统，已在杜塞尔多夫机场应用。法国初创公司 Stanley Robotics 研发了 Stan 停车机器人，并提供全自动代客泊车方案，已在法国戴高乐机场投入使用。美国 Boomerang 开发了一种基于车抬板交换技术的 AGV 停车机器人及自动代客泊车系统。我国自动停车技术相对起步较晚，但近几年国家的大力支持使国内 AGV 停车机器人技术发展迅速，目前已有近 20 家企业开始涉足，经过两三年的持续发酵，AGV 停车机器人已经从车抬板式、梳齿式等衍生出夹持式、夹取式等更多泊车的方式。我国智能停车机器人的研发已然走在世界同行业的前列。

（3）停车 AGV 分类。

目前国内应用的停车 AGV 主要有三类。

① 梳齿式停车 AGV。

梳齿式停车 AGV 的工作方式：内梳齿固定，外梳齿设置在 AGV 上，搬运器利用梳齿间隙，通过 AGV 上下升降移动实现梳齿的交叉换位，从而实现车辆的搬运交接。它适用于现有经改造的或新建的平面停车库等汽车搬运领域，运行效率相比其他类型更高。但是伸出的梳齿需要支撑起整辆汽车的承重，对强度和刚度要求较高，制造工艺难度大（见图 4.4.4）。

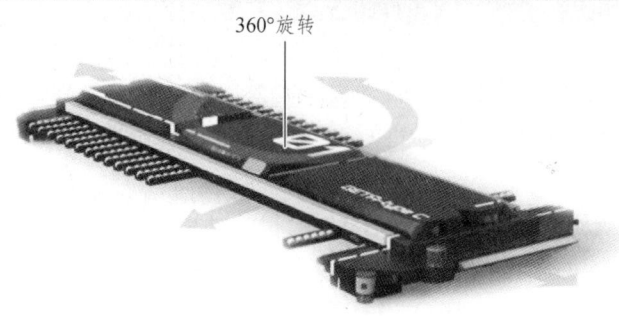

图 4.4.4　梳齿式停车 AGV 示意图

② 车抬板式停车 AGV。

车抬板式停车 AGV 的工作方式：汽车停放在车抬板上，AGV 钻入车抬板底下举升，然后把汽车和车抬板一同运载到指定停车位置上。汽车停放好后，AGV 要去抬其他车抬板，以便停放下辆汽车。此类停车 AGV 需要每个停车位上均有车抬板装置。这种 AGV 因涉及要取或存空车板的情况，搬运效率较低，但是制造难度较小，方便安装，成本较低（见图 4.4.5）。

图 4.4.5　车抬板式停车 AGV 示意图

③ 夹持轮胎式停车 AGV。

夹持轮胎式停车 AGV 的工作方式：能直接钻入车辆下面，利用夹持装置将车辆轮胎夹起，把汽车送到停车位上。目前夹持轮胎式停车 AGV 有两种：一种是采用侧夹（见图 4.4.6），该类对停车场空间要求较大，速度较慢，为国外进口设备，在国内仅在北京大兴国际机场有应用展示；另一种是采用正夹（见图 4.4.7），该类设备比梳齿和车抬板的高度显著减小，适合对尺寸要求高的停车场，尤其是对层高有严格要求的停车场，但其载重较为有限，对地坪施工要求较高。

图 4.4.6　夹持式停车 AGV 示意图（侧夹）

图 4.4.7　夹持式停车 AGV 示意图（正夹）

（4）AGV 导航技术。

导航技术是 AGV 技术的核心之一，能让 AGV "知道"在哪里。常见的 AGV 导航方式有很多，目前在停车领域已经得到应用的 AGV 导航有磁钉导航、二维码导航、激光导航、视觉导航、融合导航等。

① 磁钉导航。

磁钉导航需要磁条传感器来定位 AGV 相对于路径的左右偏差，磁钉是离散铺设的。如果需要完全使用磁钉导航，则需要铺设大量磁钉。磁钉导航的优点是成本低、技术成熟；隐蔽性好，比磁带导航美观；抗干扰性强，耐磨损，抗酸碱。磁钉导航的缺点是 AGV 路径易受铁磁物质影响，更改路径施工量大，磁钉的施工会对地面产生一定影响。

磁钉导航在怡丰机器人的产品中以辅助导航的形式出现，为了提高 AGV 的定位精度，国内厂家设计制造的停车 AGV 常采用激光导航与磁钉导航复合导航，在 AGV 行驶路径上使用激光导航，在精度要求较高的停车位上安装磁钉进行精确定位。

② 二维码导航。

二维码导航中坐标的标志是通过地面上的二维码实现的。二维码导航与磁钉导航较为相似，只是坐标标志物不同。二维码导航的基本原理是自动导航小车通过摄像头扫描地面二维码，通过解析二维码信息获取当前的位置信息。二维码导航通常与惯性导航相结合，实现精准定位。

二维码导航目前在市场上十分火热，主要原因是亚马逊高价收购了 KIVA 二维码导航机器人，其类似棋盘的工作模式令人印象深刻，国内的电商、智能仓库纷纷采用二维码导航机器人。二维码导航的移动机器人的单机成本较低，但是在项目现场需要铺设大量二维码，且二维码易磨损，维护成本较高。

③ 激光导航。

激光导航一般指基于反射板定位的激光导航。其基本原理是在 AGV 行驶路径的周围安装位置精确的反射板，激光扫描器会安装在 AGV 车体上。激光扫描器随 AGV 的行走发出激光束，发出的激光束被沿 AGV 行驶路径铺设的多组反射板直接反射回来，触发控制器记录旋转激光头遇到反射板时的角度。控制器根据这些角度值与实际的这组反光板的位置相匹配，计算出 AGV 的绝对坐标，基于这个原理就可以实现精确的激光导航。

激光导航的方式使得 AGV 能够规划路径灵活，定位准确，行驶路径灵活多变，施工较为方便，能够适应各种实用环境。由于激光导航的反光板处于较高的物理位置，不易受到破坏。正常工作时不能遮蔽反光板，否则会影响其定位情况。激光导航是 AGV 较为先进的导航方式，但由于成本较高，在目前 AGV 市场上占用率不是很高，但由于其优越性，激光导航将会逐渐取代一些传统的导航方式。

④ 视觉导航。

通过自动导引车车载视觉传感器获取运行区域周围的图像信息来实现导航的方法。硬件上需要下视摄像头、补光灯和遮光罩等来支持该种导航方式的实现，可利用丰富的地面纹理信息，并基于相位相关法计算两图间的位移和旋转，再通过积分来获取当前位置。

移动机器人在移动过程中通过摄像头拍摄地面纹理并进行自动建图，再将在运行过程中获取的地面纹理信息，与自建地图中的纹理图像进行配准对比，以此估计移动机器人当前位置，实现移动机器人的定位。

视觉导航 AGV 目前在市场上的应用较少。视觉纹理导航的优点是硬件成本较低，定位精确。其缺点是运行的地面需要有纹理信息，当运行场地面积较大，绘制导航地图的时间相比激光导航长。

⑤ 融合（复合）导航。

融合（复合）导航指应用两种或两种以上导航方式实现自动导航车运行的方法。如二维码导航与惯性导航的组合，利用惯性导航短距离定位精度高的特性，将两个二维码之间的导航盲区使用惯性导航；激光导航与磁钉导航的组合应用，在定位精度要求较高的站台位置使用磁钉导航，增加 AGV 定位的稳定性。复合导航是为了使 AGV 适应各种使用场景常见的导航方式，也被越来越广泛地应用于各种停车搬运 AGV 上。

4.4.3 新能源公交智能立体停车库

随着城市公共交通基础设施的不断完善，新能源公交车快速发展成为各大城市节能环保的绿色交通工具，也是我国建设"公交都市""绿色交通"的重要举措。但是，城市中心区公交场站存在的占地面积大、土地利用效率低以及场站充电设施不足等问题，严重制约了新能源公交车的快速推广，成为城市公共绿色交通发展的瓶颈。

坡道式和机械式立体化停车是解决城市公交车停车供需矛盾的有效手段。但坡道式公交立体场站存在用地需求大、停车体验性差、空间利用率低、能源浪费等缺点，不适宜在城市中心区地块面积小、土地资源稀缺的区域建设。小汽车机械式智能立体车库早在 20 世纪初便在美国、欧洲等国家和地区开始使用，经过近一个世纪的技术发展和迭代，已得到了广泛应用，有效解决了小汽车的停车难问题。但在公交车领域，由于公交车体积和重量远大于小汽车，在城市公交系统快速发展前，公交车停车供需矛盾不突出等因素，未有新能源公交车机械式立体停车技术研究及应用。

为解决新能源公交车停车难、充电难、调度难等问题，作者开展了机械式新能源公交车智能立体车库解决方案的研究，该解决方案在节地、降耗、节能、减排等方面具有突出优势，有力推动了城市公共交通、绿色智能交通和城市可持续性的发展。

针对城市中心区公交总站停车解决方案展开深入的技术研究，提出了一套集停车、充电、调度于一体的技术解决方案。新能源公交车智能立体车库包括机械传动系统、电气控制系统、自动充电系统和车库信息化管理系统。通过电气系统控制车库的机械设备运行，由信息化管理系统分配最优车位，将车辆由出入车厅自动搬运至停车位，实现车辆的立体化存放。停车到位后，充电系统自动接驳，根据车辆 BMS 信号反馈，开始充电并对充电过程实时监测，确保充电安全稳定。借助 5G 技术，依托信息化管理系统对车库主要设备实施预测性健康管理和远程安全运维。

1）新能源公交车库参数及运行设计

（1）性能指标。

① 适停车型：长×宽×高为 12 000 mm × 2 550 mm × 3 500 mm，额定载重 15 t。

② 运行速度：横移速度 48 m/min，升降速度 60 m/min，平均存取车时间为 113 s/车。

③ 单车位占地面积：单库占地面积 220 m^2，车库设置 9 层，可提供 17 个公交车位，单车占地面积 13 m^2，土地利用率提高 3~4 倍。

④ 清库时间：32 min。

⑤ 存取方式：通过指纹、刷卡、人脸识别等多种方式完成存取车操作，全过程由车库控制系统自动完成。

⑥ 充电方式：采用 400 kW 群控充电技术，实现库内夜间自动充电。

（2）运行过程。

新能源公交车库的运行过程具体如下：

① 司机将公交车驶入车厅门前的停车等待区，车厅门自动打开，司机将车辆倒入车厅，直至车轮接触定位杆。

② 室内检测开关自动开启，扫描车体的三维尺寸并检测车体重量，确保符合车库停车规格要求。在车辆准确就位后，司机下车将充电枪插入车辆充电口。

③ 司机离开车厅，可通过智能刷卡、指纹识别、面部识别、手机 APP 等多种方式确认存车。

④ 车厅门自动关闭，活体检测装置全方位检查，确认车厅内无人员滞留。

⑤ 系统自动分配最优车位，启动存车程序。地面横移车将车辆移至升降通道，通过载车板交换，升降机托起载车板及公交车提升至指定的高度。

⑥ 车位横移车移至升降机下方，升降机下降并将载车板及公交车交换至车位横移车上，横移车返回车位，完成存车。

2）新能源公交车库建筑结构设计

公交车立体停车技术包括主体钢结构、地面横移车、横移车、载车板、升降架、顶部提升机构、配重、电气支架以及相应的机械零部件。

（1）公交车库建筑结构概况（见表 4.4.1、图 4.4.8 ~ 图 4.4.9）。

表 4.4.1　公交车库建筑结构概况

结构类型	钢框架结构	建筑高度	24 m
合理使用年限	50 年	停车位	6 辆
汽车库类别	四类	建筑占地面积	约 265 m²

图 4.4.8　项目整体效果

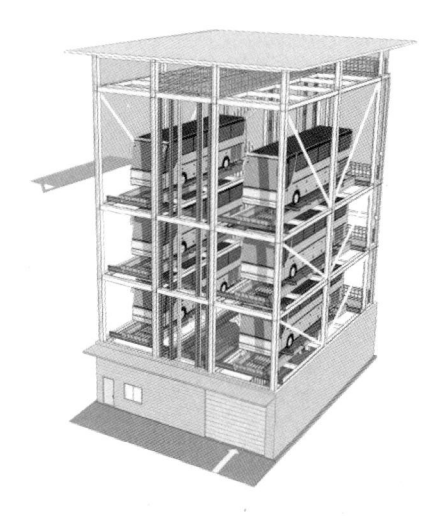

图 4.4.9　项目框架效果

（2）机械结构概况（见表 4.4.2、图 4.4.10）。

表 4.4.2　机构结构概况

适停车辆尺寸 （长×宽×高）/ （mm×mm×mm）	12000×2550×3500	提升质量	14 t
升降电机功率	55 kW 380 V，三相五线	横移电机功率	2.2 kW 380 V，三相五线
升降速度	25 m/min	横移速度	24 m/min
总机械车位数	6 个	充电车位数	6 个
平均存取时间	130 s	单次耗电量	0.68 kW·h

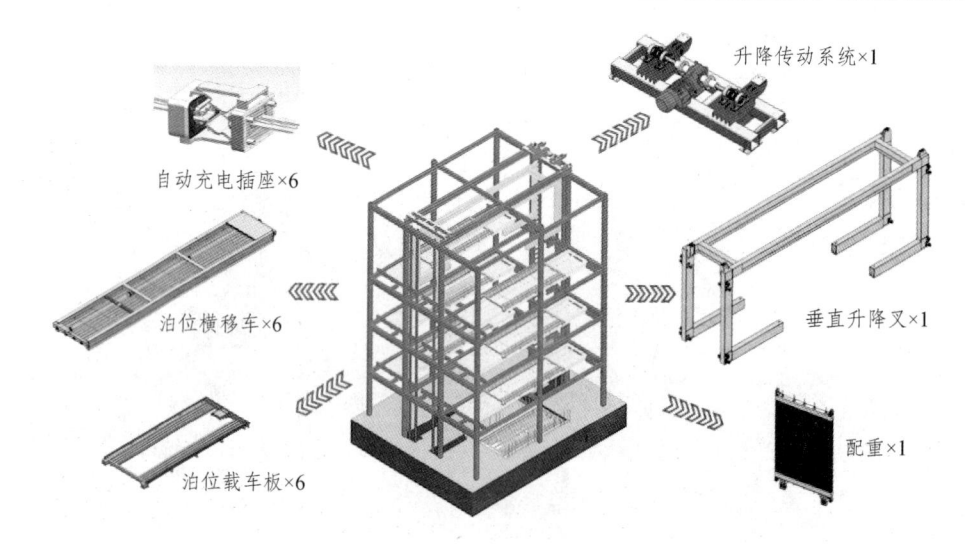

图 4.4.10　机械结构组成

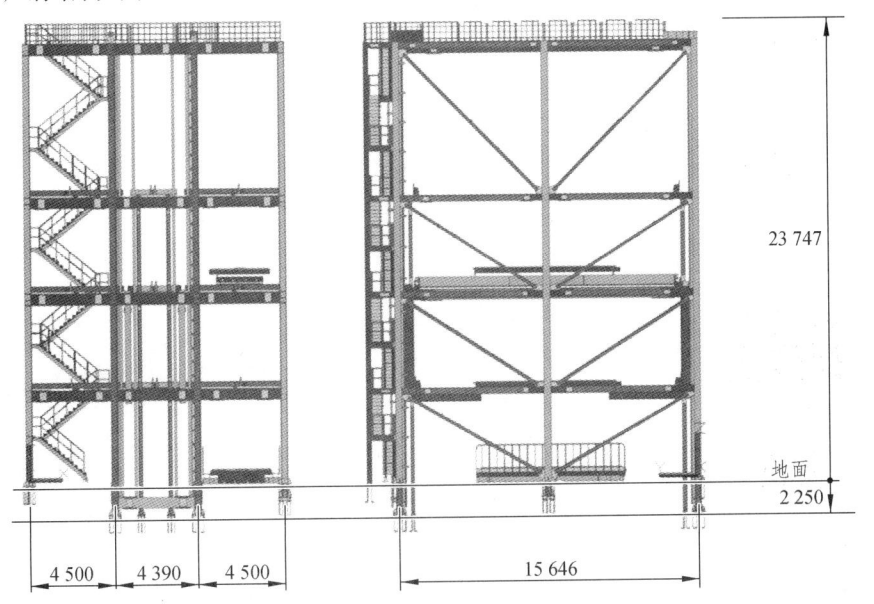

（3）钢结构深化设计（见图 4.4.11、图 4.4.12）。

图 4.4.11　钢结构立面图

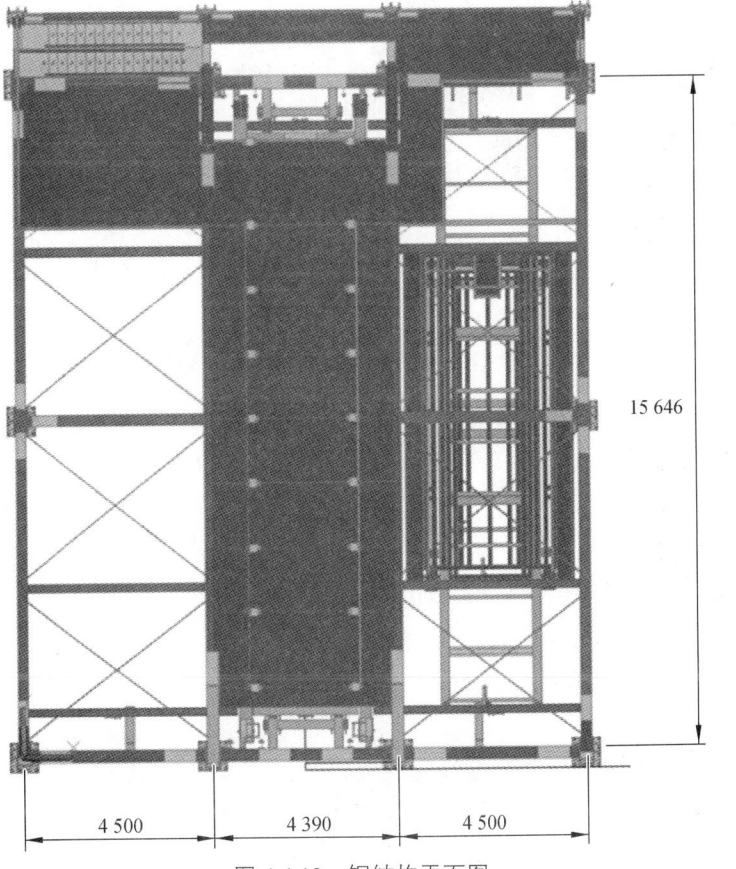

图 4.4.12　钢结构平面图

3）自动化控制及信息化设计

（1）自动化控制系统。

自动化控制系统主要由管理系统、设备控制系统、充电控制系统、出入口管理系统、远程诊断系统和视频监控系统组成。为确保设备接口的一致性，各设备统一使用以太网接口进行通信连接。控制系统结构总图如图4.4.13所示。

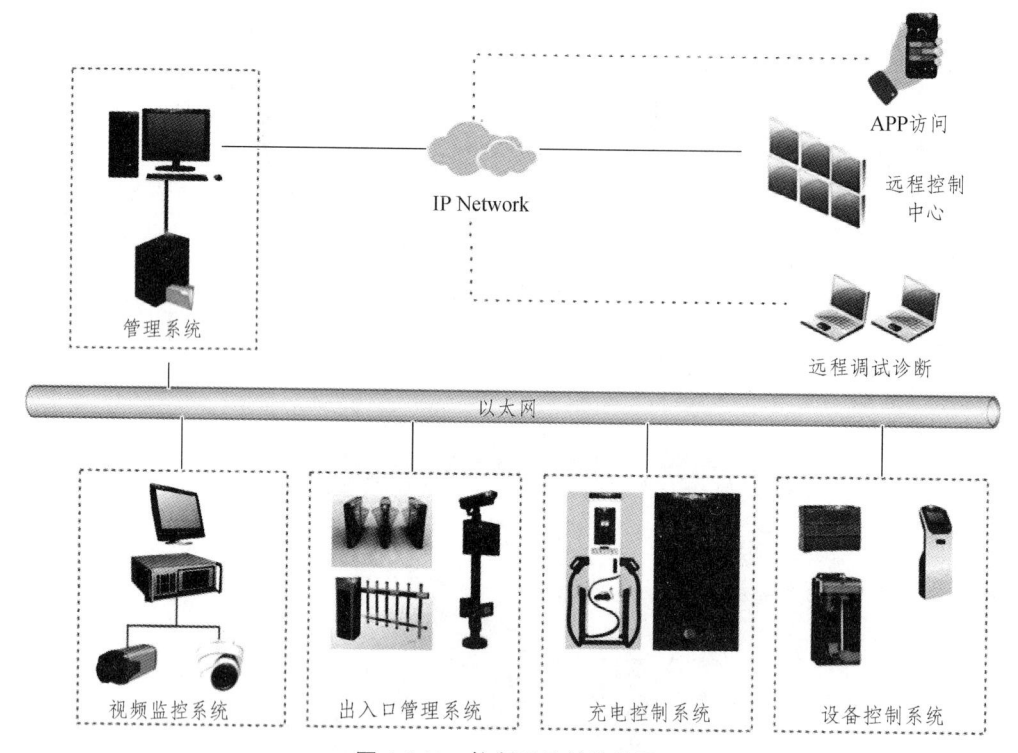

图4.4.13 控制系统结构总图

① 管理系统。

管理系统为整个车库控制系统的枢纽，所有子控制系统全部通过本系统建立通信连接。子系统把定制的数据发送至管理系统，管理系统再根据当前设备运行状态，对子系统进行控制或数据传输。该系统主要实现以下功能：接受一体化操作终端的刷卡或指纹操作；最优化调度车库的存取车作业；实现对各组车库的手动、自动操作；设备故障查看及记录；提供远程数据访问服务，如远程调试、APP接入；与出入口管理系统对接，实现进出车辆数据统计及相关数据采集；与充电管理系统对接，配置充电参数，控制充电过程，读取充电状态。

② 设备控制系统。

机械车库控制系统主要由上位管理系统和PLC控制系统两者协同工作。其中，上位管理系统负责执行处理车牌识别、声光引导、入口处人机交互界面处理（如刷卡、指纹、人脸识别）、存取车指令下发等。PLC控制系统负责执行上位机下发指令、对升降机及横移车进行自动控制、存取车流程控制、车厅信息采集、报警及提示信息处理和人机交互操作等功能。设备控制系统图如图 4.4.14 所示。

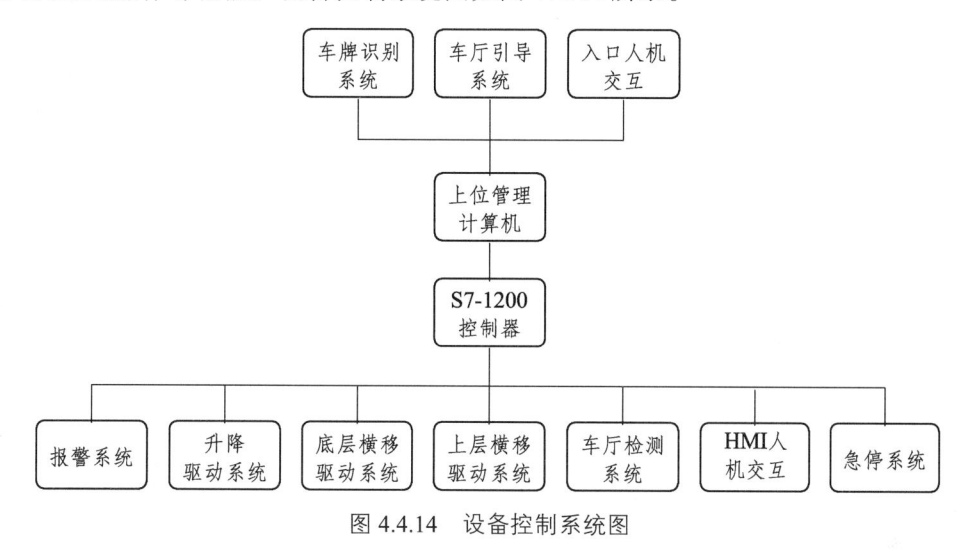

图 4.4.14 设备控制系统图

——PLC 控制系统

PLC 控制系统功能块组成如图 4.4.15 所示。

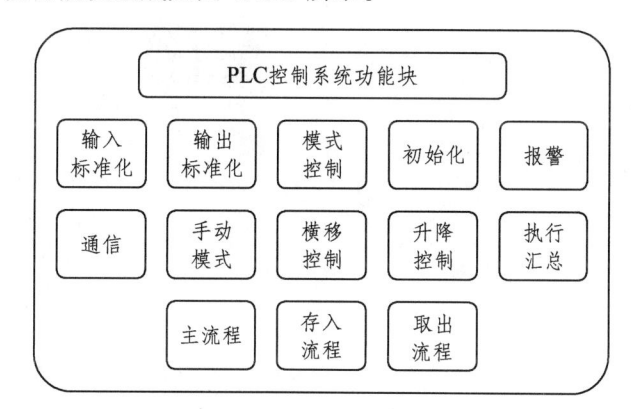

图 4.4.15 PLC 控制系统功能块

——升降驱动系统

升降驱动系统使用 SEW 的 MDX61B 系列变频器，该变频器具有长达 60 s 的 1.5 倍过载运行能力。通过使用带绝对值编码器的闭环矢量控制方式，可实现较高的低速平滑运行性能、稳定的力矩输出以及断电后定位数据的保持。变频器使用具有低延迟特性的 PROFINET 总线与 PLC 进行数据交换，接受 PLC 控制。系统使用了 SEW 出色的 IPOS 位置控制功能，可精准地进行定位控制。同时，为避免刹车控制接触器出现故障导致的抱闸失效，项目使用双冗余电路设计。

——横移驱动系统

横移驱动系统同样使用 SEW 的 MDX61B 系列变频器，并通过 PROFINET 总线与

PLC 通信。其中，底层横移车采用一对一方式（即一台变频器对应一台电机）进行驱动控制，上层横移车采用一对多方式（一台变频器对应多台电机）进行驱动控制。上层横移车通过精妙的电气线路及程序设计，在保证车库满足运行效率及功能的前提下，通过复用变频器的方式增强车库的经济性。变频器使用 SEW 极具特色的开环控制模式，该模式相比其他设备，能够实现不带编码器的 VFC 矢量控制，有力地保证了控制精度及运行平滑性。

——车厅检测系统

车厅设置有超高、超长、超宽、人车误入、车厅有车、车位有车、载车板有无等常规检测装置，同时还增设 6 组微波开关利用多普勒效应检测车厅有无移动物体，确保设备安全稳定运行。

——HMI 人机交互

控制系统设计了人性化的 HMI 操作界面（见图 4.4.16）。通过该界面可对设备进行故障查询、参数设置、模式切换、初始化等操作。同时，界面下方设置有快捷访问菜单，方便各界面间快速切换，界面首页设置有报警窗口，可及时显示当前设备报警信息。

图 4.4.16 HMI 操作界面

——报警及急停

系统运行期间，控制系统会实时处理相关信息，发现异常，产生故障报警信息，同时设备进入停止状态。故障解除后，设备不会立即运行，需首先进行复位操作，待系统确认报警解除且设备满足启动条件后，通过点击"启动"按钮，设备方可进入自动运行模式。系统报警主要包含：急停状态报警、变频器故障报警、相序报警、运行超时报警、开关异常报警、升降横移联动报警、超限报警、重叠车位报警、人车误入报警。

车库在车厅入口、管理室操作台及控制柜面板上设置有急停装置，急停被拍下，系统立即进入急停状态，切断动力电源。急停开关被旋开后，急停状态不会解除，需按"复位"按钮方可解除急停状态。

③ 出入口管理系统。

——车牌识别系统

车厅入口处设置有车牌识别装置，车辆在进入车库前会进行拍照识别，识别车牌后，会在设备接受本次存车操作后将车牌和车位进行绑定并录入数据库。

——车厅引导系统

入口上方设置有 LED（发光二极管）条屏，该条屏通过以太网同上位管理电脑进行数据交换，用于显示车位及运行状态，对驶入车辆进行引导和提示。同时，车厅内部设置有引导屏幕，该屏幕会根据车辆在车厅的位置进行视觉引导。引导屏幕使用以太网同上位管理计算机进行通信。

——入口人机交互

入口侧设置有人机交互操作终端，该终端集成有刷卡器、指纹识别器和人脸识别模块。操作时，通过终端内安装的车库人机交互软件将相关识别信息通过以太网发往上位管理计算机，确认通过后，允许终端进行下一步操作；未通过，则提示相关信息。

④ 远程诊断技术。

随着互联网络的发展，远程对设备进行日常的诊断维护变得极为迫切，一方面可以减少维护工程师到现场的时间和费用，另一方面也可以节约大量的人力和物力的成本，同时也能为客户提供更为快捷的服务，减少客户的损失。针对这一问题，设计专用虚拟网络（VPN）方式进行远程诊断系统方案，VPN 网络稳定、安全可靠，经济性能佳，通信网络的实时性稍差，但对于调试诊断服务完全满足使用要求。

⑤ 视频监控系统。

视频监控系统是车库安全防范技术体系中的一个重要组成部分，是一种先进的、防范能力极强的综合系统，可借助摄像机及其辅助设备（镜头等）直接观看被监视公交库场站的情况，同时可以把被监视立体车库的图像全部或部分清晰地记录下来，这就为日后对某些事件的处理提供了方便条件及重要依据，同时视频监控系统还可以与防盗报警等其他安全技术防范体系联动运行，使防范能力更加强大。

——布置区域

为了满足车库内部车辆运作的所有角落以及车库周边进出库区域的监控，公交库场站的下列位置应安装红外摄像头：车库与外界相连通的车辆出入口、车库场站内的主要人行通道、与车库连通的人员出入口、车库设备运行的车位、车库设备运行升降机巷道、根据安全管理需要应设置的位置。

——网络拓扑

监控系统由核心交换机、红外摄像头、网络硬盘录像机等通过以太网耦合组成，可支持远程监控。网络拓扑如图 4.4.17 所示。

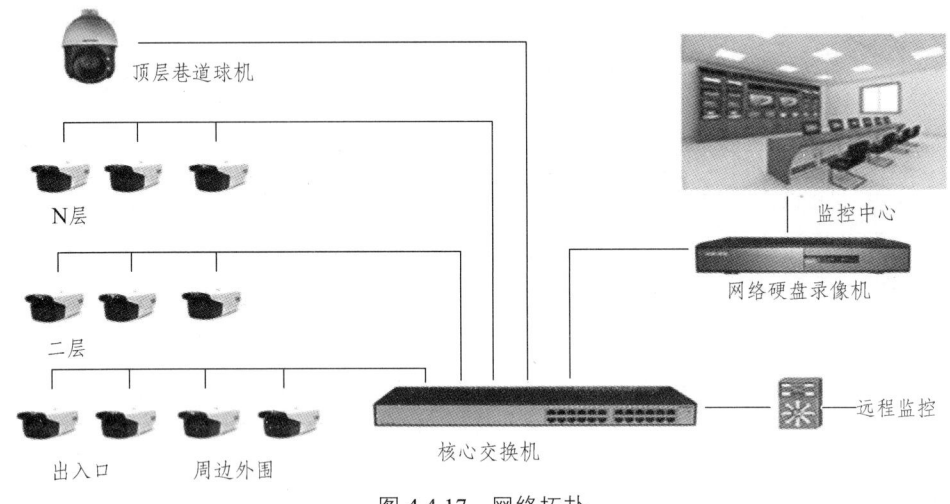

图 4.4.17　网络拓扑

（2）信息化管理系统。

新能源公交车立体信息化管理系统包括停车场出入口管理技术、立体车库存取车管理系统、智慧停车 APP、车库在线运维管理平台等。运用信息化的手段使得智能立体停车场运营管理效率高，使用方便快捷，停车设备运行稳定。

① 出入口管理。

采用纯车牌识别控制车辆进出，能够提升车辆进出场站效率。智能化设计原则追求先进性、稳定性、经济性、安全性。采用先进的技术、产品，使系统设计具有前瞻性，以适应信息技术的不断更新。主要体现在：技术先进，如系统高度智能化、系统高度集成化、开放式的架构适应后续的维护与扩展、管理者和用户均可便捷操作等；在追求技术先进的同时，需要注重系统运行的稳定性，从而保证整个管理系统真正地起到促进管理、促进运营的功能；在保证满足各项基础需求的前提下，将系统结构做到精简化，控制成本，以提高系统的经济性，完善传统服务方案，减少人工成本，提高管理效益；平台和终端安全保护系统全方位综合保障平台和终端安全，并以数据安全保护系统重点保护终端敏感数据的安全。

入口控制部分配置自动挡车器（见图 4.4.18）、车辆检测器、入口控制机、车牌识别器（含频闪灯），出口控制部分配置自动挡车器、车辆检测器、出口控制机、车牌识别器（含频闪灯），管理中心配置服务器电脑、管理电脑。

出入口系统软件及功能：

——基础功能

车辆出入管理，安装车牌识别器及自动化数字挡车器（见图 4.4.18），对车牌号码自动识别，校验起闸放行车辆进出，车过自动落杆，智能化通行；系统对无牌车、车牌未识别或误识别等情况有完善的应对解决方法；入口放置剩余车位显示屏，方便公交车第一时间了解场内情况。对出场车辆合法性（人、车、排班）进行甄别。

图 4.4.18　自动挡车器道闸设备

智慧型管理系统，高清车牌识别器配合自动化挡车器以及云平台管理软件，可实现有人值守、无人值守等各类应用景。

——系统软件模块

平台管理系统——管理中心软件主要使用在 Windows 7 及以上版本的 32 位、64 位操作系统上；预安装环境.NET Framework 4.5 及以上版本；管理中心浏览器为 IE11 或火狐浏览器，360 浏览器（兼容模式）；显示器分辨率要求 1 440×900 及其以上。安装软件是自动安装 IIS。系统使用和系统维护的使用说明须在采购说明书提及。

该系统模块与上述硬件配合，实时监控进出场车辆，通过拍照记录车辆类型、车牌、进出场时间等信息，确保公交场站公共安全。平台管理系统监控界面及进出口车辆记录界面如图 4.4.19、图 4.4.20 所示。

图 4.4.19　平台管理系统监控界面

图 4.4.20　进出口车辆记录界面

② 立体车库存取车管理。

a）系统硬件

从图 4.4.21 可知，存取车的管理涉及硬件颇多，车库设备硬件详见标书技术部分，PC 机与出入口管理系统和车位管理系统共用，摄像头与监控系统共用。

图 4.4.21　存取车软硬件拓扑

——多功能触屏刷卡机

技术参数：

运行平台搭载 Windows 7 系统，需要 .NET Framework 4.5 安装包；与控制系统的通信采用局域网（TCP/IP）方式进行互联通信；配有 23.6 寸液晶屏，I3 四代主板；容量为 4G 内存，1TB 硬盘空间；屏幕采用十点电容触摸；指纹仪为中控 URU4000B 指纹仪；识别摄像头为 C-EP28WD400 人脸识别 200 万宽动态摄像头。

功能特点：

该款刷卡机具有读写卡功能，能对入库车辆进行记忆读写，绑定车辆、车位和卡片，实现智能存取。停车卡数量可以通过写卡功能无上限提供。同时具有指纹识别功能，可以在复杂环境中精确识别，免去卡操作带来的不方便。

——停车信息屏

停车信息屏的通信与控制系统之间采用局域网（TCP/IP）方式进行互联通信。控制卡为灵信 X1 m，LED 模组为巨力强彩 P8 全彩。放置于车库出入口处显示剩余车位信息，是否有充电车位（如有充电功能）。

——停车指引屏

停车指引屏的运行平台需要 Windows 10 系统，安装包为.NET Framework 4.5，通信与控制系统之间采用局域网（TCP/IP）方式进行互联通信。放置于车库首层存取车区域，提示司机是否停放车辆到位，车辆尺寸是否满足停放要求。

b）系统软件

——系统软件基本功能

从存取的便捷性、安全性考虑，该系统具有全自动和手动两种模式。全自动模式在刷卡、刷脸和指纹识别下进行；手动模式下可进行单步操作，实现车库设备的急停、复位等；系统连接控制摄像头以及 LED 屏、引导屏、操作屏等，控制车库大门上方条屏显示车位总数，剩余大车位数和小车位数（直接从 PLC 中读取），引导车主存取车；操作屏在空闲状态显示广告；统计车库设备的使用情况、报警情况以及进出车统计等；实时更新当前车库车位信息至云服务器，为接入第三方服务预留接口；指引屏指引车辆入库到位。

——存取车控制流程

自动模式下，取车流程：通过存取车操作屏，触屏操作/指纹/刷卡/脸部识别执行取车操作。存车流程：通过指引屏指引停好车后，在门口操作屏触屏操作/指纹/刷卡/脸部识别执行存车操作，管理系统根据当前策略分配最优车位，然后进行自动调度存取操作。

维护/手动模式下，通过管理系统进入单步操作界面，执行相关的单步操作。

存取车策略设置：根据车库的需求进行不同的存取车流程配置。

存取车记录：存取车日志记录的是车辆出入库的记录信息，每次刷卡存车时生成记录，取车时完成记录。一条完整的存取车日志包括该车辆的卡号、车牌号、用户类型、存车刷卡时间、入库时间、取车刷卡时间、出库时间等（入库时间表示车辆存到车位的时间，与存车刷卡时间的差值即表示此次刷卡存车耗费的时间；出库时间表示车辆离开车位的时间）。

数据上传：车位信息实时同步更新至云服务器，可通过小程序查看当前车库的停车信息以及候车队列信息。

③ 智慧停车 APP。

本研究专门开发出一套适用于智能立体车库的智慧停车 APP（见图 4.4.22）。结合现有各类停车管理软件功能，不仅可以实现停车场无感支付、室内导航，还可以实现智能立体车库预约、预约存取车功能，使车库排队有序、管理规范。

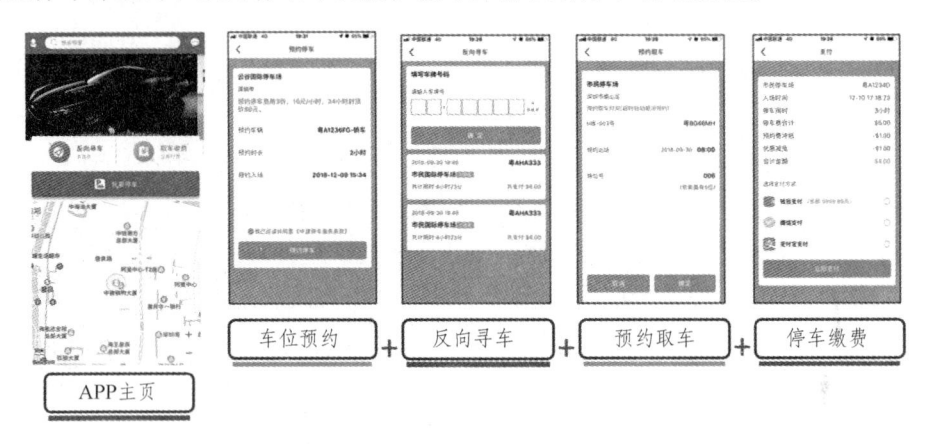

图 4.4.22　智慧停车 APP 界面

智慧停车 APP 陆续接入公司承建的各智能立体车库，使用者注册成功后添加车辆信息即可使用，主要操作方法如下：

车位预约：该功能主要是为使用者预约停车场车位，车主在出发前查询车场的停车位空余情况，根据需求预约停车位，并支付预约时间至实际进场时间所发生的停车费，该费用将抵扣实际发生的停车费用。

反向寻车：针对停车场超过一定规模，使用者无法精准找到停车位置时，使用该功能可以查询到车辆的停车位置，车主停车到位后，系统会反馈两张图片，一张为车辆停好的照片，一张为车位与停车场各个楼梯口、电梯间的导航图片，让使用者快速取到车辆。

预约取车：该功能主要针对立体车库开发，立体车库的存取车均由停车设备完成，车主存取车都在出入车厅内完成。在上下班高峰期，车主可以通过 APP 进行预约牌号，避免在立体车库花费多余的等待时间。

停车缴费：车主去到车后在 APP 上进行自助缴费，也可设置免密支付，当车辆出场时可以实现无感支付，畅通无阻，提高停车场的出入口效率，避免出现出入口因缴费问题而带来的拥堵。

④ 车库在线运维。

实现在线智能检测、远程故障预测、远程诊断管理、装备健康状态评估、工业大数据挖掘等功能。可以实时了解车库关键设备的运行状况，对关键部件的性能损耗以及可能发生的故障有预测性判断，预防重要故障的发生以及关键设备的异常宕机等，在遇到设备故障的情况下，可以远程排查故障原因，尽量减少运维人员的人力投入，充分提高车库运维的效率，同时运维系统的投入使用也能极大地提高智慧车库日常运行的稳定性与安全性，提高车库状态的可控性（见图4.4.23）。

大数据分析方案：基于LSTF (Long Short-Term Fusion Health Management)模式的设备预测性健康管理

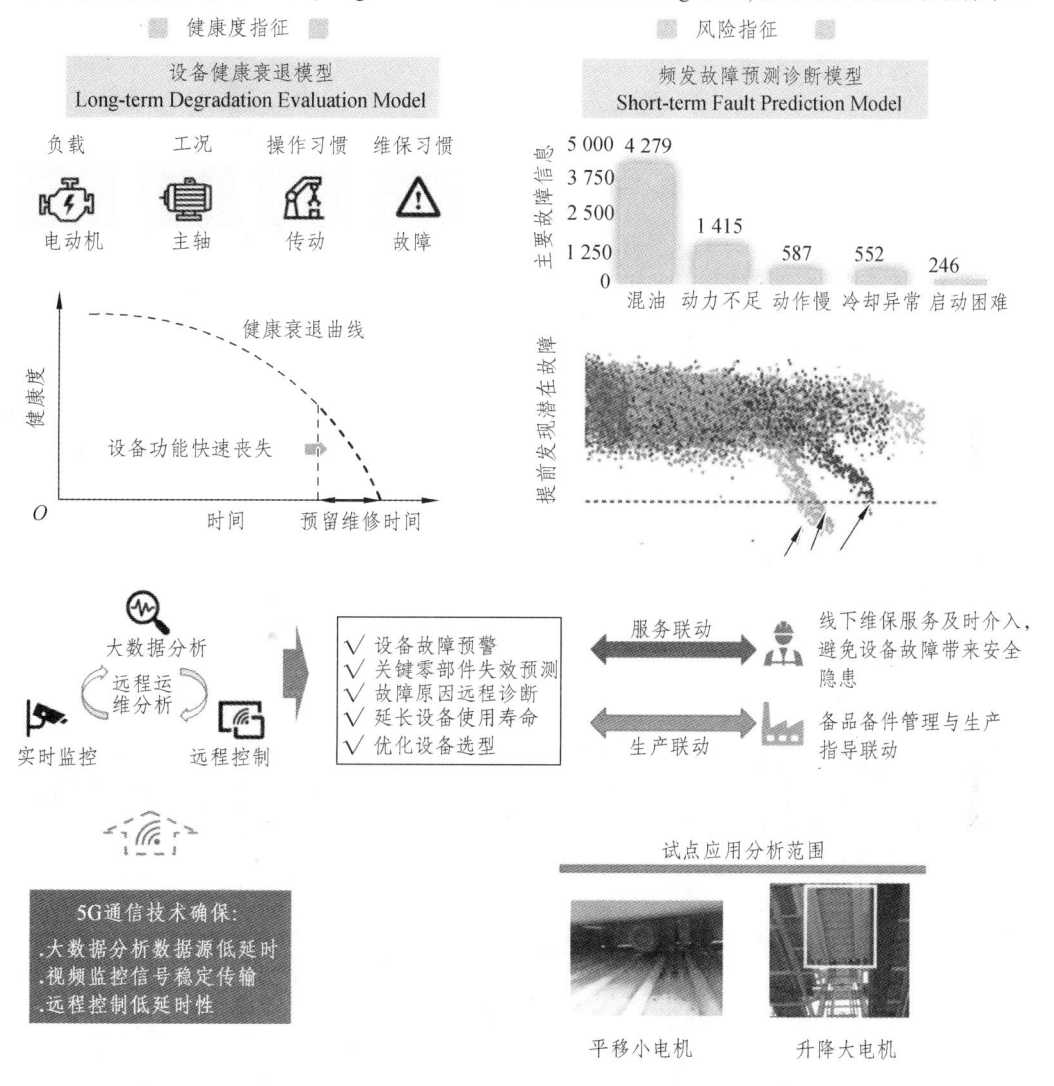

图 4.4.23　远程运维场景——关键零部件预测性维护

（5）车库的远程安全巡检系统。

实时采集立体车库中关键场景的实时监控视频数据，结合立体车库中关键安全场景需求，诸如"人员误入""临边防护""车位监测""充电枪状态监测"等（见图4.4.24），利用人工智能算法对场景视频中的异常进行实时监测并及时提供报警信息，存储日常运维异常数据以供事后追溯等业务使用。远程安全巡检系统的使用可以有效地提高智慧车库的运行安全性，及时排查安全隐患，提高充电枪等关键设备的使用效率。

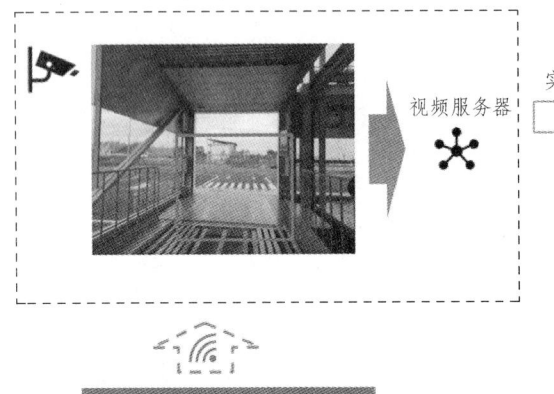

（a）车位状态识别

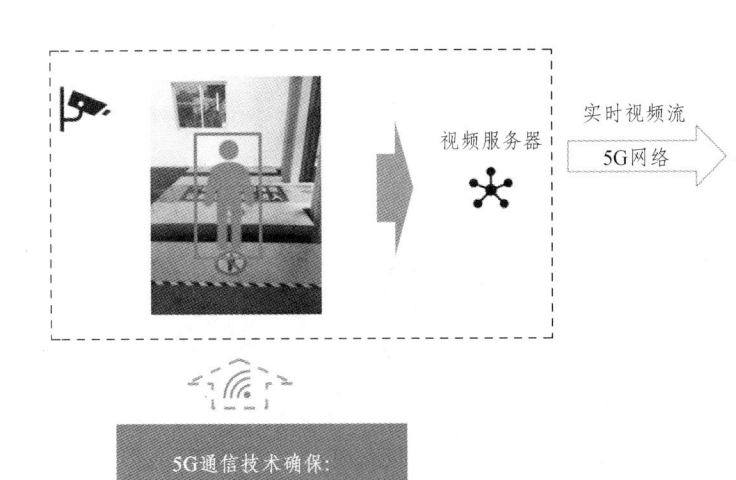

（b）车库误入人员识别

（c）高层车位临边防护

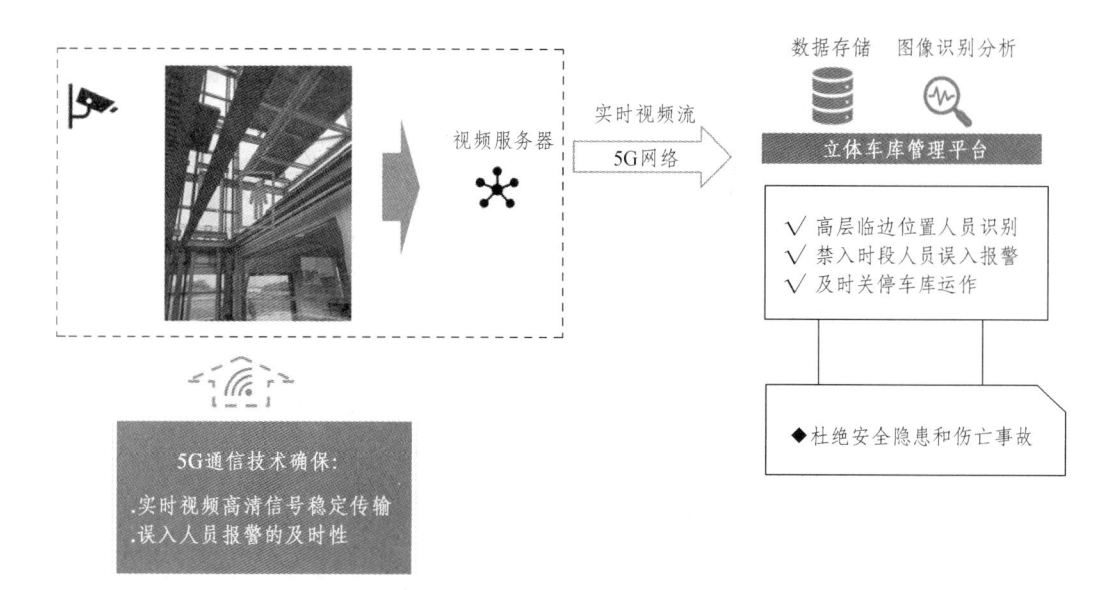

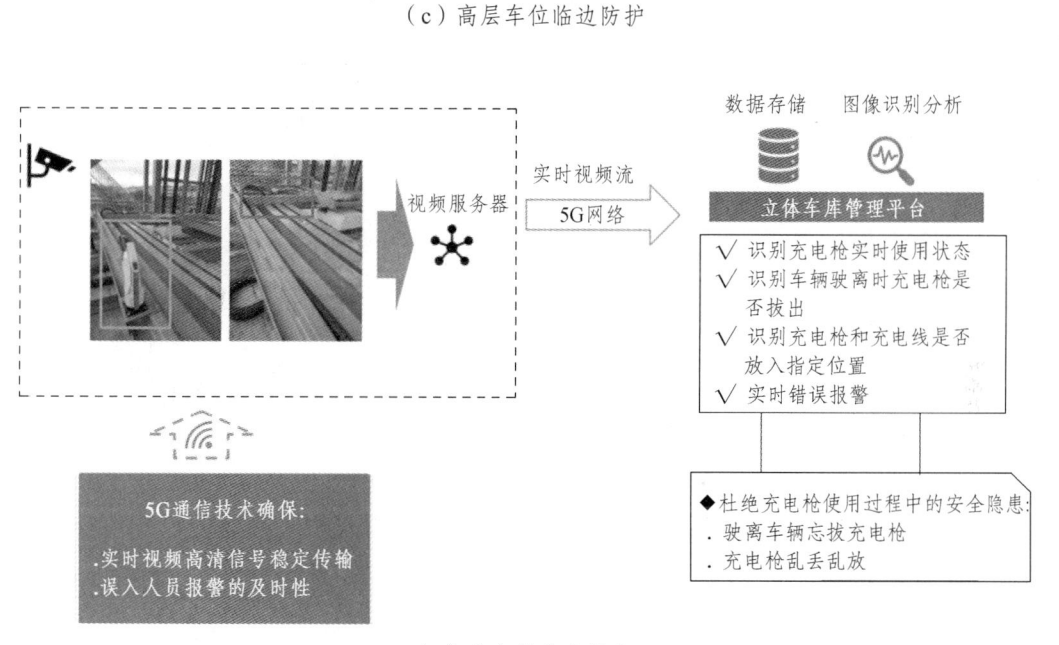

（d）充电枪安全检查

图 4.4.24 远程安全巡检场景

Chapter 5

第 5 章
地下车库施工技术

地下车库施工技术包括开挖方法、基坑支护结构两部分内容。其中，开挖土方方法主要介绍传统明挖顺作法及其施工中常见的基坑支护结构。在此基础上，就地下车库频繁遇到的城市中心建筑密集区的场地制约特点介绍沉井技术及相应的机械施工方法。

5.1 明挖顺作法

明挖顺作法又称明挖法，指一种先将地面挖开，在露天情况下修筑衬砌，然后再覆盖回填的地下工程施工方法。明挖法是土地下工程施工中最基本、最常用的施工方法。通常，为保证基坑侧壁稳定及邻近建筑物的安全，需采取基坑侧壁的支护加固措施，即设置基坑支护结构，包括地下连续墙、排桩支护、内撑支护、锚杆（索）支护。基坑支护结构安全与否，不仅直接关系到所建工程的成败，而且关系到邻近已建工程的安危。

5.1.1 明挖法基本概念

明挖法即先从地表向下开挖基坑或堑壕，直至设计标高后，自基底由下向上施工，完成地下工程主体结构后进行土方回填，最终完成地下工程施工。明挖法的优点是施工技术简单、快速、经济以及主体结构受力条件较好等，在没有地面交通和环境等条件限制时，当是首选方法。但其缺点也是明显的，如阻断交通时间较长，噪声与震动等。随着科学技术的进步与施工技术水平的不断提高，明挖法施工在技术上已有较大发展。

明挖法的应用与许多因素相关，如建筑周边的环境条件，工程地质、水文地质条件，结构物的埋深及技术经济指标等。因此，选用明挖法修建各种地下工程时，应全面、综合考虑各种因素。

（1）浅埋地下工程施工。常见的浅埋地下工程主要有地铁车站、地铁行车通道、城市地下人行通道、地下综合管网工程等。这些浅埋工程的覆土厚度（埋入土中的深度）多为 5~10 m，一般都采用明挖法施工。在某些情况下，有的埋深达 10 多米甚至 20 多米的地下工程，也可采用明挖法施工。但是，明挖法施工明显受结构埋深的制约。当埋深较大时，施工技术难度大，同时开挖和回填工程量往往很大，工程费用有可能比暗挖法高，此时从技术经济角度考虑，选用明挖法就不适宜了。

（2）平面尺寸较大的地下工程。某些地下工程埋深不大但平面尺寸很大，如一些城市的地下广场、大规模地铁车站、地下商场等，其内部结构多采用一般的梁板结构，这类工程适宜采用明挖法施工。对于这类大平面尺寸的地下工程，明挖法施工时通常采用分部开挖法或沟槽开挖法。即先在周边开挖至设计标高，建造好外围结构，然后开挖中间部分，再进行内部结构施工及顶板施工和覆土回填。

（3）基坑工程。基坑工程是许多工程建设的辅助工程，并且只能采用明挖法施工。

（4）其他工程。与高层建筑深基坑工程类似，有些工程在施工中也需要深基坑作为施工辅助工程,如桥梁工程中的锚碇基坑工程,需要将锚定板埋置于很深的地层中,这就需要开挖深基坑。此外,盾构法和顶管法施工的施工井也采用自地面垂直向下开挖的明挖法进行修建。

明挖法施工工序示意如图 5.1.1 所示。

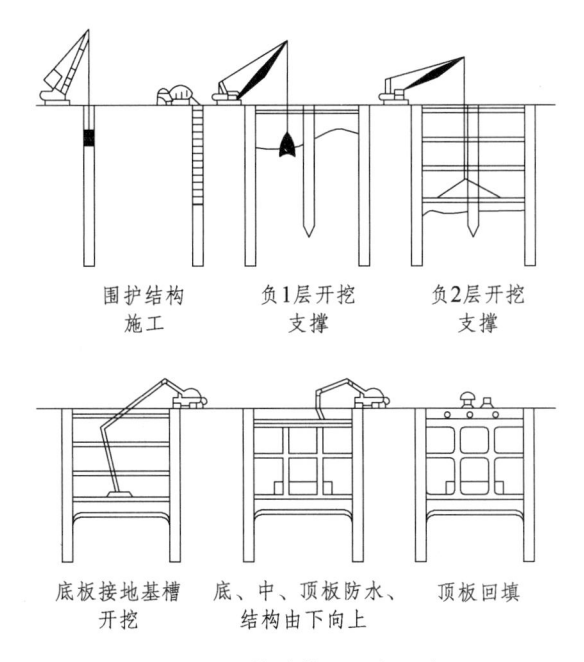

图 5.1.1 明挖法施工工序示意图

5.1.2 地下连续墙

1)概述

地下连续墙是在地面上沿着深开挖工程的周边轴线采用挖槽机械(见图 5.1.2)在泥浆护壁条件下开挖出一条狭长的深槽,清槽后,在槽内吊放钢筋笼,然后用导管法灌筑水下混凝土筑成一个单元槽段,如此逐段进行,在地下筑成一道连续的钢筋混凝土墙壁,作为截水、防渗、承重、挡水结构。

2)优点

(1)施工噪声小、震动小,对环境影响小。

(2)刚度大、整体性好,基坑开挖过程中安全性高,支护结构变形较小。

(3)墙身具有良好的抗渗能力,坑内降水时对坑外的影响较小。

(4)可作为地下室的结构外墙,可配合逆作法施工,以缩短工期、降低造价。

(5)在施工阶段可采用地下连续墙作为支护结构,在正常使用阶段作为结构外墙使用,承受永久水平和竖向荷载,称为"两墙合一"。"两墙合一"减少了工程资金和材料投入,充分体现了地下连续墙的经济性和环保性。

(a) SX50 双轮铣槽机　　　　　　(b) SC35 液压铣削搅拌钻机

图 5.1.2　地下连续墙施工机械

3）缺点

（1）地下连续墙存在弃土和废泥浆处理、粉砂地层易引起槽壁坍塌及渗漏等问题，因而需采取相应措施来保证连续墙施工的质量。

（2）由于受到施工机械的限制，地下连续墙的厚度具有固定的模数，不能像灌注桩一样对桩径和刚度进行灵活调整，所以，地下连续墙只有用在一定深度的基坑工程或其他特殊条件下才能显示其经济性和特有的优势。对地下连续墙的选用必须经过技术经济比较，确实认为是经济合理时才可采用。

4）适用范围

一般情况下地下连续墙适用于如下条件的基坑工程：

（1）深度较大的基坑工程，一般开挖深度大于 10 m 具有较好的经济性。

（2）邻近区域存在保护要求较高的建、构筑物，对基坑本身的变形和防水要求较高的工程。

（3）基地内空间有限，地下室外墙与红线距离极近，采用其他围护形式无法满足留设施工操作空间要求的工程。

（4）围护结构需作为主体结构的一部分，且基坑施工阶段对防水、抗渗有较高要求的工程。

（5）采用逆作法施工，地上和地下同步施工时，一般采用地下连续墙作为围护墙。

（6）在超深基坑中，例如深度 30～50 m、墙厚 1.0～1.2 m，采用其他围护体无法满足要求时，常采用地下连续墙作为围护体。

5.1.3 排桩支护

1）概述

排桩围护体是利用常规的各种桩体，如钻孔灌注桩、挖孔桩、预制桩及混合式桩等，按一定间距或连续咬合排列，形成的地下挡土结构。按照单个桩体成桩工艺的不同，排桩围护体桩型大致有以下几种：分离式、相切式、交错式、咬合式、双排式、格栅式，如图 5.1.3 所示。

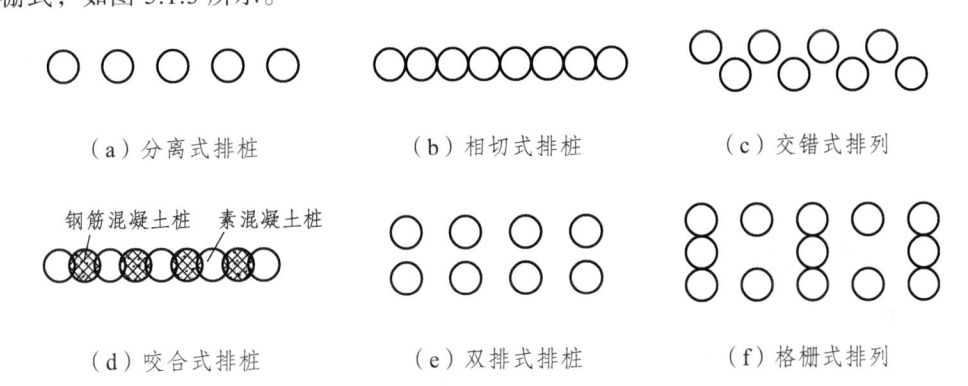

（a）分离式排桩　　（b）相切式排桩　　（c）交错式排列

（d）咬合式排桩　　（e）双排式排桩　　（f）格栅式排列

图 5.1.3　排桩围护体的常见形式

这些单个桩体可在平面布置上采取不同的排列形式形成挡土结构，来支挡不同地质和施工条件下基坑开挖时的侧向水土压力。当为了增大排桩围护体的整体抗弯刚度时，可把桩体交错排列。相对交错式排列，当需要进一步增大排桩的整体抗弯刚度和抗侧移能力时，可将桩设置成为前后双排，将前后排桩桩顶的帽梁用横向连梁连接，就形成了双排门架式挡土结构。有时还将双排式排桩进一步发展为格栅式排列，在前后排桩之间每隔一定的距离设置横隔式的桩墙，以寻求进一步增大排桩的整体抗弯刚度和抗侧移能力的空间。

2）优点

（1）结构简单，施工，方便，有利于基坑采用大型机械开挖。

（2）成本低，平面布置灵活。

3）缺点

（1）同开挖深度的位移大，内力大，支护结构需要更大截面和插入深度。

（2）防渗和整体性较差。

（3）一般适用于中等深度（6~10 m）的基坑围护。

4）适用范围

（1）压浆桩适用的开挖深度一般在 6 m 以下，在深基坑工程中，有时与钻孔灌注桩结合，作为防水抗渗措施。

（2）非打入式排桩围护体与预制式排桩围护体相比，具有无噪声、无振害、无挤土等优点,并日益成为国内城区软弱地层中等深度基坑(6~15 m)围护的主要形式。

(3)钻孔灌注桩排桩围护体随着防渗技术的提高,与锚杆或内支撑组合,钻孔灌注桩排桩围护体适用的深度范围已逐渐被突破。

(4)挖孔桩常用于软土层不厚的地区,由于常用的挖孔桩直径较大,在基坑开挖时往往不设支撑。当桩下部有坚硬基岩时,常在挖孔桩底部加设岩石锚杆使基岩受力为一体,这类工程实例在我国东南沿海地区也有报道。

(5)分离式排列适用于无地下水、水位较深、土质较好的情况。

(6)在地下水位较高时,应与其他防水措施结合使用,例如在排桩后面另行设置隔水帷幕。

(7)有时因场地狭窄等原因,无法同时设置排桩和隔水帷幕,此时可采用桩与桩之间咬合的形式,形成可起到止水作用的排桩围护体。

5.1.4 内撑支护

1)概述

内支撑系统由水平支撑和竖向支撑两部分组成,深基坑开挖中采用内支撑系统的围护方式已得到广泛的应用,特别是对于软土地区基坑面积大、开挖深度深的情况。围檩、水平支撑、钢立柱及立柱桩是内支撑系统的基本构件。

围檩是协调支撑和围护墙结构间受力与变形的重要受力构件,可加强围护墙的整体性,并将其所受的水平力传递给支撑构件,因此要求具有较好的自身刚度和较小的垂直位移。

水平支撑是平衡围护墙外侧水平作用力的主要构件,要求传力直接、平面刚度好而且分布均匀。支撑材料可以采用钢或混凝土,也可以根据实际情况采用钢和混凝土组合的支撑形式。

钢立柱及立柱桩的作用是保证水平支撑的纵向稳定,加强支撑体系的空间刚度和承受水平支撑传来的竖向荷载,具有较好的自身刚度和较小的垂直位移。

内撑支护的常用形式有单层平面支撑体系或多层平面支撑体系、竖向斜撑体系。在实际工程中,也可以根据具体情况采用类似的其他形式,详见图5.1.4。

2)优点

(1)施工质量较易控制。

对于支护形式,无论是支撑构件还是围护构件,因其工艺本身,施工人员与监督人员较易于控制质量,其质量的稳定程度较高。

(2)充分发挥材料在性质上的优点,达到经济的目的。

作为支撑构件,不论是多道钢管交叉支撑还是钢筋混凝土对撑和角撑,在受水平力时基本上是受压构件。近年来多采用钢筋混凝土内支撑正符合混凝土材料抗压能力高而抗拉能力低的特点。

（3）在一定条件下具备缩短工期的潜力。

支撑构件可以一次性开挖浇注成形。当各种条件具备时，可以实行机械化开挖，包括支撑下方的土体在内。如能加厚开挖分层，施工占用的工期是很短的。

内撑支护的常见形式如图 5.1.4 所示。

(a) 斜支撑及角撑　　　　　　　(b) 水平对顶式支撑

(c) 长边对顶加角撑　　　　　　(d) 加强围檩式

(e) 格构式支撑　　　(f) 加强角撑式　　　(g) 环梁式

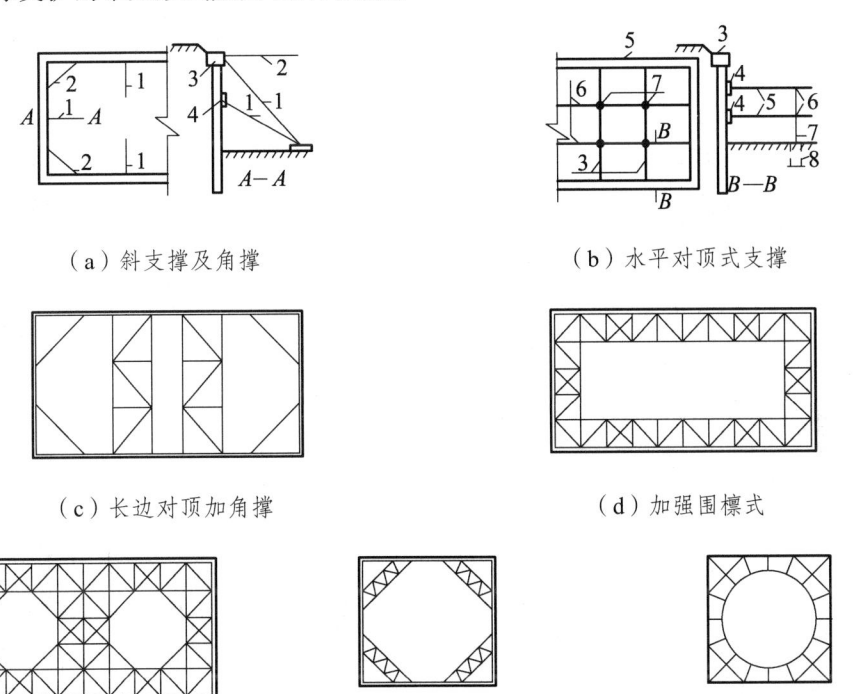

图 5.1.4　内撑支护的常见形式

3）缺点

（1）形成内撑并令其具备必要的强度，需占用一定的工期。深基坑工程（包括地下室）往往应抢在旱季施工完毕，因此工期是非常宝贵的。

（2）内支撑的存在有时对大规模机械化开挖不利。

（3）四周围护后，当开挖深度大时机械进出基坑不甚方便，尤其是开挖最后阶段挖土机械退出基坑的整体或解体吊出。

（4）混凝土支撑采用爆破方法拆除时，对周围环境（包括振动、噪声和城市交通等）有一定的影响。爆破后的清理工作量很大，支撑材料不能重复利用。

（5）钢支撑的节点构造和安装相对复杂，如处理不当，会由于节点的变形或节点传力的不直接而引起基坑过大的位移。

4）适用范围

（1）从地质条件上看，这种形式可适用于各种地质条件下的基坑工程，而最能发挥其优越性的是软弱地基中的基坑工程。在软土地基中单根土锚所能提供的拉力很有限，因而很难是经济的。内撑支护的支撑构件自身的承载能力只与构件的强度、截面尺寸及形式有关，而不受周围土质的制约。

（2）从开挖深度上看，这种围护形式适用的基坑深度不受限制。至于多大的开挖深度、出现多大的土压力适宜采用内撑，则应通过技术和经济比较决定。

（3）从基坑的平面尺寸来看，这种围护形式适用于平面尺寸不太大的基坑。过大的基坑必然导致内支撑的长度与断面太大，以致可能出现经济上不合理的情况。而采用锚拉结构时，每延长基坑所需要的锚拉力与平面尺寸大小无关。正是由于存在这种性质，内撑式围护仅适合作为平面尺寸一般的深基坑围护的结构形式。所谓"一般"很难定出一个具体界限，需通过技术和经济比较确定是否适用。采用空间结构支撑体系可改善平面尺寸较大基坑的内撑布置及受力情况。

（4）从围护的平面布置来看，内撑式一般适用于周圈围护或对边围护。这样才能在支撑杆件中形成对称的轴力。否则要满足静力平衡条件，还要进行一些特殊的处理。

5.1.5 锚杆（索）支护

1）概述

锚杆（索）是将受拉杆件的一端（锚固段）固定在稳定地层中，另一端与工程构筑物相联结，用以承受由于土压力、水压力等施加于构筑物的推力，从而利用地层的锚固力以维持构筑物（或岩土层）的稳定，结构简图如图 5.1.5 所示。

锚杆外露于地面的一端用锚头固定：一种情况是锚头直接附着在结构上并满足结构的稳定；另一种情况是通过梁板、格构或其他部件将锚头施加的应力传递于更为宽广的岩土体表面。

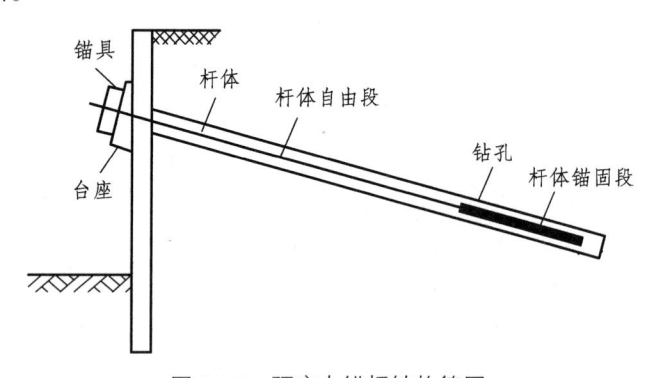

图 5.1.5 预应力锚杆结构简图

2）优点

（1）锚杆施工机械设备的作业空间不大，适合各种地形及场地。

（2）对岩土体的扰动小，在地层开挖后，可施加预应力。

（3）锚杆的作用部位、方向、间距、密度和施工时间可以根据需要灵活调整。

（4）用锚杆代替钢或钢筋混凝土支撑，可以节省钢材，改善施工条件，尤其对于面积很大、支撑布置困难的基坑。

（5）锚杆的抗拔力可通过试验确定，可保证设计有足够的安全度。

3）缺点

（1）受到土地使用界限的约束（支护结构不得超越用地红线）。

（2）坑外支护结构对地下建、构筑等设施影响严重。

（3）锚杆受力尚未全部明确、埋设岩土体中，不易监控。

（4）刚度较小，不利于基坑变形控制。

4）适用范围

（1）不宜用于有机质土，液限大于50%的黏土层及相对密实度小于0.3的砂土。

（2）当邻近基坑有建筑物地下室、地下构筑物等，锚杆（索）的有效锚固长度不足时，不应采用锚杆（索）。

当锚杆（索）施工会造成基坑周边建（构）筑物的损害或违反城市地下空间规划等规定时，不应采用锚杆（索）。

5.2 逆作法

除了传统的明挖顺作法外，还可以采用逆作施工方法。

5.2.1 逆作法的概念

逆作法是指地下结构自上往下逐层施工，先沿基坑四周施工地下连续墙或密排桩作为地下结构外墙或基坑工程支护结构，同时在坑内按需要搭设中间支承柱和支承桩，形成地下结构施工期间的竖向支承体系，然后从地面开始自上而下建造地下结构的楼板，利用结构梁板作为支护结构的水平支撑，随之自上而下挖一层土方即浇筑一层地下结构梁板，直至底板封底。同时，由于地面一层的楼面结构已经完成，有条件时，可同时向上逐层进行上部结构施工，直至工程完成。这种利用主体永久结构的全部或部分作为支护结构，自上而下施工地下结构与基坑开挖交替的施工方法称为逆作法。

5.2.2 逆作法的优缺点

优点：①可使建筑物上部结构的施工和地下基础结构的施工平行立体作业，在建筑规模大、上下层次多时，大约可节省工时的1/3；②受力良好合理，围护结构变形量小，因而对邻近建筑的影响亦小；③施工可少受风雨影响，且土方开挖可较少或基本不占总工期；④最大限度利用地下空间，扩大地下室建筑面积；⑤一层结构平面可作为工作平台，不必另外架设开挖工作平台与内撑，这样大幅度削减了支撑和工作平台等大型临时设施，减少了施工费用；⑥由于开挖和施工的交错进行，逆作结构的自身荷载由立柱直接承担并传递至地基，减少了大开挖时卸载对持力层的影响，降低了基坑内地基回弹量。

缺点：逆作法支撑位置受地下室层高的限制，无法调整高度，如遇较大层高的地下室，有时需另设临时水平支撑或加大围护墙的断面及配筋。由于挖土是在顶部封闭状态下进行，基坑中还分布有一定数量的中间支承柱和降水用井点管，尚缺乏小型、灵活、高效的小型挖土机械，使挖土的难度增大。

逆作法施工工序示意图如图 5.2.1 所示。

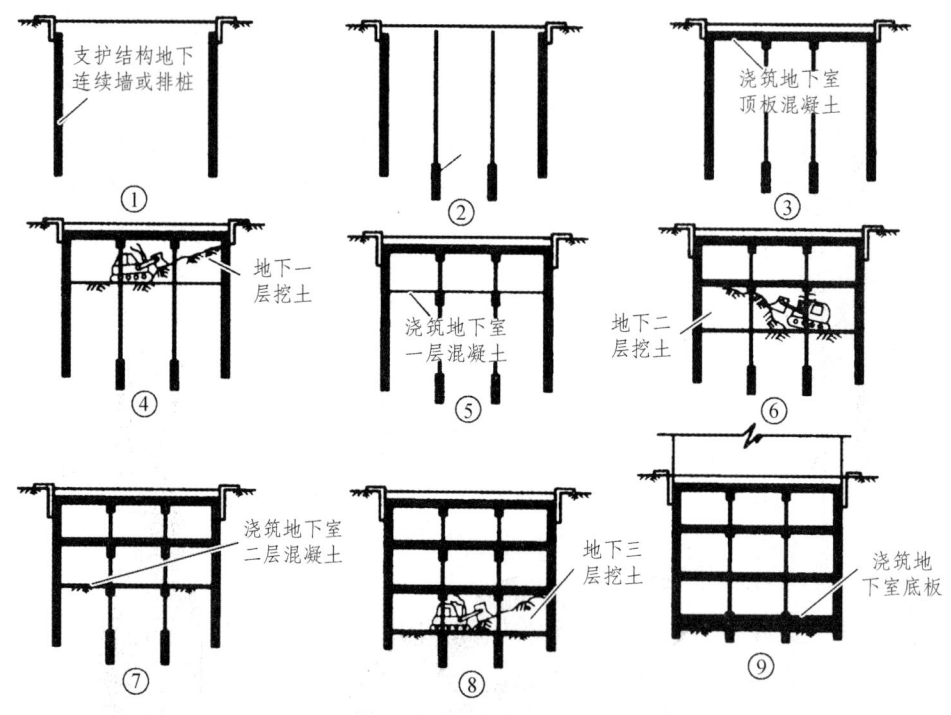

图 5.2.1 逆作法施工工序示意图

5.3 沉井及机械施工方法

5.3.1 沉井技术

随着城市开发建设的不断深入，城市土地资源越来越稀缺，城市地下空间的开发日益成为未来城市发展的趋势和主流方向。在城市中心建筑物密集区开挖建设大深度地下空间，往往面临施工场地狭小、周围重要设施众多的情况。市区地铁、地下高速道路及竖井风井系统工程的施工往往受到各方面的限制。相比之下，沉井工法在许多情况下能适应以上这些方面的需求，因而在工程中具有不可替代的竞争力及广泛的应用前景。

1）沉井的定义、特点及适用范围

（1）定义。

沉井是一种在地面上制作、通过取出井内土体的方法使之沉到地下某一深度的井体结构。利用沉井作为挡土的支护结构，可以建造各种类型或各种用途的地下工程构筑物。沉井施工方法是修筑地下构筑物或深基础工程特殊而重要的施工方法，而沉井结构则是与这种施工方法相适应的工程结构。

典型结构形式如图 5.3.1 所示。

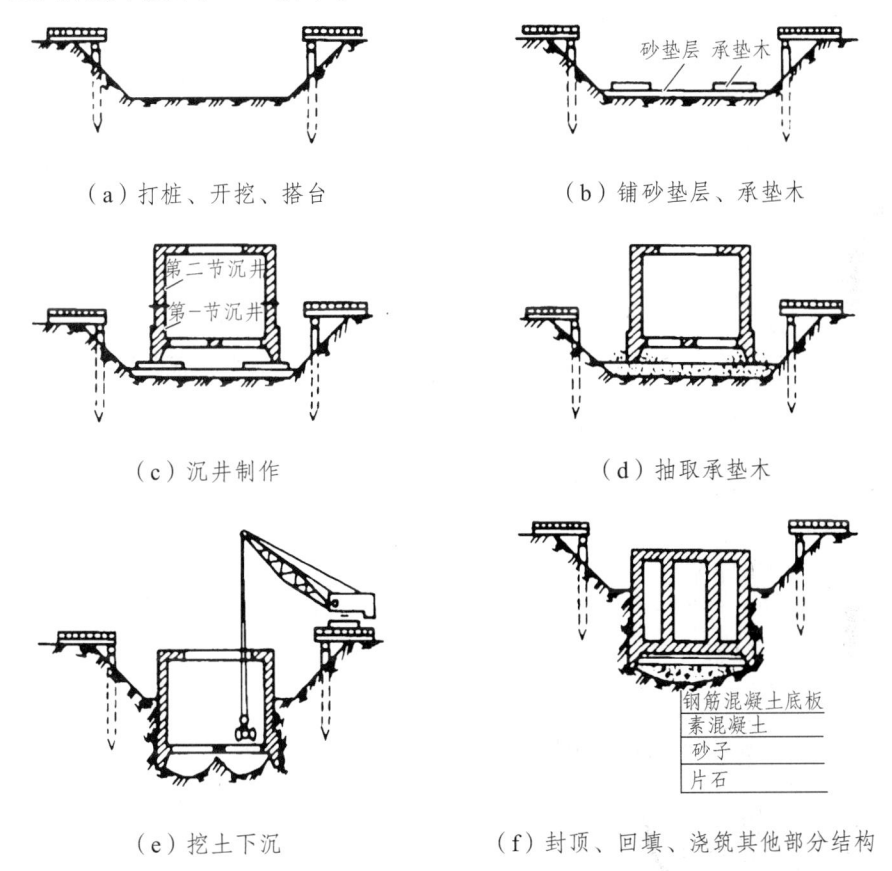

（a）打桩、开挖、搭台　　　　　　（b）铺砂垫层、承垫木

（c）沉井制作　　　　　　　　　　（d）抽取承垫木

（e）挖土下沉　　　　　　　　　　（f）封顶、回填、浇筑其他部分结构

图 5.3.1　沉井法施工主要程序示意图

（2）特点。

沉井作为建造地下工程构筑物或深基础的一种方法，与其他方法相比，具有明显的特点：① 沉井的土方工程量可以限制在沉井体积范围内，因为无须留出边坡，场地面积可大大减少。② 沉井不但可以作为地下结构的外壳部分，而且在挖土下沉的过程中可作开挖支护。与需设支护的大开挖方法相比，省去了支护费用。③ 在地下水丰富的地区，大开挖方法的降水措施是必不可少的。这一措施需花费大量的人力与物力，而沉井施工可以通过水下挖土及水下封底等技术节省降水或排水的费用。④ 对于一些

开挖面积小、深度大的"细长型"地下构筑物或深基础，大开挖法往往是不可能的或是费用巨大的，此时，沉井则可以较低的造价完成施工。深度越大，沉井的优势越大。

（3）适用范围。

沉井的适用范围一般有以下方面：

① 当构筑物埋置较深，采用沉井方式较经济时；

② 当构筑物埋置很深，采用其他施工方式有困难时；

③ 新建构筑物附近存在已有建筑物，开挖施工可能对已有建筑物产生不利影响时；

④ 江心和岸边的井式构筑物，排水施工有困难时；

⑤ 建筑物的地下室、拱桥的支墩、大型桥梁的桥墩、城市地下筒仓式车库等，采用沉井结构都有成功实例。

2）沉井的分类、构造及施工流程

（1）分类。

按平面形状分，沉井有圆形、方形、矩形、椭圆形、端圆形、多边形及多孔井字形等，如图 5.3.2 所示。

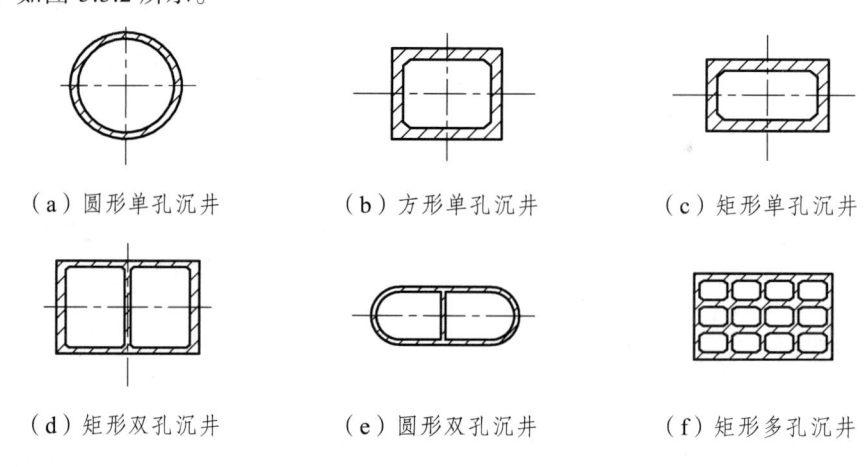

（a）圆形单孔沉井　　　　（b）方形单孔沉井　　　　（c）矩形单孔沉井

（d）矩形双孔沉井　　　　（e）圆形双孔沉井　　　　（f）矩形多孔沉井

图 5.3.2　沉井平面分类图

按竖向剖面形状分，沉井有圆柱形、阶梯形及锥形等，如图 5.3.3 所示。

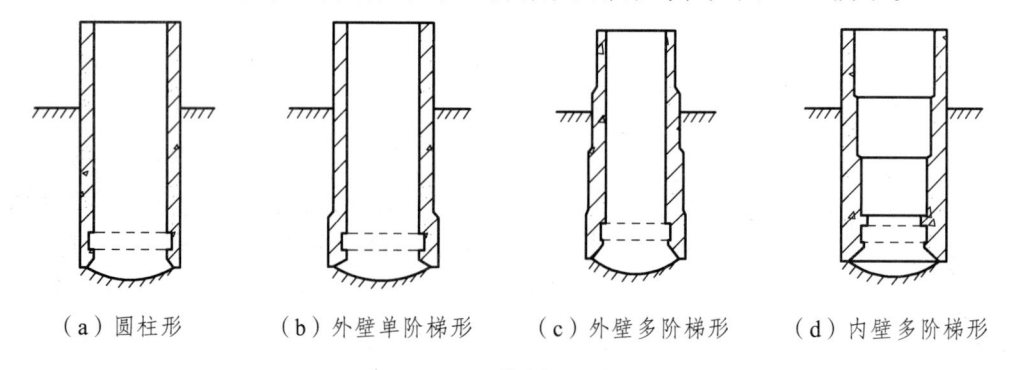

（a）圆柱形　　（b）外壁单阶梯形　　（c）外壁多阶梯形　　（d）内壁多阶梯形

图 5.3.3　沉井剖面分类图

按构成材料分，沉井有混凝土沉井、钢筋混凝土沉井及钢沉箱（包括钢板沉井及钢壳沉井）。

（2）构造。

箱体结构包括井壁、刃脚、内隔墙、井孔、凹槽、底板、顶盖等。

井壁：箱体的主要受力部位，必须具备一定的强度以承受井壁周围的水、土压力。此外，为克服下沉时的摩阻力，井壁须有一定的重量，其厚度一般为 0.3~2 m。

刃脚：作用为切土下沉，故必须有足够的强度，以免破损。通常称刃脚的底面为踏面。踏面的宽度依土层的软硬及井壁重量、厚度而定，一般为 15~30 cm，刃脚侧面的倾角通常为 45°~60°。刃脚高度一般应综合考虑沉井封底方式、便于抽取刃脚下的垫木及土方开挖等方面。湿封底时高度大些，干封底时高度小些。刃脚构造如图 5.3.4 所示。

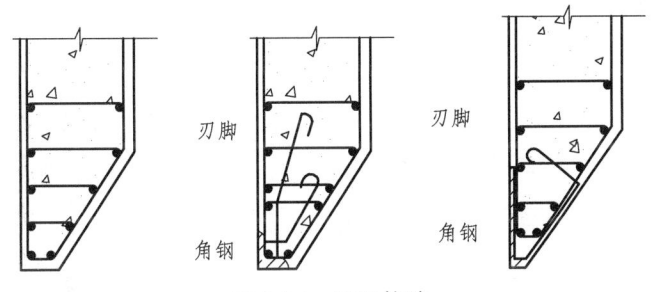

图 5.3.4 刃脚构造

内墙、井孔：内墙即箱内纵横设置的内隔墙，可提高箱体整体的刚度。井壁与内墙，或者内墙和内墙间所夹的空间即井孔。内墙间距一般不超 5~6 m，其厚度一般为 0.5~1 m。

凹槽：位于刃脚内侧上方，目的在于更好地将井壁与底板混凝土连接。通常凹槽高度在 1 m 左右，深 15~30 cm。

底板：起到防止地下水涌入抵抗基底地层反力的作用，通常底板为两层浇注的混凝土，下层为素混凝土，上层为钢筋混凝土。

底梁和框架：当不允许在大型沉井沉箱内设置内隔墙时，为保证箱体具有一定的刚度，可在底部增设底梁，或者在井壁不同深度处设置若干道由纵横大梁构成的水平框架，以提高整体的刚度。

顶盖：沉井封底后根据实际需要设置，井体顶端设置的板通常为钢筋混凝土或钢结构。

（3）施工流程。

沉井施工的基本程序如下：下沉前的准备，包括平整场地、定位、基坑开挖、搭设施工平台等；沉井下沉，包括凿除素混凝土垫层，挖土下沉；接长井壁；沉井封底。

沉井施工方法的选取，应根据场地水文地质条件、施工场地的大小、沉井用途、沉井施工对周围构造物的影响程度、施工设备的状况及成本等因素。

排水下沉：当沉井所穿过的土层透水性差，不会出现大量渗水现象，或者不会由排水导致流砂及井底土体隆起失稳时，可采用排水下沉法。

不排水下沉：当沉井所穿过的土层不稳定，地下涌水量大，可能产生流砂、井底土体隆起失稳时，需考虑采用不排水下沉法。

中心岛式下沉：为将施工引起的地表沉降对周围建筑物影响降至最小，可考虑采用中心岛式下沉工艺，它利用挖槽吸泥机沿井壁内侧，一面挖槽，一面向槽内补浆，沉井逐渐下沉，沉井壁的内外两侧均处于泥浆护壁槽内。

3）姿态控制式沉井技术

传统沉井方法仅靠自重作用下沉时，常常由于土质过软、地层软硬不均、挖土不规范、受偏压荷载等，产生下沉过快、突沉、倾斜和超沉等问题，造成质量事故，严重威胁工程人员的安全，同时，沉井纠偏等工序大幅增加了工程造价，延误了工期。本节主要介绍沉井可控下沉施工方法。

（1）工艺原理。

沉井可控下沉施工方法采用的核心系统为井壁下放系统，由下放设备、锚定装置、控制系统组成。下放设备由穿芯式液压油缸、泵站、钢绞线及卷线筒组成，均安装于锁口。钢绞线由卷线筒引出，穿过穿芯式液压缸并通过锚定装置与沉井井壁最下部的刃脚锁紧，从而提吊住井壁（见图5.3.5）。

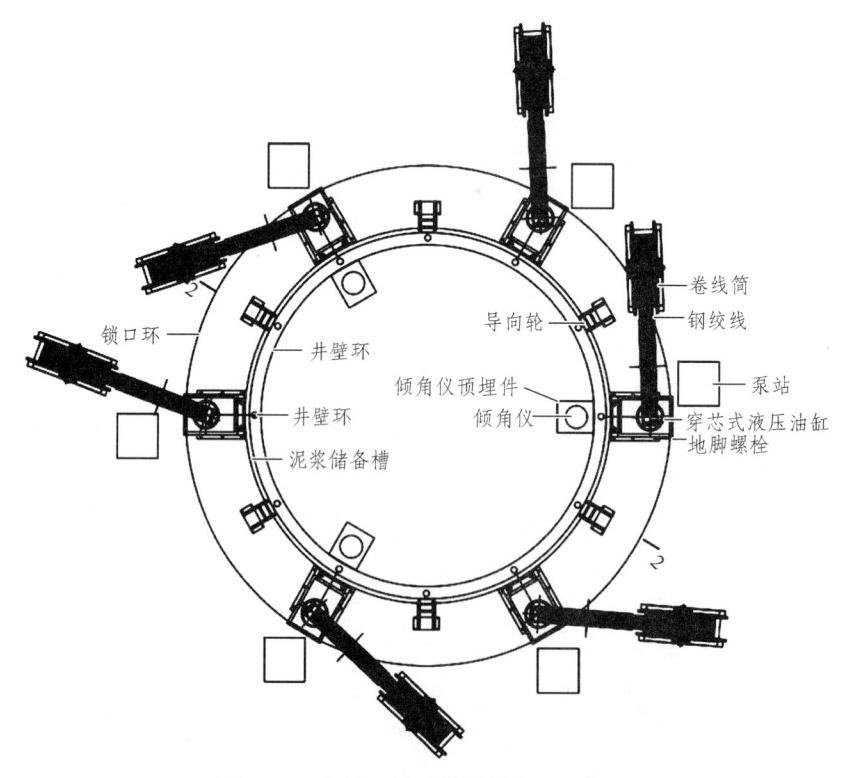

图 5.3.5 井壁下放系统平面布置示意图

穿芯式液压油缸内安装有位移传感器，用以记录油缸的行程，从而计算沉井的提放深度，实现同步可控式下沉。纠偏功能是通过倾斜传感器测量出井壁两垂直向的倾斜角度，然后根据各提吊点与坐标轴的相对位置，通过三角函数计算出各提吊点的垂直方向偏差，再反馈给控制系统。控制系统根据反馈的位移数据，对各穿芯式液压油缸进行控制，实现井壁的纠偏。

（2）工艺特点。

① 使用井壁下放系统下放沉井，能够有效预防井壁下沉过快、突沉、倾斜和超沉等突发问题，保障施工人员的安全。

② 采用沉井法施工，每次分段浇筑沉井后，可在其下沉过程中精确控制下沉速度、倾斜度和单次下沉距离，成井偏差能够很好地控制在允许范围内，提高了沉井的施工质量。

③ 该技术以沉井法为基础进行优化改进，沉井井壁既是基坑支护又是地下主体结构，省去了额外的基坑支护及降水措施，降低了施工成本；同时，沉井下沉姿态可控，省去了后期纠偏等工序，减少了工程量，缩短了工期，降低了造价。

④ 富水软土地区开挖往往采用机械设备（如长臂挖掘机、抓斗挖掘机等）水下盲挖，导致无法精确控制井底土面开挖情况，容易出现挖土不均匀或超挖。特别是超挖情况下引起的土壁坍塌，对周边环境影响较大。

⑤ 文明施工及环境保护方面，井壁下放系统采用液压驱动，降低了施工噪声污染。同时，设备所需施工场地占地小、能有效预防沉井突发问题等特点，均能减小施工对城市交通运行及市民活动的影响。

5.3.2 机械施工方法

1）海瑞克下沉式竖井掘进设备（VSM）工法

（1）工法特点。

海瑞克下沉式竖井掘进设备（Vertical Shield Machine，VSM）主要由动力单元和沉降单元组成（见图5.3.6），采用井内淹水挖掘和井壁悬吊控制下沉方式，提高了装备地层适应范围。井内淹水、泥水循环排渣可保持井内外水土压力平衡，有效地解决了井内涌砂、冒泥、井壁周边土体沉降等问题，提高了施工安全性。井壁悬吊，通过控制钢绞线的位移，实现了下沉深度和下沉速度的精准控制，有效解决了沉井突沉、超沉问题。井壁施工可以依据现场条件确定，既可以采用预制管片拼接形式，也可采用现浇混凝土形式。

（2）适用条件。

井内挖掘使用潜水掘进机，通过伸缩转向可对井内土体进行全断面挖掘，通过泥浆循环排渣，全断面机械化掘进与控制下沉的结合，使沉井施工效率大大提高。目前

VSM 可适用于 80 MPa 以下的稳定软土地层以及强度 80～120 MPa 的岩石地层,可满足内径 4.5～18 m 的沉井建设需求。

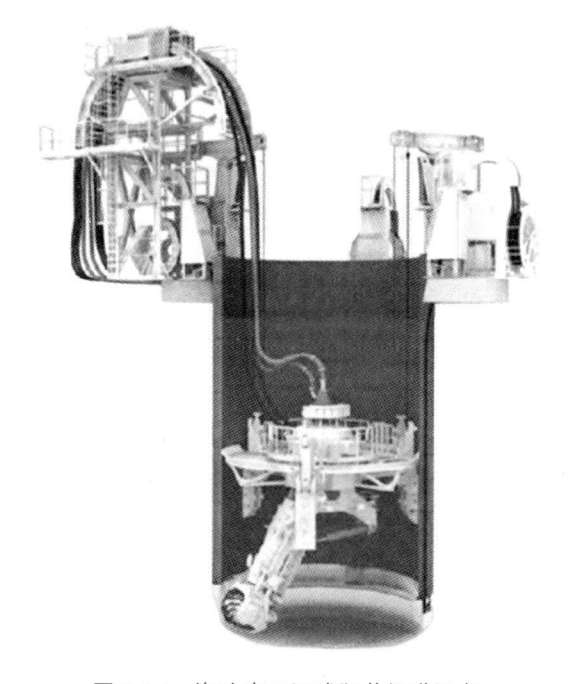

图 5.3.6　海瑞克下沉式竖井掘进设备

（3）施工工艺流程。

VSM 就位之前,首先在预设位置施工一个深度 2～3 m、适当厚度的混凝土"套井"。沉降单元通过钢绞线连接沉井刃脚,并把刃脚和始发段井壁吊放到套井内,再将潜水挖掘装置吊装下井并与始发井壁固定,井内注水后即可开始掘沉协同作业。

正常施工的一个"掘沉循环"中,由于井壁受悬吊力的位移约束,挖掘作业时井壁不会同时下沉,处于竖向静止状态。随着掘、排作业完成深入,挖掘面逐渐向下,直至刃脚底部。完成预设挖掘深度后,沉降单元便可控制井壁缓慢向下沉放,直至刃脚部分或全部入土为止,井壁再次处于竖向静止状态,之后再进行下一作业循环。每个循环作业下沉深度可根据地层条件设定和调整。

沉井井壁在地面现浇或者预制拼装制作,逐节施工。下沉过程中可通过预设管路向壁后注入润滑泥浆减阻或者地面加载助沉。在沉井完成设计下沉深度后,移出井内挖掘设备,实施水下浇筑混凝土封底,排水后适时采取壁后注浆措施,确保沉井固井治理和防水效果,井筒即可交付使用。

2）日本轨道式反铲挖机（SOCS）工法

（1）工法特点。

日本轨道式反铲挖机（Super Open Caisson System，SOCS）由挖掘取土系统、下沉管理系统、预制式主体结构系统三部分组成（见图 5.3.7、图 5.3.8）。

挖掘取土系统采用无人驾驶的自动水下挖掘机挖掘沉井刃脚处土体,采用电动液压抓斗对沉井中央处土体进行挖掘和取土。下沉管理系统则通过设置在沉井主体上的各种测量设备(沉降仪、倾斜仪、表面摩擦计、水压力计、刃脚反力计等)自动管理数据,操控压入千斤顶进行压入下沉。预制式主体结构系统是以预制块结构以及连接部位的接头结构为中心进行开发的。该系统目前仅能制成外径 $\phi 6 \sim 12\ m$ 的沉井主体结构。

图 5.3.7 SOCS 工法自动水下挖掘机

图 5.3.8 SOCS 工法沉井压入设备

(2)适用条件。

该工法既适用于软弱地层,也适用于卵石层等硬质地层;可满足内径 5.6~35 m、深度 120 m 的圆形沉井建设需求,可进行水下施工;施工精度约为 1/500~1/2 000;对周边环境影响小,相比传统沉井工法,可节省约 10% 的成本。

(3)施工工艺流程。

首先打设地锚作为沉井压入地下时的反力,沉井下端设置刃脚,构筑第 1 节沉井,接下来进行钢筋安装的同时，在第 2 节沉井上设置水下挖掘机的移动轨道。第 2 节沉井顶板上设置压入设备，与地锚连接。

挖掘阶段，在出现地下水之前，使用起重机配备的电动液压抓斗，对沉井内部进行挖土和取土，完成指定量的挖土后，使用压入设备压入沉井，反复交替进行挖掘作业与压入作业，使地面上完成构筑的主体结构下沉至地下。下沉完成后构筑第 3 节沉井，然后开始挖掘和压入作业。当沉井内出现地下水时，使用该工法的无人化设备水下挖掘机。水下挖掘机通过设置在第 2 节沉井的移动轨道下降，挖掘沉井刃脚下方的土体。挖掘取土时，通过计算机管理控制，防止与电动液压抓斗发生碰撞，确保水下作业能够安全顺利进行。如此交替挖土，直至设计标高，结束下沉。

下沉完毕后，将水下挖掘机提升至地面，准备浇筑水下混凝土。水下混凝土养护完成后，排出沉井内的水，最后构筑钢筋混凝土底板，完成沉井。

3）城市大直径竖井掘进装备（SECM）

（1）工法特点。

城市大直径竖井掘进装备（Shaft Excavation Caisson Machine，SECM）掘进机构主要由掘进机架、公转驱动、公转臂、自转驱动、刀盘组成（见图 5.3.9）。两个自转驱动分别安装在公转臂两端，自转驱动工作时随公转臂摆动回转，自转驱动采用全回转的工作方式将动力输出。分别连接的 2 个刀盘采用等直径设计，三刀臂组合式结构，仅在每个刀臂外侧布置 1 把刀具。

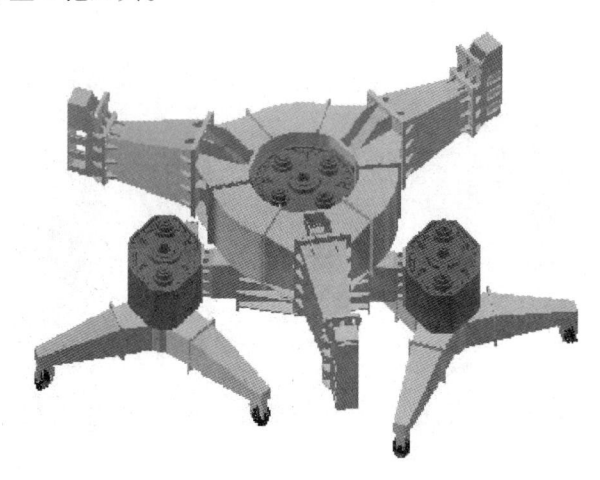

图 5.3.9 SECM 掘进机构图

该掘进系统的工作原理：采用双刀盘自转+公转进行破碎，刀盘既自转又公转，使刀具形成复杂的内摆线运动轨迹，这些相互交错而又不重合的轨迹组成完整的破碎网，从而实现全断面破除岩土层。

井口布置井壁下放系统（见图 5.3.10），可在沉井下沉过程中精确控制其下沉速度、倾斜度和单次下沉距离，从而解决传统沉井下沉过快、突沉、倾斜、超沉等问题。

此掘进装备的开挖断面均匀，设备主机可全水下作业，不受地下水位的影响，无须降水，对周边环境的影响小。沉井井壁既是基坑支护又是地下主体结构，省去了额外的基坑支护。应用现场示例如图 5.3.11 所示。

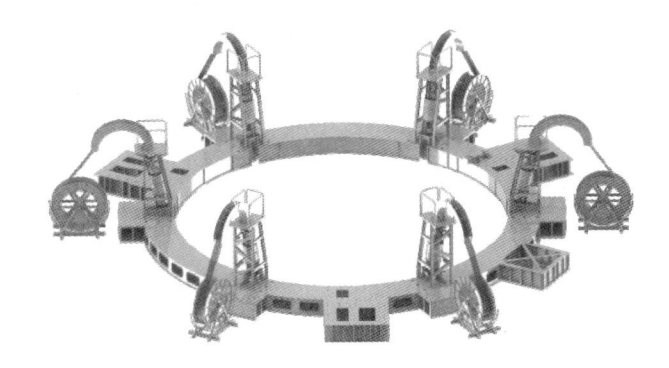

图 5.3.10　井壁下放系统

图 5.3.11　SECM 竖井掘进机应用现场

（2）适用条件。

该工法适用于富水软土地层、岩层（岩石硬度小于 f5）的掘进，可开挖最大井深 100 m，开挖直径 12～14 m。

（3）施工工艺流程。

SECM 就位之前，首先在装备设计安装位置下进行必要的地基加固，以保证地基能够承受施工过程中井口的所有载荷。井口施工 1 个钢筋混凝土锁口，用于安装井口装备的基座，起到稳固地表土体的作用。锁口内圈为刃脚结构，位于沉井最下端，井壁下放系统钢绞线通过锚具固定于此。初始井壁施工完成后，安装调试掘进机。调试完毕后开始注水掘进。掘进一定的行程后，操作下放系统对井壁进行下沉。井壁与岩土体之间设置触变泥浆套,起到减阻下沉的作用。井壁的接高采用轻型铝合金模板快速建造的方式进行。若干掘进、下沉、井壁接高等工序组合的循环后,沉井至设计标高,然后进行水下混凝土封底。泥浆套中的泥浆被水泥浆或水泥砂浆置换出来,井壁恢复摩阻力,起到固井和抗浮的作用。

4)SCJM 型竖井掘进机

(1)工法特点。

SCJM 型竖井掘进机主要由开挖系统、出渣系统、回转系统、推进系统、设备回收系统、线缆托架和泥水分离系统等组成(见图 5.3.12)。

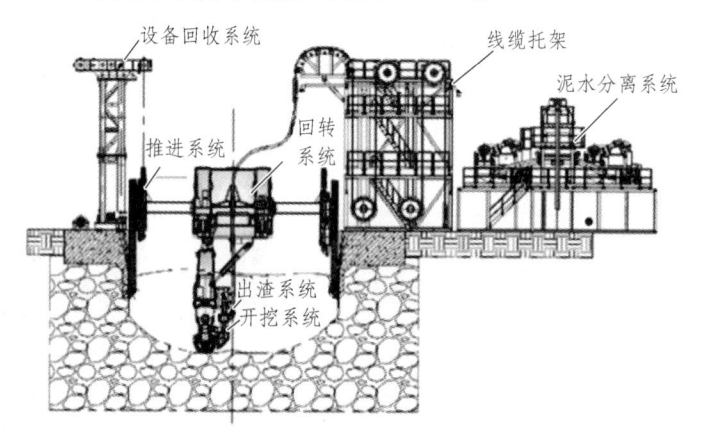

图 5.3.12　SCJM 型竖井掘进机结构示意图

SCJM 型沉井掘进机采用悬臂式铣挖头作为开挖装置,回转装置带动截割臂做 ±360° 回转实现铣挖头按圆形轨道开挖,配合摆臂液压缸做径向摆动,实现直径从小到大逐层开挖,根据地质情况径向单次可实现 0~500 mm 深度的开挖。竖直方向通过固定在井壁上的推进系统实现铣挖头纵向开挖,单次铣挖深度根据地质情况可实现 0~750 mm 范围内的开挖。

SCJM 型竖井掘进机开挖系统结构组成如图 5.3.13 所示。

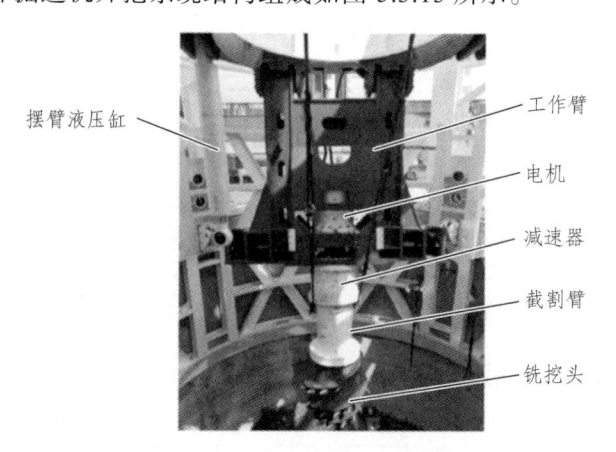

图 5.3.13　SCJM 型竖井掘进机开挖系统结构组成

（2）适用条件。

该工法适用于软土或软岩（<70 MPa），水下作业可适用于富水不稳定地层，开挖井深<100 m。不适用于硬岩地层。

（3）施工工艺流程。

SCJM 型沉井掘进机施工工艺流程与 VSM 及 SECM 掘进装备类似，这里不再赘述。

5)"梦想号"竖井掘进机

（1）工法特点。

"梦想号"竖井掘进机主要由牵引机构、开挖机构、提升机构、泥浆管路输送机构组成（见图 5.3.14 ~ 图 5.3.15）。

开挖机构包括旋转机构、连接于旋转机构上的驱动机构、连接于驱动机构的开挖头，其中驱动机构用于驱动开挖头沿管片的轴向与径向移动。由于开挖机构中的驱动机构能够驱动开挖头沿管片的轴向与径向移动，并配合旋转机构的圆周运动，从而保证开挖头能够在较大范围内移动，具有开挖效率高、开挖直径大的特点。

图 5.3.14 "梦想号"竖井掘进机结构示意图

图 5.3.15 "梦想号"竖井掘进机开挖系统

（2）适用条件。

该工法适用于软土或软岩，水下作业可适用于富水不稳定地层，开挖直径 15~23 m，井深<80 m。

（3）施工工艺流程。

"梦想号"竖井掘进机施工工艺流程与前所述掘进装备类似，这里不再赘述。

Chapter 6

第 6 章
停车智慧化运营

6.1 停车智慧化运营简介

6.1.1 停车管理模式

进入 21 世纪，机动车保有量快速增长，停车需求日益旺盛，停车难问题日益凸显。伴随科学技术的不断发展，停车管理模式也在不断变迁，大致可分为四个阶段：人工计时收费模式、IC 卡管理模式及半自动识别模式、全自动识别模式、数字化管理模式。如今，国内的停车管理模式已逐步迈入数字化阶段，无人值守停车场已成为现实。

1）人工计时收费模式

国内停车管理模式最初为人工计时收费模式，最大特征为人工计时、人工收费。即车辆进入停车泊位后，由收费员手动记录停车时间，待车辆驶离时计算停放时间，向车主收取停车费用。该停车模式弊端较多：一是效率低，人工计时收费耗时长，影响停车泊位周转效率；二是纠纷多，停车时长均依赖收费员计算，容易产生误差，引发各类矛盾；三是经常发生逃费现象，逃费后也没有相应的追溯手段；四是成本高，主要为人力成本。

2）IC 卡管理及半自动识别模式

由于传统人工计时收费模式存在诸多弊端，亟须更加客观的计时收费手段来取代传统的人工模式。因此，在停车场管理方面，逐步出现了智能化的管理仪器。该阶段停车管理模式具有两大特征：一是 IC 卡管理，即通过 IC 卡记录进出场时间，系统自动根据时间差计算应收取费用；二是半自动化识别，即应用车牌识别技术，包月车辆信息提前输入电脑，在车辆进出场时，通过摄像头计算识别车牌号完成车辆身份认证。

IC 卡管理取代人工计时的优点为：一是科学计时，仪器代替了传统的人工计时方式，更加客观且误差率低，大大减少了相关停车纠纷；二是效率更高，车辆进出场效率较传统模式得到提高，且应用智能化的收费系统，便于停车管理科学化。其缺点同样存在：驾驶员取卡不方便，付费方式仍是现金支付，车辆进出场排队现象存在，在较大程度上仍然依赖人工管理等。

3）全自动识别模式

随着技术的完善，全自动识别模式逐步进入停车管理领域，IC 卡逐步淘汰。车辆在驶入道闸时，驾驶员无须取卡，而是由摄像头识别车牌信息，管理系统自动记录车牌号与进场时间；车辆出场时，摄像头识别车牌号匹配车辆信息，计算停车时长及停车费，驾驶员缴纳停车费后，自动抬杆离场。该模式的实行大大提升了车辆通行效率，但其缺点在于收费模式单一，仍依赖于人工收费。

全自动识别模式逐步铺开后，公共停车场收费方式也开始发生转变，由传统的人工收费模式逐步向多元化收费模式更迭，包括支付宝、微信等移动支付，银联卡、市民卡、公交卡等多种支付途径陆续出现，大大提升了通行效率和市民停车体验。

4）数字化管理模式

智慧城市停车诱导系统建设可以说是停车管理模式步入数字化的一个标志性事件。依托大数据、云计算、通信技术等现代化信息技术，通过智慧城市停车诱导系统，全区范围内的停车场逐步纳入统一的数字化管理平台，实现停车数据统一收集、计算、分析、利用，各停车场的停车泊位周转率、停车收费情况等均反映在后台管理系统上，有助于进一步优化停车资源配置，并为政府决策提供参考依据。面向市民，推出停车场泊位实时情况分享、在线停车诱导、先离场后付费等一系列便捷服务，进一步提高停车效率和便捷度。

在数字化管理模式下，不管是路外公共停车场，还是路内公共停车泊位，均实现了自动感应计时、多方支付等功能。特别是路外公共停车场，随着远程监控系统的日益完善以及更多的自助设备投入运行，更是实现了无人管理智能模式，开创了停车管理的新时代。

6.1.2 智慧化运营趋势

随着机动车数量的爆炸式增长，停车难问题已经成为困扰许多城市的难题，而对于老旧社区、商场、医院周边来讲，一"位"难求的现象更为普遍。目前各地的解决方法主要有两种：一是从硬件上增加车位数量；二是提高现有车位的利用率。第一种方法在前几章的规划、设计、施工建设都已阐释，新建车库成本较高，且解决问题的能力也有一定局限。第二种方法则可以利用互联网、大数据等新技术提高现有车位的利用率，更容易实现智慧化，且成本较低。

在使用端，虽然在许多场合都建设了停车场来满足人们的停车需求，但进入停车场后（尤其是传统自走式停车场）又面临一些常见的问题，如在停车场反复行驶仍然找不到停车位或者刚找到停车位却看到别的车辆停进去。因此，充分利用目前的科技成果、设备、技术来高效、便利地使用停车场资源，建设一个信息化、自动化、安全性好、用户体验佳的智慧化停车运营体系变得十分重要。

在管理端，随着私家车数量增加的同时，停车场的数量在不断增加，停车场的规模和结构也不断复杂，传统的管理模式已经很难适应。如何高效、便捷地管理停车场，保证人力、物力的最优化利用是智能运营管理系统必须去解决的另一大难题。

智慧停车运营是从停车的使用端和管理端两方面着手，既让用户凭借智能化的软硬件系统，在区域或者城市范围内快捷、安全、便利地完成导航、停车、取车、缴费进出场等一整套流程，减少人为操作甚至完全不需要人为操作；同时，智慧运营也能够让各停车场的车位资源高效利用、提高运营收益、节省管理成本。随着人们的使用要求升级，智能化、信息化程度的提高，停车运营的智慧化成为社会发展的大势所趋。

6.2 智慧停车运营技术

城市停车在目前的停车场使用端、运营管理端存在诸多问题，运用智慧化的技术手段则可以有效缓解或者彻底解决部分运营端的问题。

目前停车运营管理主要存在以下问题：

（1）停车信息不够透明。

随着互联网的高速发展，互联网已经成为人们日常生活中必不可少的工具，国内缺少专用的新型实时停车场信息查询平台，导致不熟悉周边状况的司机在停车过程中浪费了大量的时间和空间资源，且产生一系列交通问题，如道路堵塞更加严重，甚至有人会找不到车位而违法停车，给交通管理者们带来巨大压力。

（2）智能化停车场数量少，智能化程度低。

随着交通问题越来越受到社会各方的关注，智能交通作为解决交通问题的一种有效手段得到越来越多的认可和推广。而智能停车场作为智能交通的重要组成部分也越来越受到重视。与发达国家相比，从发展程度上来说，我国的停车场智能化程度还比较落后；从覆盖范围上来说，我国停车场覆盖比较集中，不均衡问题突出。

（3）对城市停车问题缺乏统一有效的管理。

由于停车问题涉及多个部门和多个交通环节，加上对各种停车信息，如停车场数量及位置情况、停车场不同归属权问题沟通障碍、违法停车等缺乏统一有效的认识，导致政策策划者和管理者无法根据停车的信息做出合理准确的判断，从而影响停车问题的完善处理和解决。

（4）移动设备对停车的辅助功能有待加强。

随着4G和5G网络的发展完善和智能手机的应用普及，移动互联正在改变我们生活的方方面面。然而，手机等移动设备在停车过程中的辅助功能还有很大不足，有一款方便使用的手机APP变得十分重要。移动设备在搜寻附近停车场、查看停车场收费及剩余车位信息、导航行驶路线和计费方面将发挥越来越大的作用。

6.2.1 出入口车辆识别技术

车辆识别技术按照所采用技术手段的不同可分为直接识别手段和间接识别手段。

1）直接识别手段（车牌识别）

直接识别手段是指以图像处理技术为基础，通过高清摄像机或者信息采集器获得高清图像资源，然后进行图像处理进而获得车牌信息。这种方法是在有车辆通过时触发摄像机工作，或者高清摄像头长期拍摄。然后将图像进行各种处理，包括去除噪声、去除位置和光照的影响等。直接识别手段有许多优点，如成本低廉、识别速度快等。

车牌识别系统（Vehicle License Plate Recognition，VLPR）是计算机视频图像识别技术在车辆牌照识别中的一种应用。汽车牌照号码是车辆的唯一"身份"标识，牌照自动识别技术可以在汽车不作任何改动的情况下实现汽车"身份"的自动登记及验证，车牌识别技术要求能够将运动中的汽车牌照从复杂背景中提取并识别出来，通过车牌提取、图像预处理、特征提取、车牌字符识别等技术，识别车辆牌号、颜色等信息，目前根据最新的技术水平，字母和数字的识别率可达到99.7%，汉字的识别率可达到99%。

在停车场管理中，车牌识别技术是识别车辆身份的主要手段。运用车牌识别技术结合电子不停车收费系统识别车辆，过往车辆通过道口时无须停车，即能够实现车辆身份自动识别、自动收费。在停车场管理中，为提高出入口车辆通行效率，车牌识别针对无须收取停车费的车辆（如月卡车、内部免费通行车辆），建设无人值守的快速通道，免取卡不停车的出入体验正改变着出入停车场的管理模式。

车牌识别系统按其结构主要划分为三个部分：第一部分是图像采集，第二部分是识别软件，第三部分则是数据处理。在实际运用的过程中，还需要利用数据库来实现各自的特性。系统运行时，一旦检测到车辆，便会通过图像采集来给出对应的信号，然后识别软件便能够接收到信号，并对其进行处理，在这一过程中获取车牌信息，将其与数据库对应并进行处理。

图6.2.1直观地展示了车牌识别系统的各个组成部分。

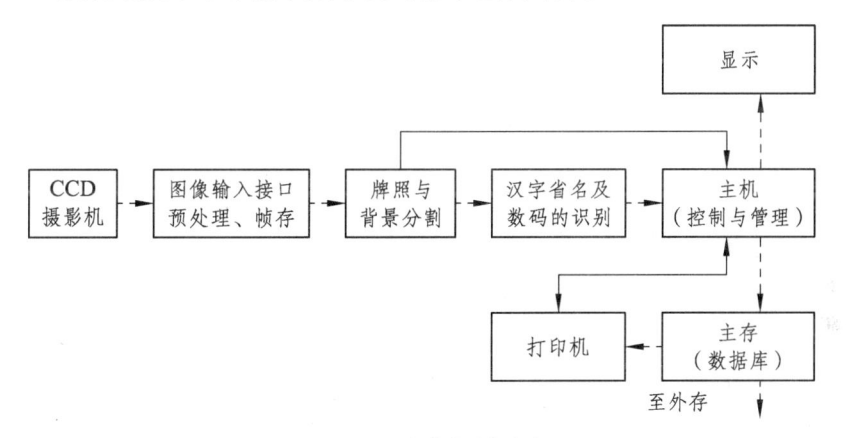

图6.2.1 车牌识别系统

具体地，车牌识别图像采集部分，包括两个主要的组成部分。其中，一个是照明光源，另一个则是电荷耦合器件（CCD）摄像机，两者紧密联系，共同完成图像采集的工作。而车牌识别系统主要包括两个部分：一个是计算机，另一个则是车牌识别软件。两者相互协调，完成对车牌的识别工作。

车牌识别系统将硬件与软件集于一身，使其能够更好地满足需求，在系统运用的过程中，不管是软件还是硬件都需要配合使用，才能够展现出车牌识别系统性能的优势，比如：能够按照识别结果对之前的参数进行一定的调整，使其在识别的过程中更加准确。通常来说，图像必须具备一定的实时性，所以在输入的过程中应当具备与之相应的设备。为了达到这一点，须在车辆即将达到时能够通过引入红外线、地线圈等设施对其进行触发工作。在针对摄像头进行选择时，能够使用市场中最常见的CCD摄像头，将采集到的信息传递到系统计算机中。

车牌识别技术的主要评价标准有识别速度、识别准确率和识别管理方法的好坏三种。识别速度是指从车辆进入图像采集区域开始到系统识别出该车辆的车牌信息所用的时长。在车牌识别过程中，随机挑选时间段，计算正确识别的车牌数去除通过的所有车牌数即识别准确率。目前应用的系统中，识别准确率能达到96%以上，在环境好的情况下效果会更理想。

2）间接识别手段

间接识别手段即通过各种媒介对车牌进行识别。目前比较常用的是通过刷卡器来获取车上智能卡的信息或者通过射频识别技术来获得车辆信息。这种手段的优点是准确度高，系统运行稳定，抗环境干扰能力强，但缺点是成本太高，并不常用。本书不做过多介绍。

6.2.2 车位检测技术

车位信息采集是智能停车管理系统中比较重要的一个环节，车位信息采集的好坏直接关系到诱导功能能否实现。车位信息显示的实时性和准确性是由获取车位信息的方法决定的。停车位信息采集可分为人工采集和自动采集两种。人工采集方式是指通过人记录车辆进出的信息并实时观察和统计停车场内车位使用状况，由于停车场的规模和复杂度不断增加，这种方式已经不适应现代化智能停车管理系统的要求，这里不再赘述。接下来，将重点讨论三种常见的自动采集方式。

1）感应线圈检测法

感应线圈检测法是一种传统的检测方法，目前感应线圈检测器在世界的使用量是比较大的。使用方法是在被检测的停车位地面下埋上感应线圈传感器，通过感应线圈电压等参数的变化来得知停车位是否被占用。此法的优点是技术成熟，线圈电子放大器已经标准化，抗干扰能力强，可全时段工作。其缺点是安装时要破坏地面，且一次性投入过大，后期维护成本较高。

2）超声波检测法

超声波检测法是在车位上方安装检测器来发射和接收脉冲超声波，在时间上形成对比，从而判断出车位是否被占用。其优点是成本低、无埋设、无附加装备，缺点是容易受到环境因素的影响。超声波检测法是一种主动感应方式，不会受车辆灯光的影响，从而具有比较高的准确率，并且价格低廉。目前室内停车场使用的超声波泊位检测器主要有分体式和一体式两种，如图6.2.2所示。

3）视频检测法

视频检测法是利用计算机模式识别和视频图像处理相结合的一种检测方法，通过视频摄像和计算机模拟人眼的功能，如图6.2.3所示。其工作原理是在视频区域内划定虚拟识别区，车辆进入检测区域使背景灰度发生改变，从而判断车辆是否存在。其优点是安装简单、维护成本低，但也存在成本高、识别率存在一定误差等缺点，且该方法对识别技术要求高，所以实现起来较复杂。目前已实现应用的室内停车场的车位检测摄像头多为"一对二"或"一对三"，即一个摄像头识别2~3个车位的占用状态。

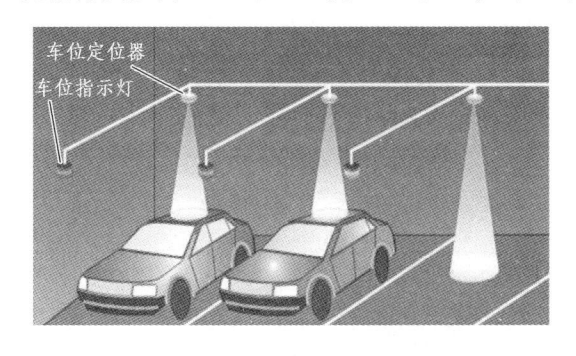

（a）分体式泊位检测　　　　　　　（b）一体式泊位检测

图 6.2.2　超声波泊位检测装置

图 6.2.3　视频检测泊位装置

信息采集是实现车位诱导功能的前提，在信息采集过程中，要保证信息的完整性和有效性。信息的完整性是指能够采集到停车场内全部或大部分车位信息，以保证样本充足，减少与实际情况的误差。信息有效性是指当信息采集设备发生问题时，能够及时发现以免影响后续工作。一个良好的停车管理系统，必须保证所采集车位信息的完整性和有效性。

6.2.3　车位诱导技术

1）停车场外诱导

停车场外诱导是指用户产生停车需求后，为用户提供附近停车场的剩余停车位和收费状况，并在用户作出选择时，为用户导航至该停车场（见图6.2.4）。停车场外诱导功能主要是为了提高用户停车的方便性，解决道路堵塞问题，同时也为用户节约燃油，对保护生态环境具有重要的现实意义。

停车场外诱导工作原理：通过各停车场管理端获取停车场信息，并实时更新，当用户寻找停车位时，根据全球定位系统（GPS）锁定用户位置，推送附近停车场信息，当用户作出选择时，利用手机自带或已安装的导航软件为用户提供停车场外的导航服务，如图6.2.5所示。

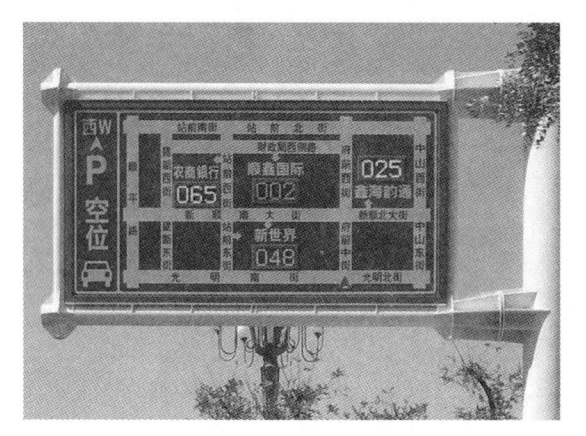

图 6.2.4　场外诱导屏示意图

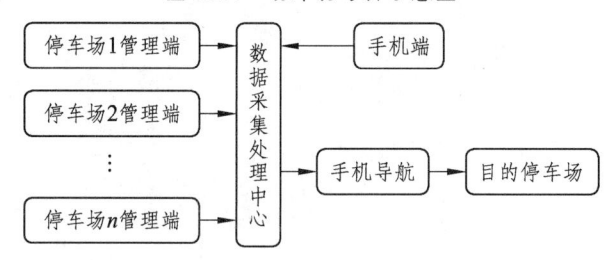

图 6.2.5　场外诱导工作原理

2）停车场内诱导

停车场内诱导是指利用电子信息展示板（见图6.2.6）、移动端设备，向驾驶员实时展示停车场内车位占用情况、闲置车位位置和停车场内导航功能。停车场内诱导功能可帮助驾驶员迅速找到停车位，还可使停车场内秩序井然，起到一举两得的作用。

图 6.2.6　停车场内诱导屏示意图

停车场内诱导工作原理：利用车位感知技术探测停车场内车位使用情况，然后把这些信息传送到数据处理中心，由计算机处理后放到数据库，同时通过网络传至电子显示牌（包括停车位占用情况和停车位置引导等）和手机，如图6.2.7所示。

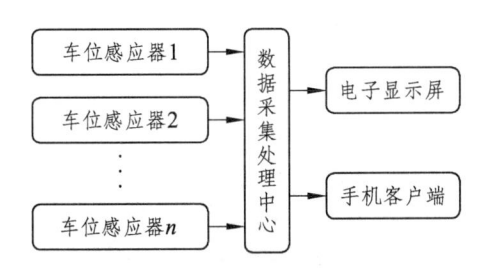

图 6.2.7　场内诱导工作原理

6.2.4　场内定位及反向寻车技术

在大型停车场中，车位数以百或千计，车辆密集排列，标志物大都相同，方向难以辨别，驾驶人经常需要花费大量时间寻找车辆，这种现象既降低了车辆流转的效率，也浪费了驾驶人的宝贵时间，降低了满意度。因此，近年来，立足于解决停车场"找车难"问题的反向寻车技术逐渐成为行业的关注点。目前反向寻车系统主要有刷卡寻车系统、二维码寻车系统、基于视频识别的寻车系统和基于无线网络定位的寻车系统等。

1）刷卡寻车系统

首先在停车场内设置多个定位终端，用户停好车后，使用停车卡在附近的定位终端上刷卡，系统将停车卡及其定位终端的位置相关联并记录在服务器中，当用户开始寻车时，可使用停车卡在查询终端上刷卡查询车辆位置。与刷卡寻车系统相似的还有条形码寻车系统，用户停车后在附近的条形码生成终端上生成一个条形码并随身携带，寻车时可通过查询终端读取条形码获得车辆的具体位置。上述两种寻车方式需要用户随身携带停车卡/条形码等辅助物品，当该辅助物品丢失时，无法实现智能寻车；停车场内需要布置定位终端、查询终端、服务器等设备，硬件成本较高，部署较为困难。

2）二维码寻车系统

系统首先在停车场中布置多个二维码（见图6.2.8），并在服务器的数据库中保存各个二维码在停车场中的位置。当用户停车后，使用智能手机扫描附近的二维码，并将二维码的内容发送至服务器查询，即可得到车在停车场中的位置；寻车时，同样使用智能手机扫描附近的二维码，通过服务器获得用户的当前位置，通过地图直观地展示车与人在停车场中的具体位置。这种停车方式只需要在停车场中粘贴多个二维码，多个停车场共用一个服务器，硬件成本非常低，方便使用，部署简单。但往往需要使用者在停车后进行扫码，否则无法记录停车位置，无法生成寻车路线。

图6.2.8 二维码定位寻车示意图

3）基于视频识别的寻车系统

该系统通过在每个车位的前上方安装摄像头，利用车牌识别算法获得车辆的车牌号码。寻车时，驾驶人在查询终端上输入车牌号码（见图6.2.9），可以获知车辆的位置。对于这种寻车方式，用户不需要携带卡、条形码等辅助识别物品，操作简单，使用方便，但是需要安装大量的摄像头和铺设桥架，系统硬件成本高，部署复杂。另外，该方式因为使用了视频识别摄像头，可对空车位进行检测，亦可同时实现正向诱导车位和反向寻车功能。

图6.2.9 基于视频识别的寻车查询终端

其系统示意如图6.2.10所示。

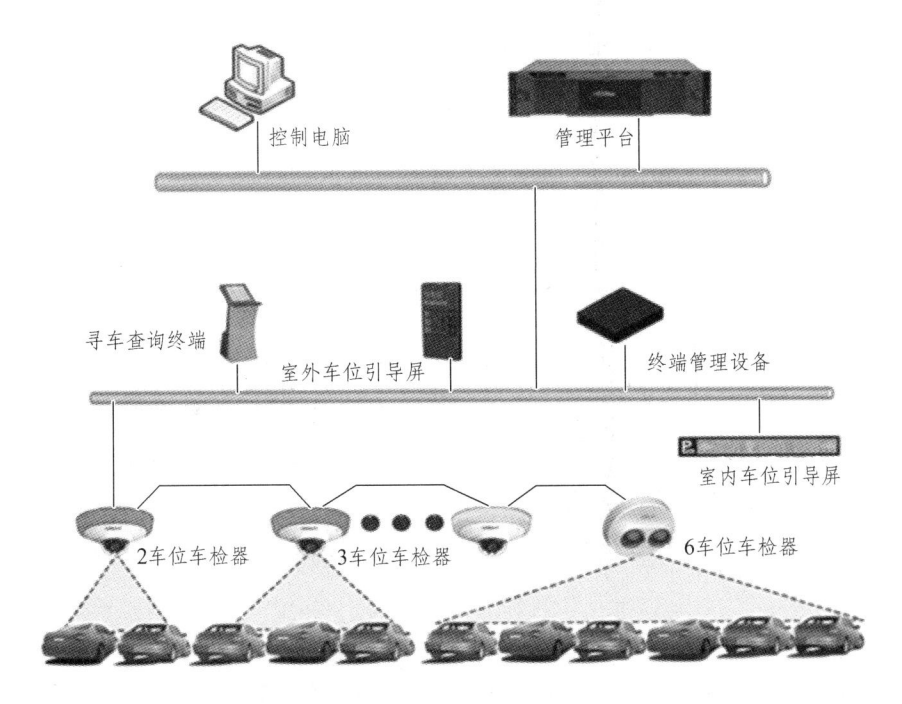

图 6.2.10　基于视频识别的寻车系统示意图

4）基于无线网络定位的寻车系统

基于无线网络定位的寻车方式不需要用户携带卡、条形码等辅助物品，操作简单，但是定位算法对无线网络的要求较高，为满足较高的定位精度，需要增加网络接入点的密集度，将会增加系统硬件成本和提高部署复杂度。

（1）Wi-Fi定位技术。

基于移动热点（Wi-Fi）定位的寻车系统，系统主要硬件包括布置在停车场内的Wi-Fi基站、服务器以及用户随身携带的具备Wi-Fi模块的智能设备。用户停车后，运行在智能设备上的软件将设备与各个基站的无线信号级别发送至服务器，服务器软件通过定位算法计算设备位置；寻车时，用户可通过智能设备上的软件查询车辆位置。

（2）蓝牙（Bluetooth）技术。

蓝牙也是目前一些智慧停车场中常用的一种定位方式。是为设备之间提供无线通信的短距离传输技术，它的工作频段在 2 400 MHz～2 483.5 MHz，不仅能实现安全性较高的数据包加密，而且体积小，便于集成，但是蓝牙设备复杂，传输距离近，可支持节点数少。

（3）Zigbee技术。

以IEEE802.15.4标准为基础发展起来的ZigBee技术于2003年被正式提出，现在是除Wi-Fi、蓝牙外最重要的无线通信协议之一。蜜蜂（bee）在发现花粉后，通过翅膀发出嗡嗡声（Zig）来跳舞告知同伴花粉位置，以达到传递信息的目的，Zigbee一词就源于此处。Zigbee 应用范围非常广，如工业控制、能源管理、物联网、家庭自动化控制，医疗护理等领域。ZigBee 技术的优点包括低功耗、低成本、短时延、更加成熟、可靠性高、组网能力强等。

（4）UWB 技术。

UWB（超宽带）定位是近年来发展起来的一种定位方式，一般使用的是极窄的脉冲信号或者极宽的频谱带宽信号进行信息的传递，与其他定位技术相比，主要优点是穿透能力强、定位精度高，具有厘米级的定位能力。UWB 可以在封闭的室内或者障碍物较多的情况下完成测距定位任务，即使在地下空间中性能也能得到较好的发挥。

5）基于光定位的寻车系统

LED（发光二极管）是一种能够将电能转化为可见光的固态半导体器件。近年来，由于 LED 灯具有低耗能、低碳环保、超长使用寿命等很多优点，其使用范围日渐广泛，逐渐取代传统照明灯具，成为很多室内停车场的主要照明设备。对 LED 灯进行电源电路改造，使得每个灯发出的光能够承载不同的地址信息，经过改造后的 LED 灯便成为低成本、高可靠的定位信号发生器。接收端利用智能手机标配的摄像头等感光元器件接收调制有定位信息的光信号，并进行解调，从而获取 LED 灯发送的定位信息，并根据光学几何原理、图形匹配原理，进行定位、地图匹配（见图 6.2.11）。

图 6.2.11　LED 光定位的手机导航定位

将智能手机前置摄像头朝上放置在车辆挡风玻璃下方的中控台上；车辆行进到灯光信号作用范围内时，手机的前置摄像头将捕获到可见光定位信号，经过可见光实时定位算法计算，得到车辆当前的位置；选定目标车位后，系统根据车辆实时导航算法生成一条符合道路行驶规则的最短路径，并实时更新车辆的位置以及最短路径，直至车辆到达目标车位，这就是车辆泊车导航的过程。

6.2.5 ETC 车道系统

1）技术简介

ETC（Electronic Toll Collection System）即电子不停车收费系统，其基于射频识别（RFID）技术的《电子收费专用短程通信》（GB/T 20851—2007）国家标准，使用的是5.8 GHz 双片式电子标签。车辆在通过入口车道时，将入口、车牌、车类等信息写入电子标签及 IC 卡中；在出口车道，根据车辆的入口、车牌、车类等信息，查询费率表，自动计算通行费金额，回写出口标识，完成 ETC 电子记账或扣款。

将香烟盒大小的电子标签粘贴在车辆前挡风玻璃的内侧后，国标 ETC 采用 5.8 GHz 的专用频段与停车场进出口的 RSU 天线使用 DSRC 短程通信技术进行通信，并且使用国标密钥对通信数据进行加密，直接读写 ETC 车辆和征费状态等电子信息，因为不需要将图像信息转化为电子信息，准确率是 100%。

国标 ETC 拥有交通运输部建立的全国统一的支付结算中心，通行国标 ETC 智能停车场时，车辆不需要停车交费，自动通过互联网技术来完成与银行钱包的自动结账处理。目前，ETC 技术采用的收费模式一般有两种，即前端扣费（储值卡模式）和后台记账（记账卡模式）。虽然前端扣费方式功能强大，应用广泛，但这种收费模式使得 ETC 微波天线与车载电子标签的交易时间较长，整个交易流程约耗时 0.17 s，车速通常需要控制在 40 km/h 以下。而使用后台记账方式，可以使交易时间控制在 0.06 s 以内，快速安全地完成交易，不停车通行速度可达到 100 km/h 以上，车辆经过 ETC 天线区域时都无须减速。

根据 ETC 车道的工作原理，ETC 车道可分为入口车道和出口车道。入口和出口的 ETC 车道系统的配置设备基本一致，主要由车道控制器、路测单元（Road Side Unit，RSU）、高速栏杆、报警设备、信息显示屏、雨棚信号灯、车道信号灯、车辆检测器及车道摄像机等组成。

ETC 车道系统主要是通过安装在收费岛头龙门架上的微波读写天线 RSU 与车载单元（On Board Unit，OBU），通过专用短距离微波通信（Dedicated Short Range Communications，DSRC）协议进行数据交易，而天线 RSU 与车道控制机之间则通过 RSU 控制器实现数据交换，通过 RS232 串口线直连到车道控制机上，由车道收费软件进行控制；其他亭外设备如自动栏杆机、车道通行信号灯、雨棚信号灯、摄像机、车辆检测器等都与车道控制机连接，并通过车道控制机进行状态变化的控制。ETC 车道系统结构如图 6.2.12 所示。

（1）车道控制机。

车道控制机是整个 ETC 车道的核心设备，是 ETC 系统的控制中心和 ETC 车道软件运行的硬件平台。它控制所用外设的协调运作，辅助车道原始数据的生产、存储与传输，完成与其他计算机系统数据交换。车道控制机是以控制模块为基础的工业型计算机，简称工控机。由中央处理器板（Central Processing Unit，CPU）连接相关控制模块，并协调各个模块与收费站终端设备进行通信。

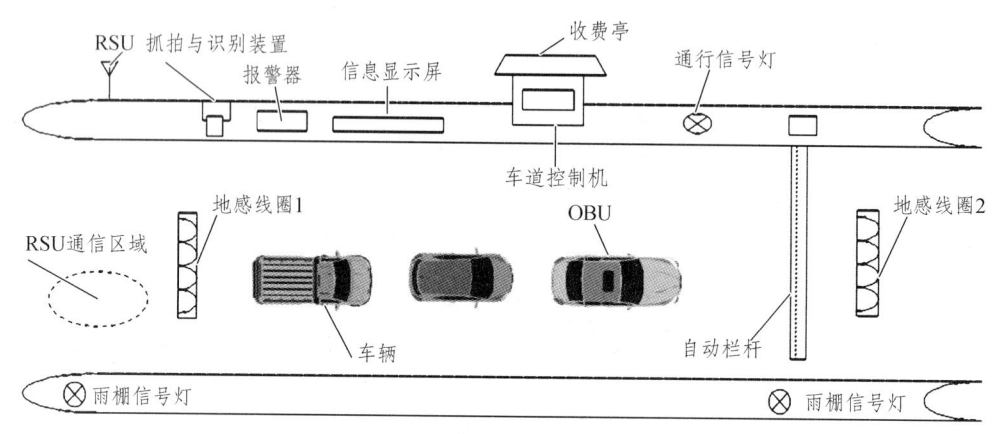

图 6.2.12 ETC 车道系统结构

（2）路测设备（RSU）。

ETC 路测设备由车道天线和车道天线控制器组成。车道天线是一个微波收发模块，负责信号和数据的发送/接收、调制/解调、编码/解码、加密/解密，用来反射信号寻找 OBU，RSU 寻到 OBU 后读取其车辆信息；车道天线控制器是控制发射和接收数据以及处理向上位机收发信息的模块，与车道控制机相互通信，完成电子扣费。

（3）车辆检测器和车辆检测线圈。

车辆检测线圈包含触发线圈、抓拍线圈、过车线圈三种类型。车辆检测线圈连接到车辆检测器上，当有车辆通过时，线圈周围产生电感变化，车辆检测器发送电平信号，使车道控制机某一输入通道电路信号产生变化，表明有车经过。当车辆通过以后，车道控制机这一通道的电路信号恢复，则表示无车。基于这一特性，车道控制机可打开微波天线 RSU、统计车辆交易数量、车辆图像抓拍触发以及与电动栏杆机进行联动。

触发线圈：有汽车路过该线圈时，会发出信号，然后根据交易流程进行控制，进行数据交换。

抓拍线圈：有汽车经过该线圈时，车道控制机发出控制信号，进行信息抓拍和数据交易，完成后自动放行或报警。

过车线圈：当汽车经过该线时，车道控制机发出控制信号，降落栏杆机等。

（4）综合信息显示屏。

综合信息显示屏由费额显示、通行信号灯、闪光报警灯、语音单元组成。信息显示单元显示内容包括提示信息、车牌信息、通行卡及账户状态、当次费额等。其中，闪光灯报警器主要用于提示工作人员遇交易不成功等异常情况出现，需要人工处理。

（5）车牌识别设备。

收费车道车牌自动识别系统由处理器、车道摄像机、防护罩、补光灯、安装立柱及云台等组成。可通过图像提取、预处理、特征提取、字符识别等关键技术，从抓拍的图像中识别出车辆牌号、颜色等信息，并上传抓拍图片和监控视频。

（6）高速栏杆机。

高速栏杆机是由电机驱动，安装在每个ETC车道的入口和出口处，高速栏杆机的作用是使车辆有秩序地进入收费区，当交易结束后，由车道控制机发送控制数据，抬起栏杆机，车辆可以通过。

2）ETC车道系统应用前景

国务院在"十三五"现代综合交通运输体系的发展规划中，对ETC的发展提出了明确的要求，核心就是要求ETC使用率在2020年达到50%以上的水平。交通运输部于2020年12月23日印发了《关于开展ETC智慧停车城市建设试点工作的通知》（交办公路函〔2020〕2057号），选定北京、重庆等27个城市作为试点城市，江苏省作为省级示范区，先期开展ETC智慧停车试点工作。ETC智能停车系统的发展，是响应国务院的要求，将绿色出行落实到位。它将实现路内路外智能停车一体化要求，实现城市级智能停车平台化运营，通过大数据为智慧城市管理提供强有力的支持。

ETC智能停车系统，真正实现"无、非、不、集"（无人值守、非现金支付、不停车体验、集中管理）的停车场体验，让停车场管理方实现"减员增效"，为车主用户提供安全高效的无感支付体验。

6.2.6 NB-IOT系统

1）技术简介

NB-IOT通常被称为低功耗广域网（LP-WAN）。NB-IOT聚焦低功耗广覆盖（LPWA）的物联网（IOT）市场，具有覆盖广、高连接等特点，是一种应用广泛的新兴技术。2016年6月，NB-IOT标准核心技术的相关研究全部完成，2017年，中国联通、中国电信、华为、中国移动等先后宣布使用NB-IOT技术，标志着NB-IOT网络在中国全面进入商用时代。

NB-IOT网络结构包括NB-IOT终端、NB-IOT基站、NB-IOT核心网、NB-IOT云平台和垂直行业中心，如图6.2.13所示。

2）智能停车位监控管理系统总体方案设计

智能停车位监控管理系统由感知层、传输层、网络层、应用层组成，其总体结构如图6.2.14所示。

第1层为感知层，由视频摄像头、数据采集传感器终端以及电动道闸杆组成。数据采集传感器终端是地磁传感器。感知层将采集的传感器数据和视频数据传输给NB-IOT模块，可以实时获取到车位的停车情况，进行监控报警和控制处理电动道闸杆。

第2层为传输层，NB-IOT模块将数据传输到NB-IOT基站，再将数据传输至NB-IOT云平台。

第 3 层为网络层，用户可以获取后台服务器通过 NB-IOT 云平台、基站接收感知层获取到的信息。

第 4 层为应用层，搭建了监控平台，运营商、管理者和私家车主可以通过手机应用、浏览器查看停车场的实时车位信息，通过车牌识别系统进入停车场，再由车位引导系统找到最佳的停车位，最后通过支付系统支付费用。

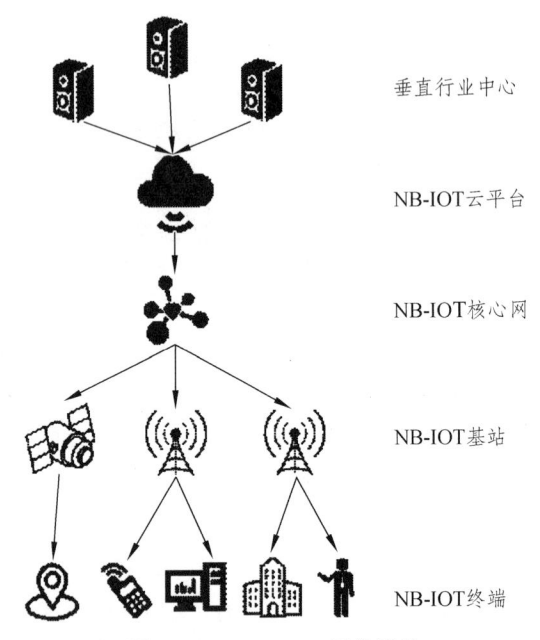

图 6.2.13　NB-IOT 网络结构

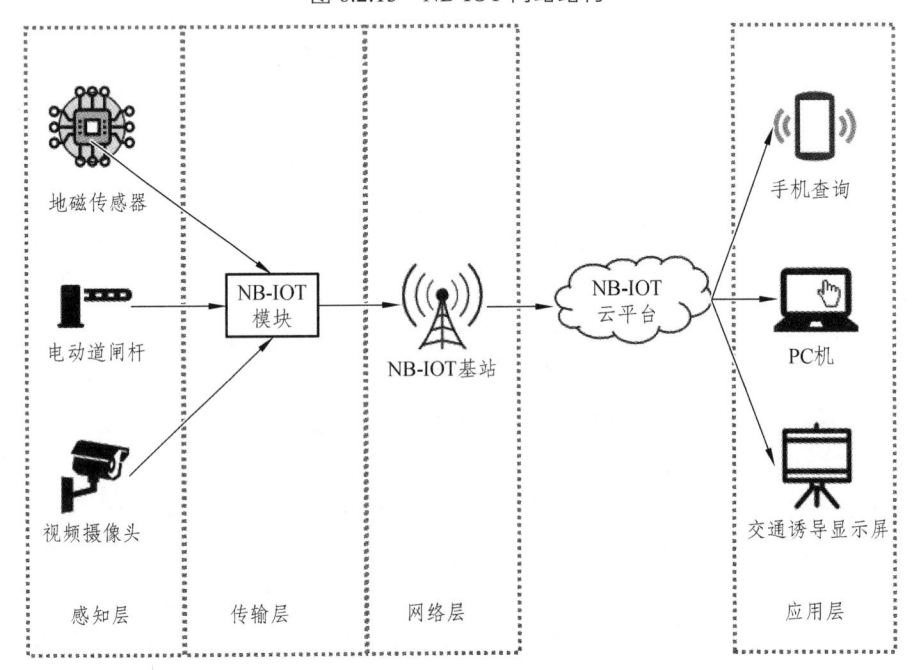

图 6.2.14　智能停车位监控管理系统总体结构

该智能停车位监控管理系统的总体流程为：地磁传感器采集的数据传输给 NB-IOT 模块，通过 NB-IOT 模块搭建的自组网进行传输，再经由 NB-IOT 基站传输到 NB-IOT 云平台，用户可直接从 NB-IOT 云平台读取数据，并通过手机 APP、PC 机终端以及交通诱导显示屏等方式进行显示查询。

3）系统功能

（1）车位状态实时发布。利用深度学习、大数据和云计算等技术对存储的数据进行分析、统计，减少寻找车位的时间，方便私家车主获取车位状态。

（2）多种缴费方式。比如现场人工缴费、预缴费扣费、手机 APP 自助缴费和第三方支付方式。

（3）多样化信息发布方式。通过 APP、网页、运营管理系统、诱导系统等多种方式发布车位状态和收费情况。

（4）车位诱导。通过引导屏、车主 APP、网站等方式，将停车位占用情况实时向社会公众发布，使得车主可以迅速找到停车位，减少交通拥堵，提高停车位使用率。

4）智能停车位监控管理系统硬件设计

硬件结构主要有主控制器、传感器模块、电动道闸杆、NB-IOT 通信模块以及电源模块 4 个部分，如图 6.2.15 所示。

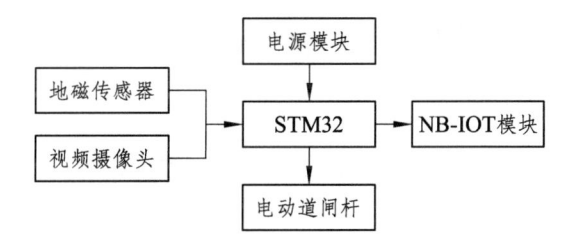

图 6.2.15　智能停车位监控管理系统硬件结构

（1）STM32 控制芯片。

STM32 系列具有高性能、低功耗和优异的兼容性等特点，为开发人员带来最大的设计灵活性。系统使用 STM32F103zet6 作为微控制器，属于中低端的 32 位 ARM 系列芯片，内核是 Cortex-M3。STM32F103zet6 有 144 个引脚，包括 7 个端口。32 个车位检测传感器占据 2 个端口，用于接收车位信息；NB-IOT 模块接收由 Usart 接口传送的车位信息，通过 NB-IOT 基站和 NB-IOT 云平台传输给应用层设备。

（2）地磁传感器。

地磁传感器的精确度较高，易安装，对路面破坏小，不必封闭车道，维修比较方便。其作用是检测车辆的存在以及车辆的尺寸识别。停车场信息采集由地磁传感器 HMC5883 进行，通过标准内置集成电路 I2C 总线通信协议将数据信息传送给 NB-IOT 模块进行相应的处理，并通过 NB-IOT 基站传送给 NB-IOT 云平台，最后由终端用户进行查询。

（3）NB-IOT 模块。

NB-IOT 模块选用 BC95 模块（基于海思 Hi2110），目前市场上使用频率最高。窄带物联网（NB-IOT）目前是物联网的一个重要分支，可以构建在蜂窝网络上，可直接用于 GSM 网络、UMTS 网络或 LTE 网络，以降低制作系统成本、实现技术升级。NB-IOT 是 IOT 领域中的新技术，支持低能耗设备在广域网的蜂窝数据中连接，NB-IOT 待机时间长，特别是对网络连接要求较高的设备能高效连接。同时还能提供室外蜂窝数据连接全覆盖。系统选用网络透传模式实现数据交互，保证数据连接的有效性。

6.2.7 运营系统管理功能

1）系统用户功能

智能化停车场综合管理系统的服务对象有管理员和客户。

（1）管理员。

在系统用户中，管理员的主要工作是对系统中的用户信息进行管理，同时进行收费以及其他事务的管理。具体职能包括对系统中的车辆信息进行管理，有些车牌识别错误，需要对相应的车辆号牌进行纠正；对场内的停车信息进行管理，并对停车的收费进行记录与处理，生成报表并提供给财务部门作为入账凭证；对停车场中的停车与收费信息进行查阅，尤其是对特定的用户，核定其收费项目，对其停车费用进行查看；对系统中的收费报表等进行管理，核查其中的收费情况，防止发生收费异常情况；对整合系统进行维护与管理，设置系统硬件在运行中的各类配置信息，确保整合系统的运行能够处于正常状态。

图 6.2.16 所示为智能化停车场综合管理系统的管理员示例。

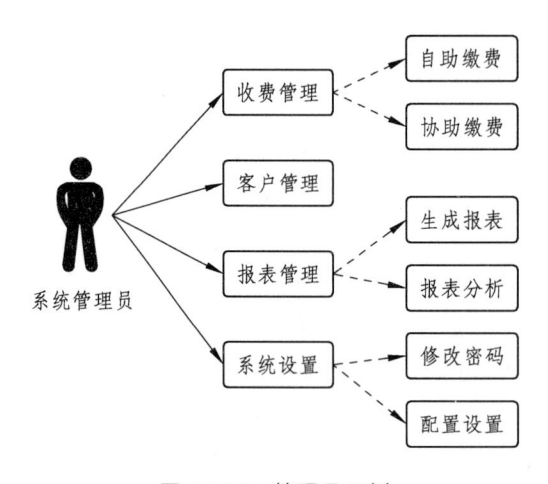

图 6.2.16　管理员示例

（2）客户。

系统平台给客户提供的服务内容主要是让客户可以从系统中随时查看个人的停车时长、费用、车位等信息，了解停车场中的车位情况与停车缴费情况，甚至还可以通过系统平台来进行反向寻车，引导客户在场内进行泊车。

图 6.2.17 所示为智能化停车场综合管理系统的客户示例。

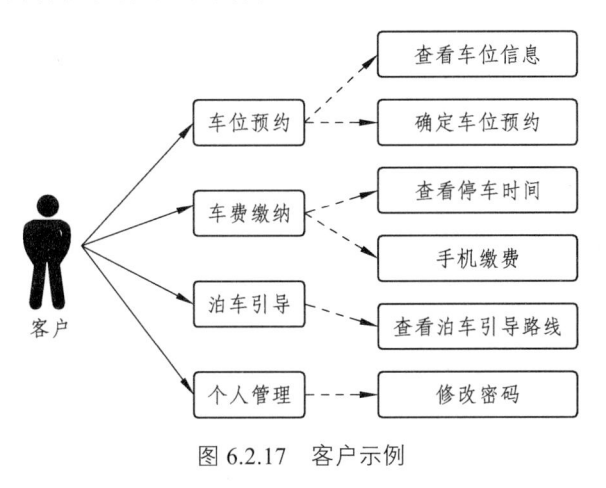

图 6.2.17　客户示例

2）系统业务

在系统框架中分别处理不同的业务需要，其中包括对汽车号牌进行识别、出入口控制、泊车引导、系统管理等业务模块处理。

首先，在车辆进入停车场时，入口处车辆检测系统，对车辆的号牌等信息进行识别与采集，同时将数据在系统中进行比对，核实该车辆是否为固定客户，如果检测到该车辆为系统信息中的固定客户，该车辆可以直接进入停车场。

当车辆进入停车场之后，为了方便车主及时找到车位，减少不必要的时间浪费，此时系统中的车位引导功能开始启动，帮助车主找到最佳位置进行停车。当车辆驶出停车场的时候，车牌检测系统开始对车辆进行识别，在数据库中对停车的时长等历史信息进行检索，从而帮助车主及时了解到车辆在停车场中的相关数据记录，该信息一并传送给管理员进行调阅。

6.3　城市级智慧停车运营管理云平台

随着智慧城市建设的不断推进，城市级智慧停车解决方案正在为城市管理带来新的活力，城市级智慧停车云平台的建设可以解决城市停车难、停车场和用户之间信息不对称以及部分停车场信息孤岛等问题。

城市级智慧停车解决方案，一方面帮助政府部门对城市的停车数据进行管理、对停车进行监控；另一方面帮助停车运营企业统一管理和运营旗下的停车场。该方案涉及的产品包含智慧停车云平台、个人 APP、停车场收费系统、路边停车收费 APP、商家微信小程序、微信公众服务号和管理员 APP 等。该方案能够将停车业务涉及的相关信息紧密地结合起来。

通过城市级智慧停车解决方案，实现一个城市所有停车场遵循统一数据接口标准的目的。将车辆出入场信息、车场车位信息、车场位置信息、收费信息、长租信息和停车相关图片证据信息等上传到云平台。通过云平台对大量数据进行存储和分析，可以帮助政府及相关单位从城市管理的角度，对城市的停车规律、停车需求等进行整体及区域性分析，也可以帮助政府掌握城市停车情况。通过停车诱导，可以帮助政府进行停车疏导和治理；在停车场经营方面，可以提供日常管理、运营管理、收费、财务分析、商家营销等一系列的服务；在个人APP端，可以为用户提供车场、车位、收费等信息服务和停车业务方面的收费、电子发票车位预约和共享等服务。通过上述服务，建立整个城市级停车的业务链，形成城市停车可持续发展的生态链。

6.3.1 城市级智慧停车解决方案

1）产品结构

城市级智慧停车解决方案通过智慧停车云平台、停车场收费系统、路边收费APP、个人APP、微信公众服务和管理员APP等，将政府、企业和个人有机地联系起来，为政府、企业和个人提供更好的停车服务。产品结构如图6.3.1所示。

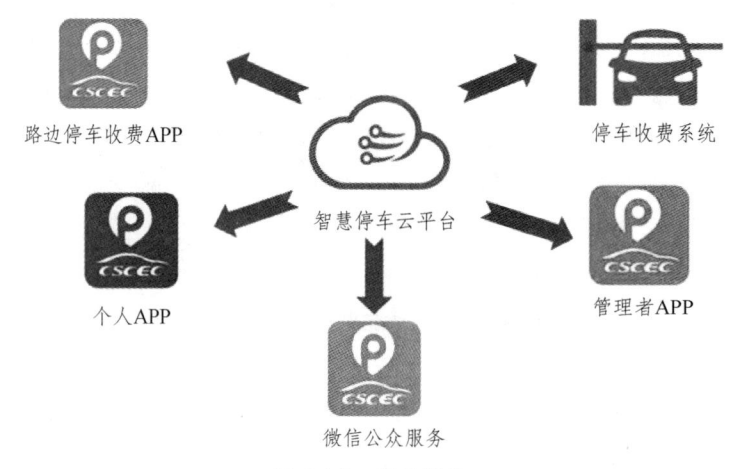

图 6.3.1 产品结构

2）总体架构

该系统中的云平台建设，原则上要求基于Browser/Server三层体系进行构建。该系统应为信息处理提供Web服务、业务应用服务和数据管理服务，即包括Web服务模块、业务应用服务模块和数据库模块三部分。

该系统中的个人端的建设，原则上要求基于Client/Server的三层体系进行构建。该系统应为信息处理提供APP服务、业务应用服务和数据管理服务，即包括APP服务模块、业务应用服务模块和数据库模块三部分。

智慧停车云平台总体架构分为7层，分别为应用前端层、软件服务层、平台服务层、数据资源层、基础设施层、网络传输层、平台接口层。总体架构如图6.3.2所示。

第 6 章 停车智慧化运营

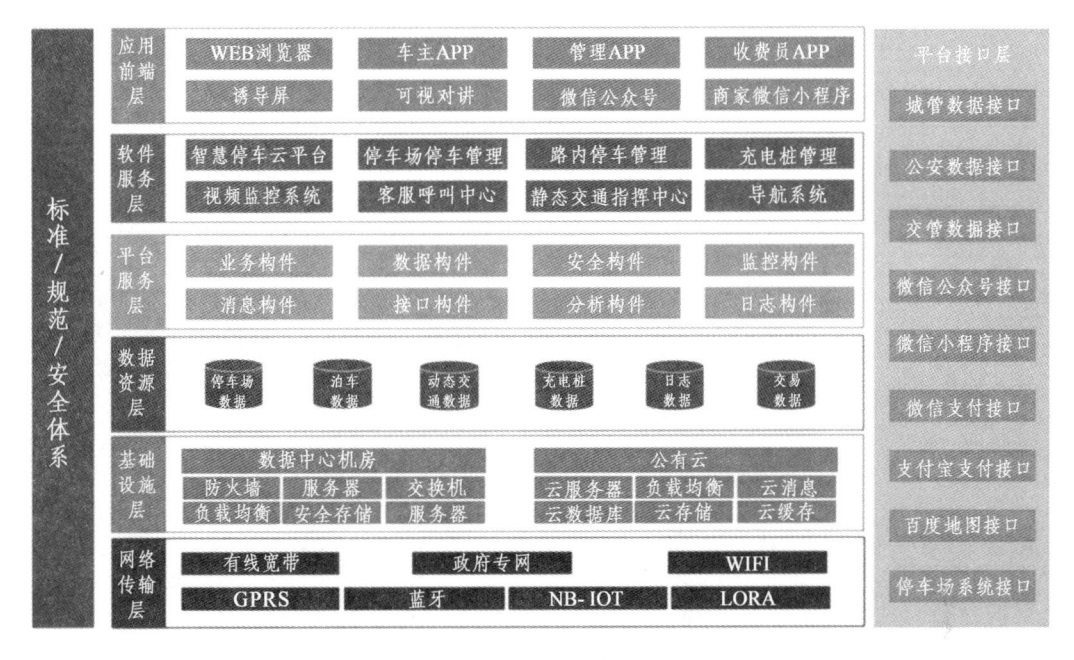

图 6.3.2　总体架构

在技术架构上，遵循安全性、可靠性、实用性、易用性和可扩展性原则；在系统设计时，充分考虑系统运行性能，满足"简便、实用、快捷、安全、准确"的项目要求。

在技术选型上，使用目前业界较先进和成熟的技术作为整个系统的技术架构，以保证系统有持续发展和扩充的余地。

（1）在网络传输层，依托互联网、运营商的光纤网络、政府专网、无线通信网络的多网络应用环境。

（2）在基础设施层，既可以在传统的硬件服务器下部署，也支持基于云平台虚拟资源的柔性环境部署。

（3）在数据资源层，支持停车场数据、泊车数据、诱导屏数据、充电桩数据、动态交通数据、日志记录数据等多种数据格式的存储，系统应用支持与主流数据库的无缝对接。

（4）在平台服务层，提供业务构件、数据构件、监控构件、接口构件、数据交换构件、数据分析构件和消息构件等多种服务构件，满足软件应用层的调用需求。

（5）在软件服务层，项目提供智慧停车管理与服务平台、道边停车管理与服务、停车场停车管理与服务、充电桩管理与服务、信息数据机房以及其他便民服务接口。

（6）在应用前端层，社会公众通过 Web 浏览器、手机 APP、微信公众号、掌上电脑、诱导屏以及触摸屏等多种介质获取"互联网＋智慧停车"项目提供的服务。

（7）在平台接口层，可通过服务、接口、数据中心方式与其他智慧城市应用系统完成信息共享。

3）网络结构

智慧停车云平台网络结构划分为 3 层，分别为前端接入层、网络汇集层和核心交换层，如图 6.3.3 所示。

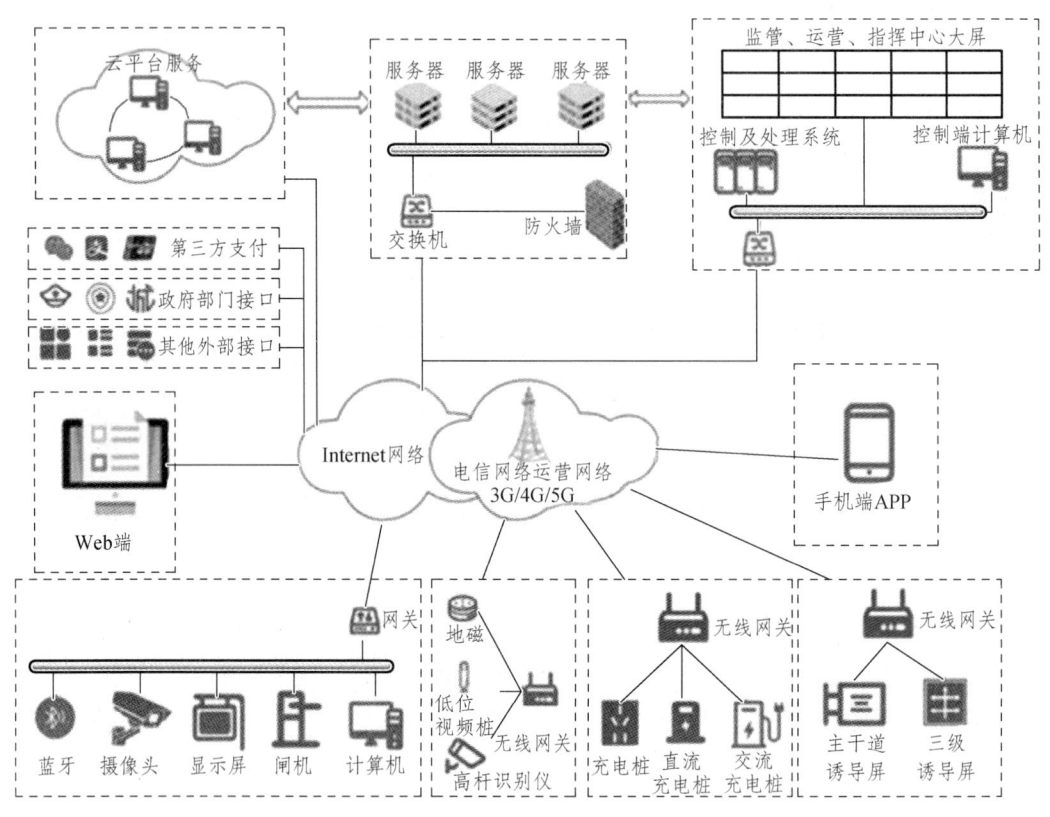

图 6.3.3 智慧停车云平台网络结构

（1）前端接入层。

前端接入层是将道边停车泊位、路外停车场（含立体车库）、充电站/充电桩、诱导屏、巡管收费 APP 及车主手机等设备接入。

道边停车：前端地磁设备检测车辆驶入、驶出泊位，并通过 Rora 协议与无线网关通信。

路外停车场（含立体车库）：前端车牌识别摄像机、信息显示屏、岗亭电脑等通过以太网接入。

充电站/充电桩：前端交流充电桩、直流充电桩等设备通过以太网与无线网关通信。

诱导屏：通过 3G/4G/5G 网络实现平台接入。

（2）网络汇集层。

网络汇集层是将前端接入层信息汇集，并传输至云平台。

道边停车：无线网关汇集车位信息、设备状态信息等，并通过 3G/4G/5G 网络与云平台进行交互。

路外停车场（含立体车库）：将车辆驶入、驶出停车场信息、设备状态信息、订单信息等，通过互联网与云平台进行交互，同时，将停车订单结算信息、道闸控制指令等信息通过互联网下发到岗亭、道闸及车主手机。

充电站/充电桩：汇集充电桩的充电订单信息、设备状态信息，并通过 3G/4G/5G 网络与云平台进行交互。

诱导屏：通过 3G/4G/5G 网络与云平台进行交互，响应云平台发布的诱导信息。

（3）核心交换层。

核心交换层是整个系统的数据交换中心，负责整个平台相关停车数据的交换。

云端（云服务）是整个停车业务处理中心。总控中心机房部署接入交换机、安全设备等。

（4）接口设计。

结合当前市场主流的停车服务商和设备商，制定了标准的数据接口。所有接口采用 HTTPS 协议，数据采用 JSON 格式，并对敏感数据进行加密和数字签名等，以确保数据安全。

6.3.2 平台主要功能

1）实时监管

平台对接入车场进行实时监控，包含车场状态、车场分布、停车流量、车位使用情况、车辆进出车场情况和收入情况等，并通过大屏展示的方式将实时数据呈现给用户。

2）平台管理

平台提供通用的管理功能，主要包含：

（1）权限管理平台提供配置化的权限管理，将平台的权限管理功能设计完全交给用户，用户可以根据自己需求设置各级部门和各种角色用户，并给各种角色提供权限配置，从而达到权限的整体配置化管理。用户通过配置化管理，可以直接完成符合自己需求的权限管理机制。

（2）菜单管理平台提供配置化菜单管理功能，用户通过菜单配置管理，可以定制平台的菜单页面，建立符合自己的菜单配置。

（3）日志管理平台提供登录日志和业务日志功能模块，可以进行平台操作性日志的记录，进行问题的追溯和分析。

3）数据统计

平台每天会接收和存储大量的数据，系统通过对大量数据的统计分析，最终呈现的数据可以帮助用户清晰地了解停车的相关状况：

（1）车场统计平台提供所管辖的车场数量统计，并根据车场连接情况，分别统计正常车场和异常车场的数量，帮助运营人员及时跟进和处理异常车场。

（2）车位统计平台提供对车位的管理功能，统计平台管理的所有车位，即使用中的车位和空闲车位。

（3）收入统计平台统计所管辖的所有车场总收入，并针对所管辖的各个车场的收入情况生成日报表、月报表和年报表。

4）数据分析

对平台收集的数据进行功能性分析，发挥数据的价值。数据分析主要包括以下内容。

（1）面向城市治理的数据分析。

① 区域分析：按照区域划分，显示区域车场分布展示图、昨日车位压力分时图、车位占用率、区域内实时进出流量统计、车场分布等数据模块，实时获取区域车位动态数据。

② 车场分析：可查看车场相关数据分析；车场分析界面主要是对单个车场连接状态、收费占比、实时进出场记录、车位占用率、车场流量等数据进行统计分析。

③ 车辆保有量：车辆保有量界面能够实时统计分析城市各区车辆保有量情况，包括车辆分析热力图、车辆保有量排行表、各区车辆保有量柱状图，以及本地车和外地车的占比。

④ 各时段车辆：查看车辆分布相关数据；实时统计各区 24 小时的车辆分布曲线、各区车辆分布数据，并根据区域显示车辆占比情况；包括各区车辆分布曲线图、各区车辆分布柱状图、各区车辆占比排行表及各区车辆占比等数据模块。

⑤ 车辆分析热力图：使用热力图展示城市实时的车辆活跃范围，通过区域列表可切换查看全市或某区域车辆热力分析图。

⑥ 潮汐规律：查看各区车场的潮汐规律相关数据；主要通过车场压力监控、时段内车场车次分布、各压力范围时段统计、进出场车辆趋势等数据模块展示车场的潮汐规律。

⑦ 停车导流预测车流量峰值预测：按 24 小时预测所选区域进出场车流量，预测值是当前时间前推 30 天各时段的平均值，且区分工作日与周末时段预测值，帮助城市管理者预测停车流量，并制定相应措施。

（2）面向企业运营的数据分析。

① 收入分析：查看车场车位利用情况；按照每天 24 小时，统计各个车场的车位利用率趋势；分为曲线趋势图和数据统计列表两种展示方式。

② 停车时长分析：查看各车场停车时长分布相关数据；统计各个车场当天停车订单的停车时长分布数据；以柱状图和数据统计列表两种方式展示。

③ 车位占用率：查看车场车位利用情况；按照每天 24 小时，统计各个车场的车位利用率趋势；分为曲线趋势图和数据统计列表两种展示方式；可以查看不同车场不同时间的车位利用率趋势图。

④ 客单价分析：分析每天订单单价趋势，帮助运营企业了解停车车主在相对应车场的规律，并制定合理的运营及收费规则。

5）特色服务

（1）停车预约车主可以选择提供预约的停车场，输入预约停车的开始时间和结束时间，车主完成预约停车费用缴纳后预约成功，车场会为该车保留车位，用户在指定时间驶入车场完成停车业务。

（2）车位共享车主用户将自己空闲的车位分时共享，其他有需要的车主付费后可以停入共享车位。但该功能需要车位所在的车场支持才可使用。

（3）代客支付用户可以通过APP给客户在当前所在车场的停车订单缴费。

6）服务提升

（1）套牌车发掘：通过对车辆进出车场的时间进行分析，可以筛选可能套牌的车辆，辅助交通管理部门查出套牌的违法行为。

（2）目标车辆轨迹分析：通过对车辆进出车场的位置和时间分析，可以帮助相关单位查出目标车辆的运行轨迹。

（3）停车诱导线下诱导：实时收集社会停车场静态数据及空闲车位信息，根据大数据实时汇总引擎的计算结果，向"立体城市停车诱导管理平台"发布一、二、三级屏的诱导数据。在线下诱导外，通过APP线上为用户提供目的地附近空闲车位车场信息，为停车用户提供线上停车诱导服务。

7）运营功能

（1）个人用户体系为用户提供付费购买VIP服务功能，VIP可享受更多优惠和权益，平台管理员可以进行VIP服务内容的配置。

（2）红包或代金券优惠券。由平台与停车场商家合作发放并认可，当车主使用用户终端APP停车缴费时，可以用来抵扣部分或全部费用。

（3）二维码管理平台提供收费二维码管理，通过后台设置收费二维码的方式绑定停车场的收款账号，可以将收款二维码通过液晶屏或打印的方式摆放在停车场，车主可以通过扫码支付停车费用。

（4）分享有礼。将互联网裂变分享的运营方式，通过具体功能来帮助车场运营企业获得互联网推广方法，打破传统行业的运营瓶颈。车主用户可以根据平台设置的规则，通过功能模块向微信、微博、QQ等好友进行推荐，推荐成功后，双方均可以得到平台规则制定的优惠。

（5）停车缴费车主在完成停车后，可以通过APP进行线上缴费，也可以通过扫描停车场二维码完成停车缴费。通过线上缴费的方式，可以提高车场闸机的流通效率，减少出入口拥堵情况。

（6）月卡功能。停车场发售的月卡产品种类管理包括月卡产品添加、删除、审核、停售以及查询。

（7）积分管理使用功能。可以用积分的方式兑换成为积分会员，积分会员会根据运营企业设置的服务范围享有特殊的会员政策。也可使用付费方式开通平台的VIP会员，通过会员的相应权限兑换相应的奖励和优惠政策。

（8）电子发票企业电子发票信息管理。包括线下通过车场管理员平台开发票和用户通过手机 APP 开发票。首次开发票时，需要配置发票抬头信息，第一次配置后，平台和 APP 端会自动保存发票抬头信息，第二次开票时不需要再提交，直接从平台后台数据库获取。

通过上述一系列方案整合城市级停车资源，将停车场实时车位信息通过 APP 反馈给停车场管理人员；用户通过 APP 获取目的地周边停车场信息，包括车位空闲数量和停车收费标准等，通过导航引导进入目的停车场停车；解决停车场与用户停车信息不畅通的问题，有效减缓由停车导致的交通拥堵，有效减轻用户乱停车问题；通过数据统计和分析，揭示了城市停车需求的问题，为政府制定改善停车资源等政策提供有力的数据支撑。

6.3.3 平台优势

城市级智慧停车运营管理云平台可以为城市停车带来如下优势：

（1）集成智能、5G 和 AI（人工智能）等新技术，为城市建设提供了高科技手段。

（2）有效改善停车难问题。智慧停车通过对车场信息整合，实现车辆引流、车位共享，有效提升车位使用率。

（3）有效提高停车效率和服务质量。通过无感支付、预约停车、集成充电桩数据和电子发票等，提高停车业务的效率和服务质量。

（4）提升城市公共安全。通过停车业务数据，辅助公安部门识别套牌车、定位嫌疑车辆，防止盗车，确保车辆的安全。

（5）提高社会公平性。通过车辆进出场等数据的实时监控，以及线上收费手段等措施，防止乱收、少收、漏收停车费的情况发生。

（6）减少污染排放。智慧停车平台通过车位信息分享、导航指引等，减少车辆寻找车位时间，从而降低碳排放。

（7）辅助智慧城市规划。智慧停车行业可以依据城市静态停车数据分析，实现停车导流预测、停车资源预警等，辅助城市停车场规划建设、道路规划建设等。

Chapter 7

第 7 章
智能车库典型案例

7.1 德国 Donnersberger 道路下方智能立体车库

德国 Donnersberger 道路下方智能立体车库于 2006 年建成投入使用，采用全自动智能立体停车系统，可提供 284 个停车位。该项目为慕尼黑建设局实施的试点工程，建设资金由政府财政统筹，运营成本来自停车收入，德国 GiVT 公司为项目咨询方，德国 Woehr 公司提供了全套的自动停车设备和控制系统（设备型号：Multipaker740），ISP Scholz Beratende 工程公司为项目的规划和结构设计方，目前项目由慕尼黑 P+R Park&Ride 公司运营（见图 7.1.1）。该地下智能立体车库具有一系列特性：

（1）城市更新融合设计；
（2）用户多样性考虑（家庭、老年人、残疾人等）；
（3）用户使用方便；
（4）多方面安全性考虑；
（5）环境友好设计；
（6）能耗控制优异；
（7）低噪声（源噪声、次生噪声）水平运行；
（8）良好的系统控制功能；
（9）不损伤车辆。

图 7.1.1 与环境良好融合的车库出入口

注：图 7.1.1 ~ 图 7.1.5 的图片来源于德国创新交通技术有限公司（GiVT）。

鉴于项目的首创性和未来机动车发展的不确定性，项目设计充分考虑了未来更换设备的空间，同时，充分考虑消防分区设置的可拓展性。项目设计为地下 4 层结构，长约 150 m，宽约 18 m，埋深约 11 m。项目结构外墙充分考虑了其与邻近建筑的间距，除结构施工安全外，亦考虑了结构震动和噪声问题。项目主体结构采用逆作法施工，即在施工完外围咬合式桩墙后，结构顶板被先行建造出来用以恢复路面和地面交通，而地下部分开挖可同步进行，最大化地缓解施工对周边居民及交通的压力，如图 7.1.2～图 7.1.4 所示。

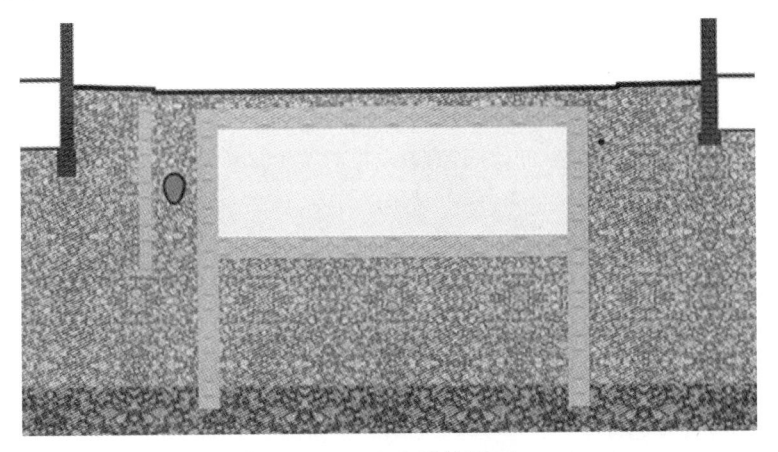

图 7.1.2　车库结构断面

图 7.1.3　车库逆作法施工

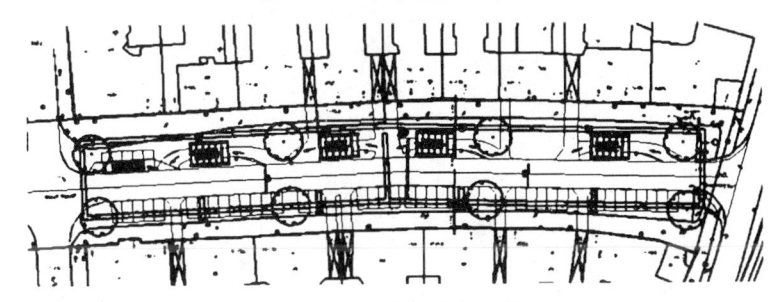

图 7.1.4　行车动线设计

项目共有 4 个出入口门厅，均为可进可出口设计，且为地面唯一可看到的结构部分。项目门厅设计充分考虑了与周边环境的融合以及客户的使用舒适感，如：

（1）现代建筑与周边老建筑的融合；
（2）宽敞的停车取车空间；
（3）2个出入口门厅特别考虑了残疾人使用的便利性；
（4）停车区平台平整无勾缝（见图 7.1.5）；
（5）直进直出设计且配备了周全的信息引导系统；
（6）门厅特别采用了吸声包裹材料；
（7）门厅采用了低噪高速自动门系统；
（8）充足的照明系统；
（9）类齐全的传感器系统；
（10）地板加热系统避免冬季平台面结冰；
（11）夏季空调系统。

门厅内设置了存取车控制系统，客户可凭借电子卡片存取车辆（见图 7.1.6），或单纯地装卸车辆。

图 7.1.5　车库门厅（非残疾人使用）

图 7.1.6　无接触存取车电子卡片

该项目的自动化设备采用两套 Woehr 740 系统，该系统为全自动托盘平面移动停车系统，巷道采用可同时升降和横移的堆垛机系统。Woehr 740 系统特别适合狭长停车空间的应用，最大可用于 8 层立体车库。

停车系统建筑限界尺寸为长 121 m，宽 12 m，高 8.7 m（见图 7.1.7、图 7.1.8），停车区总面积 1 452 m²，总容积 12 633 m³，单车位计容约 45 m³，容许车辆的长宽高限值分别为 5.25 m，2.2 m，1.7 m（共计 212 个车位为轿车设计）或 2.0 m（共计 72 个车位为越野车设计），容许车辆载重为 2.5 t。停车区采用双侧双排布置方案（见图 7.1.9），项目最小取车时间约为 88 s，最大取车时间约为 195 s，综合平均取车时间约为 137 s。

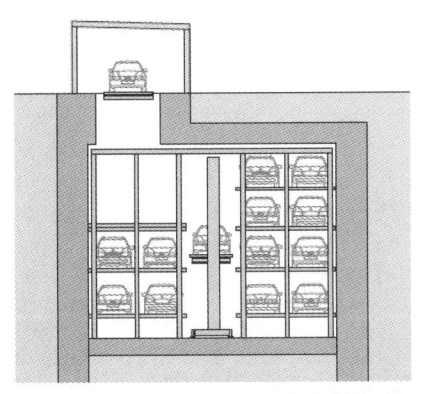

图 7.1.7　车库结构断面图（含出入口及自动化设备）

注：图 7.1.7～图 7.1.11 图片来源于 Woehr 项目报告。

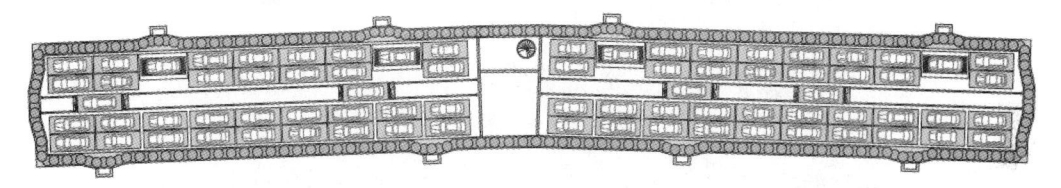

图 7.1.8　车库平面布置图

图 7.1.9　车库双排停车布置实景

· 171 ·

该地下车库机械设备及控制系统设计寿命为 20 年，期间所有维护、零配件更换等均为运营商负责。依据德国自动停车库标准 VDI4466，车库运行可靠度应不低于 98%，在运营合同和实际运营中，该项目运行可靠度达 99%（见图 7.1.10）。同时项目具有 24 小时远程后台服务系统，以防任何潜在的技术故障出现。此外，项目现场配备了控制室和管理用房（见图 7.1.11），安装了视频监控系统、自动数据记录仪及系统错误报告系统、停车控制中心系统、小型备品备件仓库等。自车库投入运营至今，常年使用率 100%，该项目荣获了 2007 年度欧洲最佳停车创意奖和 2008 年德国国家创意奖。

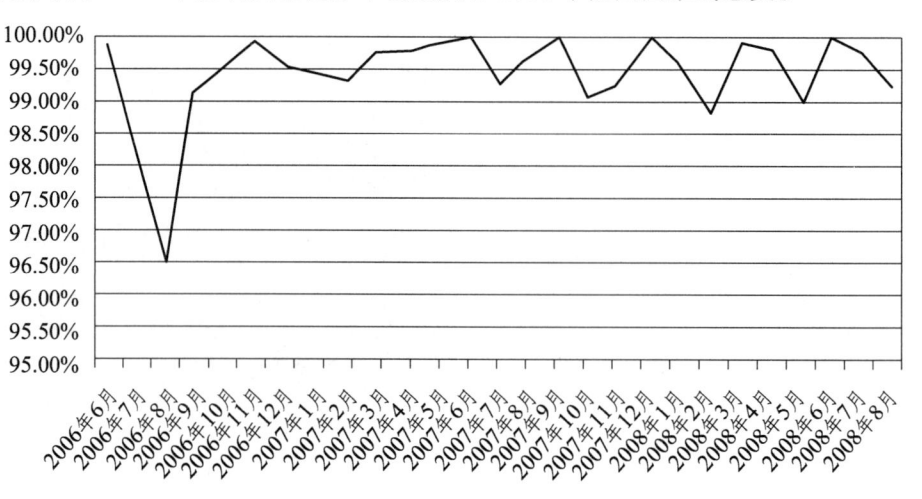

图 7.1.10　车库可靠度监测结果

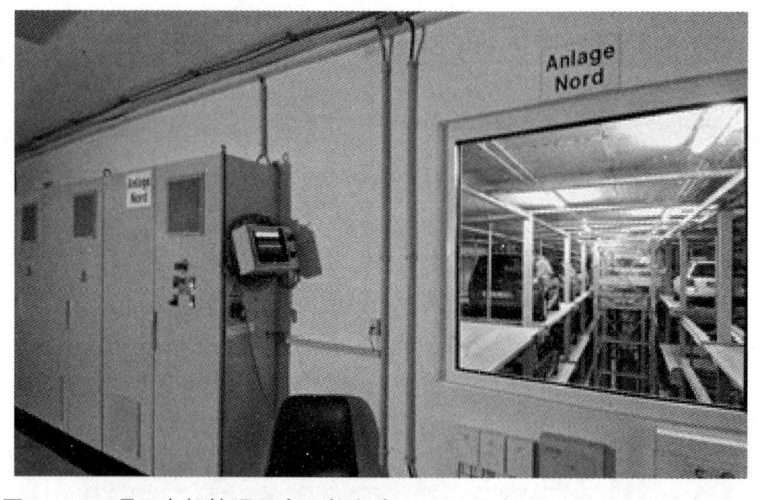

图 7.1.11　项目内部管理用房及控制中心（图片来源于 Woehr 项目报告）

7.2　丹麦 Aarhus 智能立体车库

欧洲最大的全自动停车库于 2015 年在丹麦第二大城市奥尔胡思投入使用。该车库是奥尔胡思市新建的图书馆、市民咨询局和 Dokk1 文化中心综合楼的配套车库，由德国瓦尔堡的 Lodige 公司提供，该公司主要提供该停车系统的整体解决方案，包括停车库的存储间建造、机械工程、电气工程、IT 控制和支付系统等全套服务。

这个自动化的无托盘停车系统（夹持式自动搬运设备）位于新建大楼的地下，共 3 层，可提供约 1 000 个停车位。整个车库的停车空间尺寸仅为长 100 m，宽 82 m，高 6 m（见图 7.2.1），单车位均摊面积为 25.5 m^2，均摊容积为 45.6 m^2。车库总计 20 个出入门厅（见图 7.2.2、图 7.2.3），每层设置 4 条巷道，共计 24 台横移台车。停车系统可实现最小停车时间小于 10 s，车辆转移时间根据存储位置的远近为 60 s～200 s 不等。

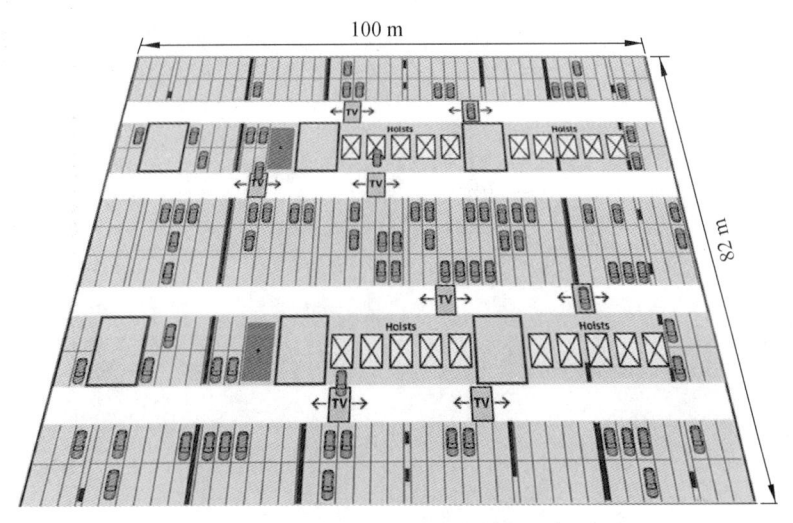

图 7.2.1 Aarhus 自动停车库平面布置

图 7.2.2 Aarhus 自动停车库门厅外景

图 7.2.3 Aarhus 自动停车库门厅内景

在奥尔胡斯的这座停车库中，Lodige 搬运器负责车辆的上下移动，这是一个超薄机器人（见图 7.2.4），在车辆下方驱动车辆，同时在车轮处抬升车辆，从而把车辆从升降机送到传送器上，再由传送器送至空车位。这个机器人可由蓝牙和 Wi-Fi 控制，这是世界首例在工业领域的应用。移动器还是一个自适应系统，换句话说，它能适用于各种车型。

图 7.2.4　Aarhus 自动停车库搬运器

由于采用了冗余技术，司机取不到车的系统故障得以避免。该停车库还能在需要的时候切换到部分自动或人工操作状态，例如需要维修工作时。Lodige 的员工和维修技术人员始终保持在线，因为 Lodige 承担了该停车库 20 年的全方位服务。此外，系统还与 24/7 的 Lodige 帮助中心连接，为司机提供额外的帮助。这座停车库的一个特别之处是"放置购物袋"服务，如果你只想把购买的东西放到车里而不是开车回家，你可以点击取车，把购物袋放到后备箱后，再把车停进去，当然，这不需要再次付费。

对司机来说，一个自动化的停车库是相当便利的，无须穿过繁忙拥挤的街道寻找车位，无须记住自己的车停在哪层的哪个位置，而这些是在传统停车库必须经历的。此外，与传统停车场停车相比，车辆能避免被损坏，从而得到更好的保护。这座停车库停车收费与奥尔胡斯其他停车场一样，换句话说，自动化停车不比普通停车贵。这座停车库采用紧凑式的停车形式，尤其是在城市中心区，这是自动化停车系统具有相当吸引力的主要原因。

统计数据表明，在第一个月运行期间，这座新停车库共停放了 16 200 辆车，其中 60% 是首次使用顾客，这表明了车库的简单和可用性。这套系统平均每小时能处理 235 辆汽车。据丹麦《日德兰邮报》2010 年的报道，Realea 公司将为此停车库投资约 5 亿丹麦克朗。建停车场只是公司支持城市环境建设的一项善举，由于建设成本很高，Realea 公司并不能从这个停车场中获利。

7.3 杭州密渡桥地下井筒式车库

7.3.1 项目位置

密渡桥车库于 2016 年建成，是全国首个地下立体停车库，位于杭州市武林商业圈，是杭州市区中心繁华地带，周边环境复杂。

7.3.2 项目设计情况

项目场地东侧是湖墅南路，该道路是杭州南北向主要交通要道之一，车流大，地下管道多而复杂，而场地西侧为古新河，是杭州市区主要排涝河道。场地南侧密渡桥路是杭州市府大楼北门的进出道路，而场地北侧紧邻商业大楼。项目出入口设于密渡桥路，场地内设置了回车场和地面停车位，为了对车辆排行起到缓冲作用，尽力避免对周边道路的影响。

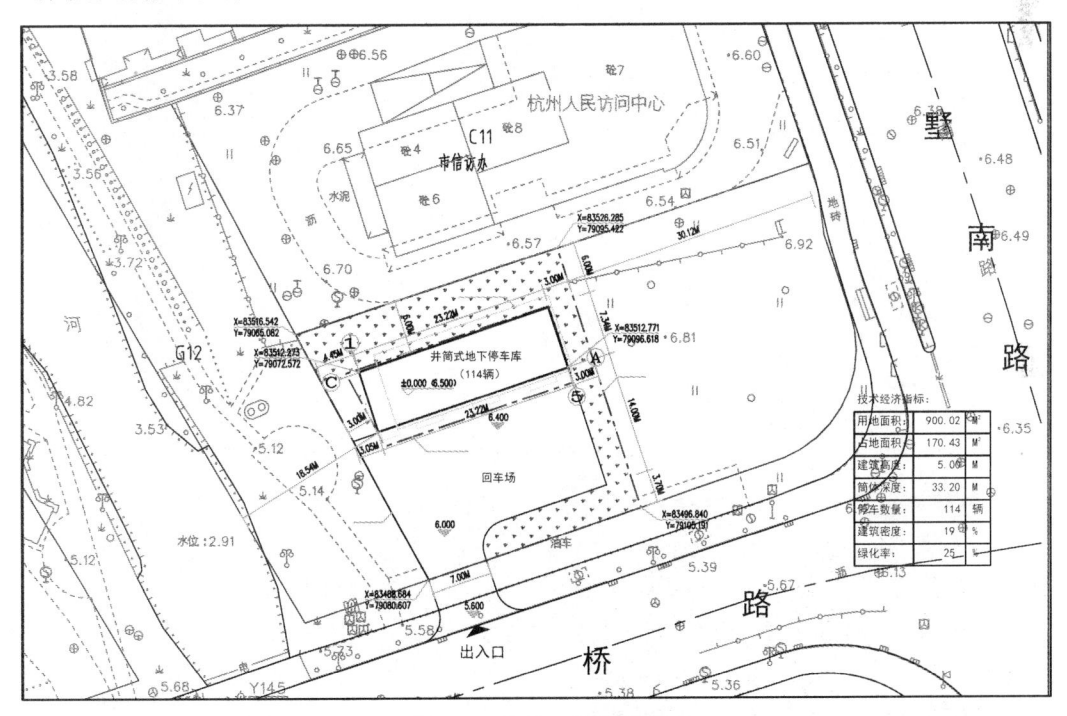

图 7.3.1 项目总平面图

项目总平面图如图 7.3.1 所示，占地面积约 900 m^2，建筑占地面积 170.43 m^2，地下建筑面积 205.08 m^2，机械停车位尺寸 5.3 m × 1.9 m × 1.6 m，设计地下机动车停车位为 114 辆。设计 3 个地下井筒式立体汽车库按"一"字形排列，每个井筒各有一个汽车库出入口，单筒每层 2 个车位，共 19 层，单筒各有 38 辆停车位，最深停车位为 33.2 m（见图 7.3.2、图 7.3.3）。

图 7.3.2 杭州密度桥地下立体停车库

1—1剖面图

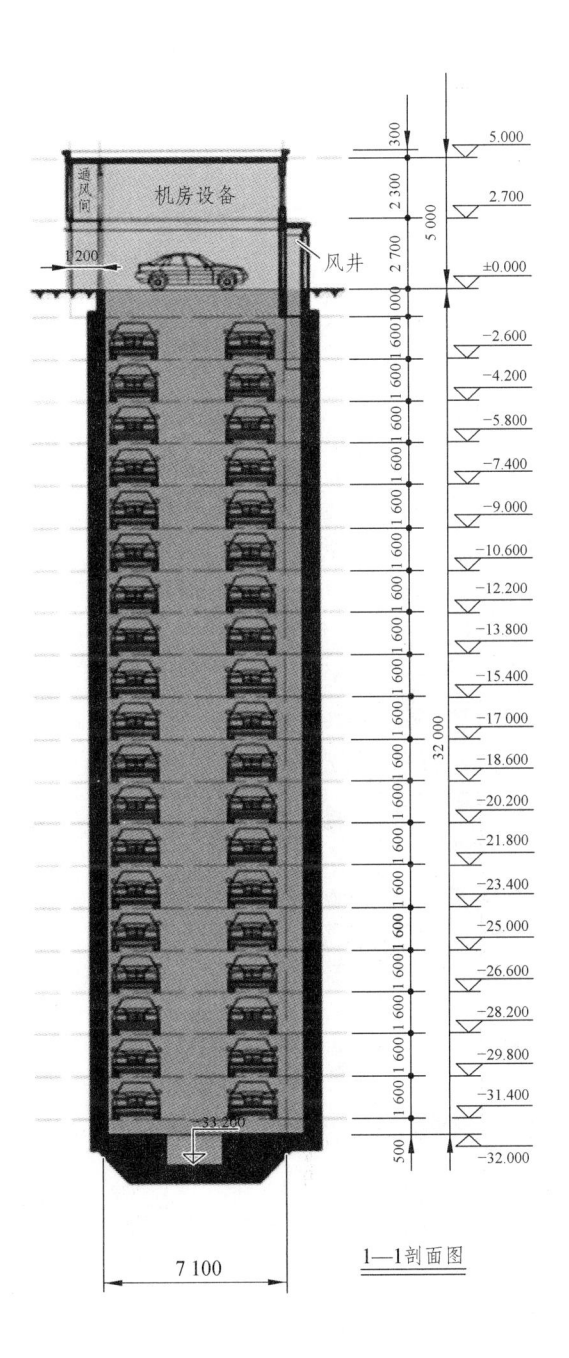

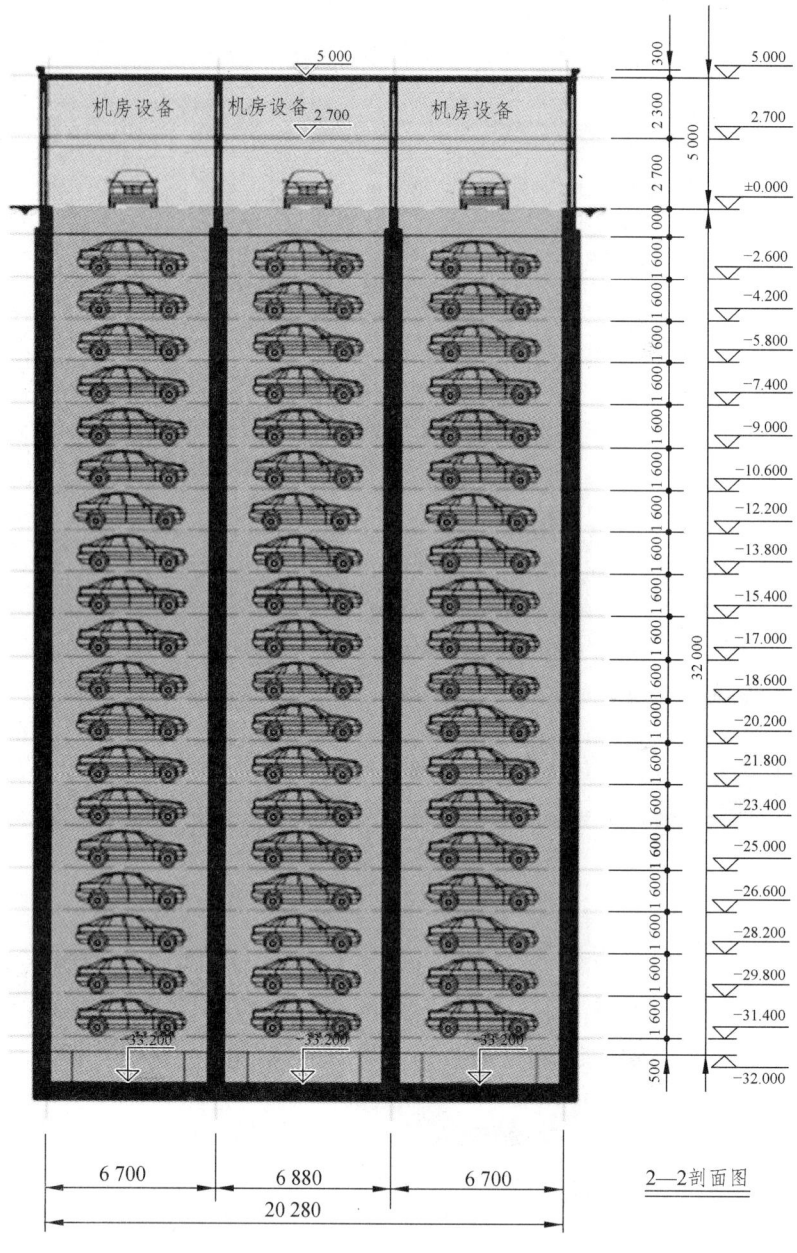

图 7.3.3 车库剖面图

地面建筑位于地下汽车库上方(见图 7.3.4)。底部作为立体汽车库的汽车出入口及消控、监控室,层高 2.6 m,上部机房层 2.4 m,用于气体灭火系统二氧化碳气罐储存及其他设备用房等。

图 7.3.4 停车库实景

7.3.3 项目施工

地下建筑投影面积 205.08 m²，虽然基坑面积不大，但基坑深度很大（见图 7.3.5），基坑开挖一方面要面对深厚软土，另一方面还要面临孔隙承压水。为此，采用了当时最新的施工工法，即 TRD 工法。该工法具有如下特点：施工深度可达 60 m（砂土层），对硬质地层（硬土、砂卵砾石、软岩石等）具有良好的挖掘性能，在墙体深度方向上，可保证均匀的水泥土质量，强度提高，稳定性好，连续成墙，接缝较少，墙体等厚，同时噪声、振动较小等。

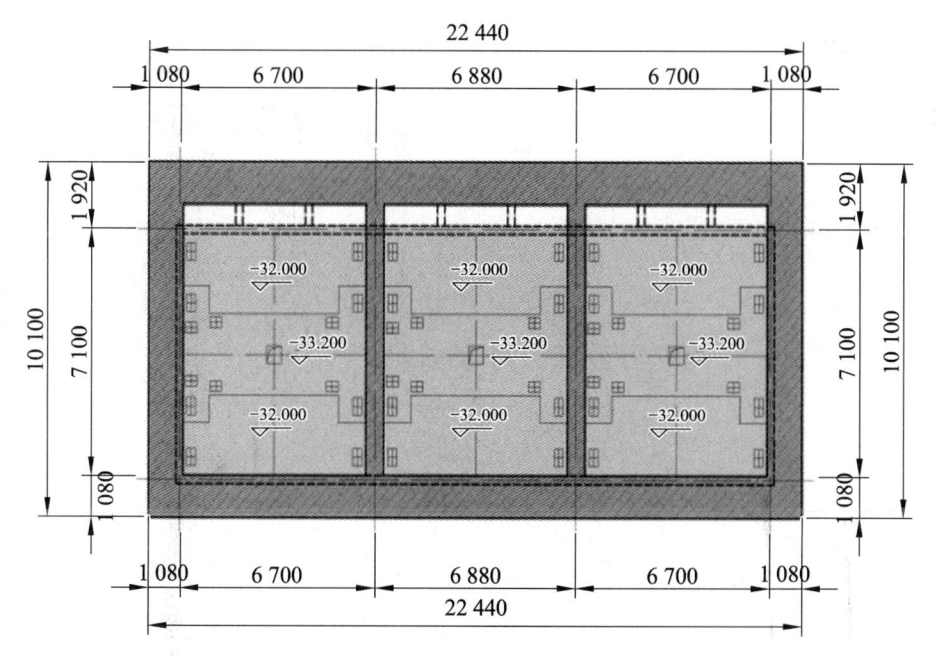

图 7.3.5 地下筒体基坑平面图

由于场地承压含水层水头高度大，地下室底板将承受较大抗浮力，采用常规的底板下锚杆方案，会打穿下方的黏土层到达卵石层，导致承压水喷涌，为此抗浮设计在利用地下室底板与侧墙自重的情况下，利用 TRD 墙内侧 45 m 深 $\phi1\,200$ 及 $\phi1\,600$ 钻孔灌注桩的抗拔力，以实现地下室抗浮要求。

7.4 上海市第六人民医院地下智能立体车库

7.4.1 项目背景

随着上海市社会经济的快速发展，人民生活水平的大大提高，每年上海私家车保有量增幅均在 15% 左右（包括常住上海的外省市号牌车辆），统计局统计数据显示，至 2017 年年末，上海市拥有各类民用汽车 361.02 万辆，比上年增长 11.8%。其中，私人汽车 274.41 万辆，增长 13.1%。随之而来的，除了道路拥堵加剧，停车变得更难，交通形势也更为严峻。目前，中心城区停车位的缺口有 140 万，居住区夜间停车的缺口比例达 54%。因此，建立和完善与城市社会经济发展相适应的城市停车系统，满足城市可持续发展的需求，是上海市政府紧迫和必要的任务。

上海市的医疗资源是稀缺资源，据统计，现有的上海三级甲等医院的日均门诊量超 1 万人（上海市第六人民医院达 1.16 万人）。其中，上海市周边来沪看病的人群约占比 70%。同时，由于医院内停车面积有限，医院职工汽车保有量也持续增长，挤占本就捉襟见肘的停车位资源，上下班高峰的堵车现象也愈发严重，车辆进出医院停车场时的排队现象更是屡见不鲜。就医"停车难"的问题日益成为影响医院整体亲和力的重大交通难题。

经上海市第六人民医院（以下简称"上海六院"）停车现状调查，医院停车场面临"瓶颈"，至 2018 年项目启动时，上海六院车位仅有 300 个，对外开放的车位仅有 70 余个，完全不能满足内部员工和就诊人员的使用需求。上海六院毗邻内环高架路、宜山路等交通干道，在上班期间就医车辆根本无法进入医院停车，就医车辆在路边占路停车已成常态，严重影响医院周边道路的交通。根据实地调研，从早上 7 点开始，医院门口车辆排队已经拥堵至交通路口。

为缓解医院"停车难"的问题，在已建的四层地下停车用房，进行停车场智能立体停车设备采购及后期运营管理。

7.4.2 项目位置

项目位于上海市徐汇区宜山路的上海六院现址的东南角，毗邻上海市医疗急救中心、上海市药监局执法总队，与上海市西南体育中学隔街相望。项目紧邻上海中心城区内环高架路，距上海市徐汇区政府 3.7 km，距上海市政府 11.4 km。车库院内位置如图 7.4.1 所示。

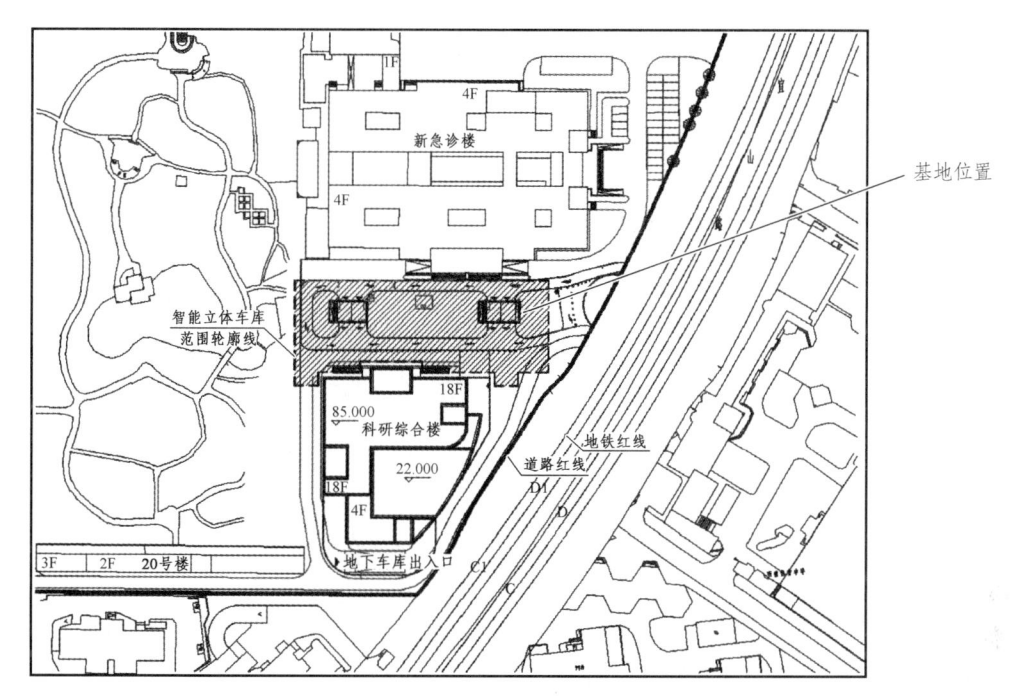

图 7.4.1 车库位置示意图

7.4.3 停车需求分析

上海六院周边商业以餐饮酒店和宾馆住宿为主，如田尚坊时尚生活中心，圣诺亚广场，布丁、汉庭等连锁酒店，多依靠路边停车。周边居民小区有田林十四村、千鹤小区、金祥苑、钦州花苑、申德公寓。各小区停车位缺乏，晚间严重依赖路面停车。

（a）上海六院 06:00 热力图　　（b）上海六院 12:00 热力图

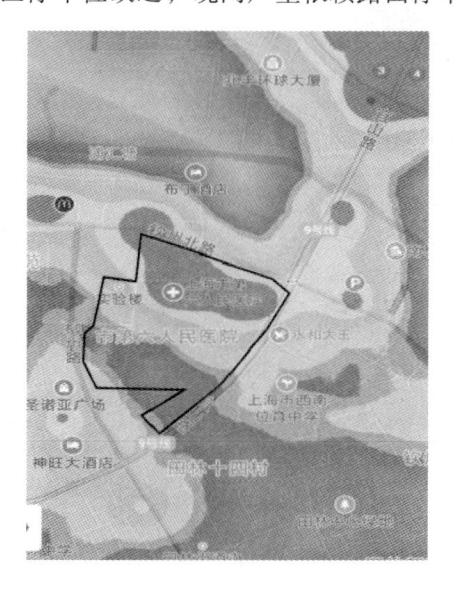

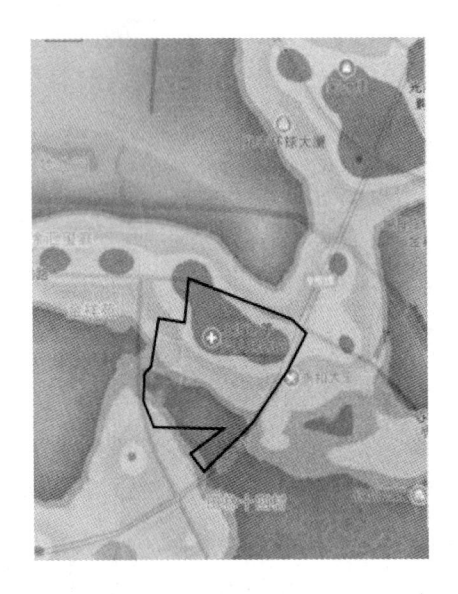

（c）上海六院 18:00 热力图 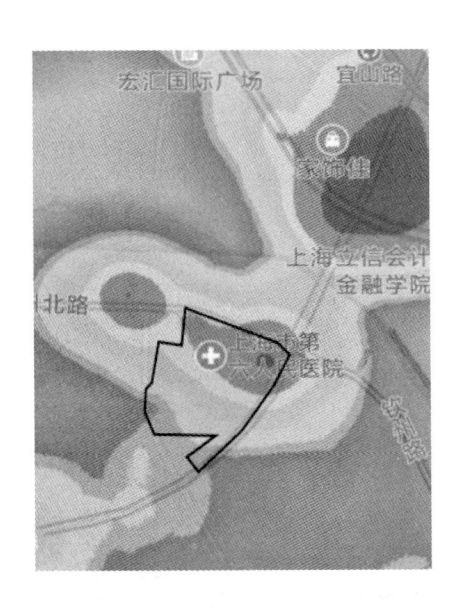　　　　　　（d）上海六院 00:00 热力图

图 7.4.2　上海六院热力图

上海六院计划在地块内新建骨科大楼项目，且医院持续发展，规模不断扩大，停车需求也将持续增长。

图 7.4.2 显示，医院人员密集度 24 小时保持高水平，说明医院人流量大，也间接反映出停车需求旺盛。

1）院内停车现状

上海六院作为三级甲等医院，骨外科全国排名第一，每天就诊量约 1.16 万人次以上（还未包括就诊家属、探视人员等），教职工人数 1 200 人。上海六院医院内停车面积有限，医院职工汽车保有量也持续增长，挤占本就捉襟见肘的停车位资源，上下班高峰的堵车现象也愈发严重，车辆进出医院停车场时的排队现象更是屡见不鲜。就医"停车难"的问题日益成为影响医院整体亲和力的重大交通难题。

2）道路停车现状

医院三侧邻路：东南侧为宜山路，医院停车场出入口均设于此（见图 7.4.3），宜山路为城市主干道，不设路内停车，路下设地铁 9 号线，东北侧为钦州北路，西侧为柳州路，均为城市支路，都在单侧路面设置路内停车。钦州北路路内停车数量约为 50 个，柳州路约为 70 个，路侧停车有空位的情况极为罕见（见图 7.4.4、图 7.4.5）。

钦州北路和柳州路占道停车白天收费为首小时 7 元，1 小时后每 30 分钟 4 元；夜间（19:30—次日 06:00）收费标准为 5 元/次。

图 7.4.3　上海六院宜山路出入口车辆排队情况（工作日下午 3 点）

图 7.4.4　钦州北路道路停车　　　　图 7.4.5　柳州路道路停车

3）周边停车场

医院周边的上海市医疗急救中心、上海市药监局执法总队自备有停车场，白天已处于饱和状态，白天、晚上均不对外开放。

周边 500 m 内有 3 个公共停车场：一是位于文定路与钦州路路口的露天停车场（距离医院门诊 100 m），车位约 130 个；二是位于华京商务大厦和田尚坊时尚生活中心之间的露天停车场（距离医院西门 300 m），车位约 50 个；三是为环线广场地下停车场（距离医院门诊 240 m），车位约 70 个。

4）线上停车调研

除了线下大量的实地调研工作，上海六院还在网络上进行了广泛的考察。通过本地论坛、生活服务类 APP、公众号的大量反馈，线上和实地考察情况基本一致，市民对上海六院停车难的问题非常不满。车位的严重缺乏将是医患关系恶化的导火索，所以上海六院的停车位短缺问题亟待解决。

7.4.4 项目建设概况

项目为上海市第六人民医院新建地下 4 层智能立体车库，占地面积 2 792 m²，总建筑面积 9 161 m²，其中地上建筑面积为 211 m²，地下建筑面积为 8 950 m²。

该地下车库已完成土建部分施工，同时车库内给排水、强弱电、通风排烟、消防喷淋等系统均安装完成，并为立体车库预留了电力供应和弱电接入（见图 7.4.6、图 7.4.7）。需要新建设的内容主要包括：地面出入口车厅、平面移动类智能立体库设备（泊位不少于 300 个，含车库主体钢结构及配套的机械机电设备、自动控制系统、监控系统）、车辆进出道路范围内停车交通的标识标志、停车的收费管理系统、引导系统等相关的配套设施，同时搭建停车场运营管理平台。车库设计示意如图 7.4.8 所示。

图 7.4.6　预留门厅洞口　　　　图 7.4.7　车库土建及配套设施完成施工

图 7.4.8　车库设计示意图

本项目主要建设技术经济指标见表 7.4.1。

表 7.4.1 建设指标

序号	指标	数量	单位
1	总占地面积	2 792	m²
2	总建筑面积	9 161	m²
3	地下总建筑面积	8 950	m²
4	地下机动车停车位	>300	个

7.4.5 项目建设模式

项目以车库租赁及设备投资经营模式运作,社会资本通过租赁上海六院已建成的车库并支付场地租赁费用,同时出资采购符合要求的智能停车设备以及完成剩余的门厅、设备及系统的安装。

在运营期内,社会资本通过经营大于 303 个车位的机械车库获取投资收益,同时每年支付医院租赁费作为场地使用费。

该项目已于 2019 年由上海振华重工中标获取建设及租赁权,停车库为平面移动类立体车库,采用德国 Autopark 公司的无托盘式停车技术,采用自动转盘实现车辆前进出入库,根据医院需求设备采用静音设计,同时冗余化的配置确保任一设备故障不会影响车辆存取。项目建设效果如图 7.4.9 所示。

图 7.4.9 项目建设效果图

7.5 南京 UP 地下智能车库

7.5.1 项目位置

项目位于南京市建邺区保东路北侧,毗邻南京市儿童医院河西院区,位置示意见图 7.5.1。

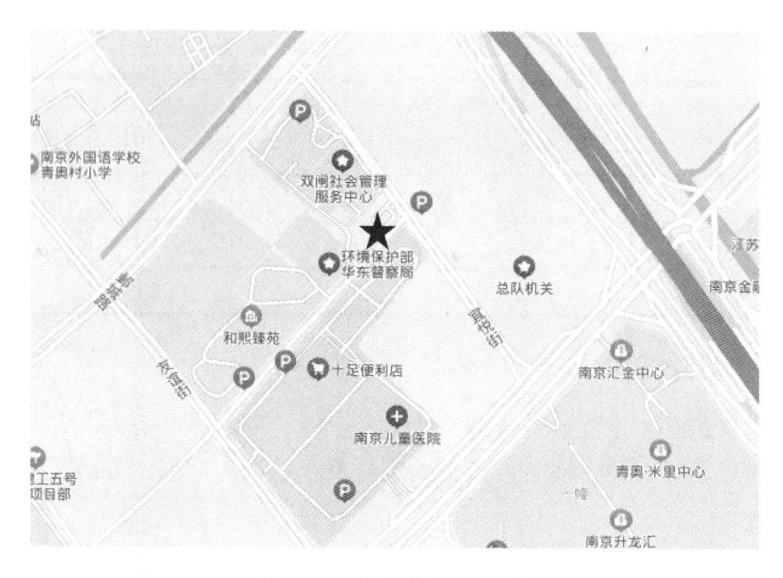

图 7.5.1 项目位置示意图

7.5.2 项目设计概况

项目为两座沉井式地下智能停车库，项目占地面积 1 032 m²，总建筑面积 1 582.64 m²（其中地上建筑面积 1 196.87 m²，地下建筑面积 413.76 m²），地下有效建筑层高 55.15 m，地上 3 层，建筑高度 11.3 m。单座停车场沉井截面内径 12 m，外径 12.8 m，单个车库地下标准层断面积为 113.10 m²。

两座车库总计可停车 200 辆。每口井停车位 100 个，小型车停车位 72 个（18 层），SUV 车型停车位 28 个（7 层）。每层环向布置 4 个车位，利用外围剩余三角区布置消防、房管、排水、电力、照明以及维修通道，空间利用率高。

项目分为 3 个防火分区，2 个地下井筒（含进出口）各为 1 个防火分区，地上设备房为 1 个防火分区，项目针对车库采用了高压细水雾灭火系统。

消防水泵房及消防水池荷载较大，为使结构更经济，布置在一层；消防控制室按照规范要求布置在一层；为方便观察地面出入口的情况，车库控制室也布置在一层。

每个井筒布置排风机房、新房机房各一处，按规范要求需布置在车库进出口的上方即二层，变电间和弱电间布置在二层，方便北侧的室外箱变通过桥架与之连通。

车库采用进口和出口分离的设计，每座车库配备一个进口泊车房和一个出口泊车房（见图 7.5.2 ~ 图 7.5.4）。

图 7.5.2　进口泊车房实景　　　　图 7.5.3　泊车房内实景

图 7.5.4　智能车库透视效果图

7.5.3　施工技术

项目采用全自动智能地下垂直升降立体停车库系统，竖井施工采用先进的 VSM 全自动下沉式竖井掘进机，竖井结构采用全预制拼装管片结构。项目单座沉井深度达到 68 m。

施工现场情况如图 7.5.5～图 7.5.8 所示。

图 7.5.5 沉井施工现场（一）

图 7.5.6 沉井施工现场（二）

图 7.5.7 沉井施工现场（三）

图 7.5.8 沉井施工现场（四）

地下沉井库内采用钢结构承载车辆荷载，并配合保证梳齿交换机构、升降机等设备存取车动作的顺利完成。为降低井下施工难度，采用工程预制的模块化安装方式。

7.6 昆山地下筒仓式智能车库

7.6.1 项目位置

项目位于昆山市森林公园南门停车场内，公园南门入口与交通要道马鞍山路相接，南入口现有地面停车位仅 84 个，难以满足停车需求，迫切需要在现有场地进行停车位增容。车库位置如图 7.6.1 所示。

图 7.6.1 项目位置示意图

7.6.2 项目设计概况

随着森林公园设施的完善，项目吸引了大量游客，已有的停车位无法满足需求。为了解决这个问题，设计了地下圆筒智能停车库，将停车库藏在原停车场地面以下，节省了大量的地面空间，为了保证美观，车库出入口设计成弧形，完全融入森林景观中。白天，玻璃门辅助增强出入口照明；夜晚，内部照明则同时扮演路灯的角色。

项目设计效果如图 7.6.2、图 7.6.3 所示。

图 7.6.2　项目设计效果图

图 7.6.3　俯瞰效果图

车库总用地面积为 1 508.55 m²，建筑占地面积为 115.38 m²，总建筑面积为 1 710.24 m²（其中地上建筑面积 189.72 m²，地下建筑面积 1 520.52 m²），建筑高度为 10.88 m。地下圆筒内径 21 m，井壁厚 0.5 m，底板埋深 17.65 m。

车库地上两层，一层为车库出入口，二层为设备机房（消防采用二氧化碳自动灭火系统）。地下四层为机械式停车库，每层 12 个车位，共计 48 个车位。

场地设置 2 个车辆出入口，车库采用前门进后门出的存取车方式，满足车库的进出需求，同时减少了与地面停车的交叉。

项目总平面图、平剖面图、透视效果图如图 7.6.4～图 7.6.6 所示。

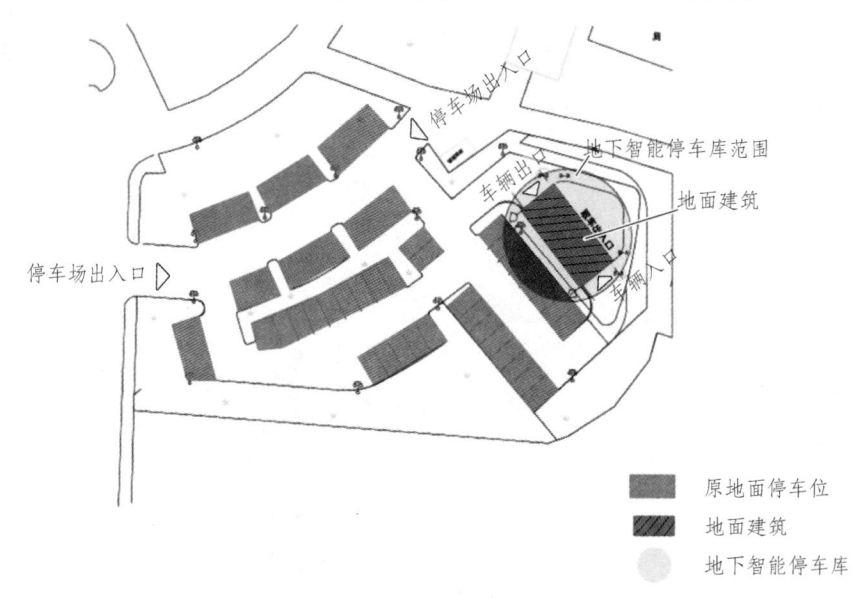

图 7.6.4　项目总平面图

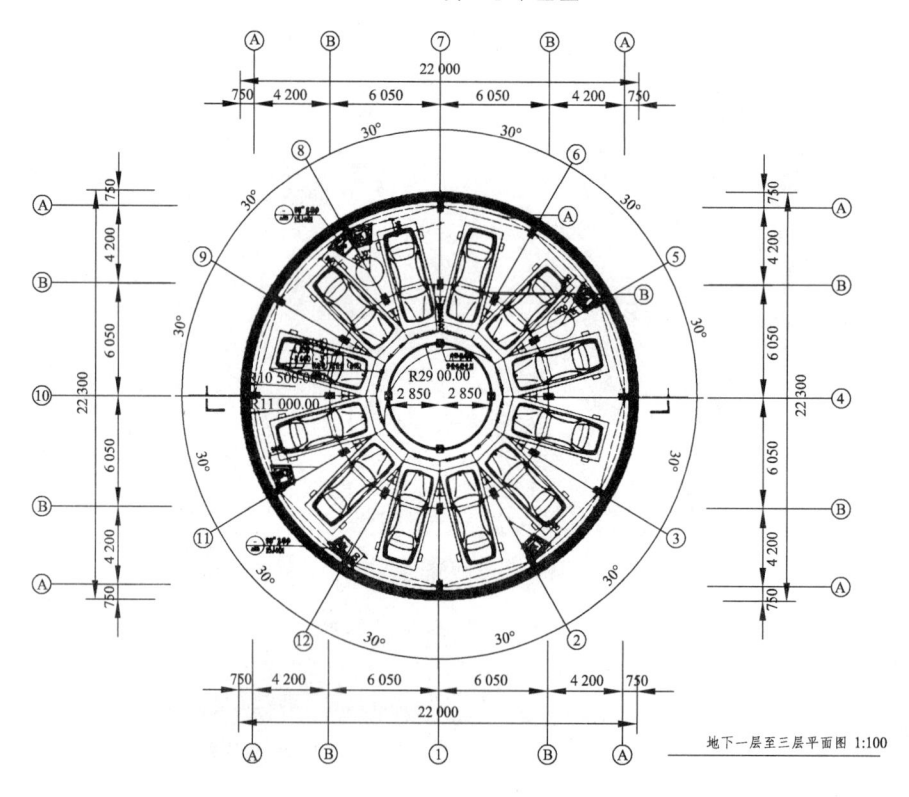

地下一层至三层平面图 1:100

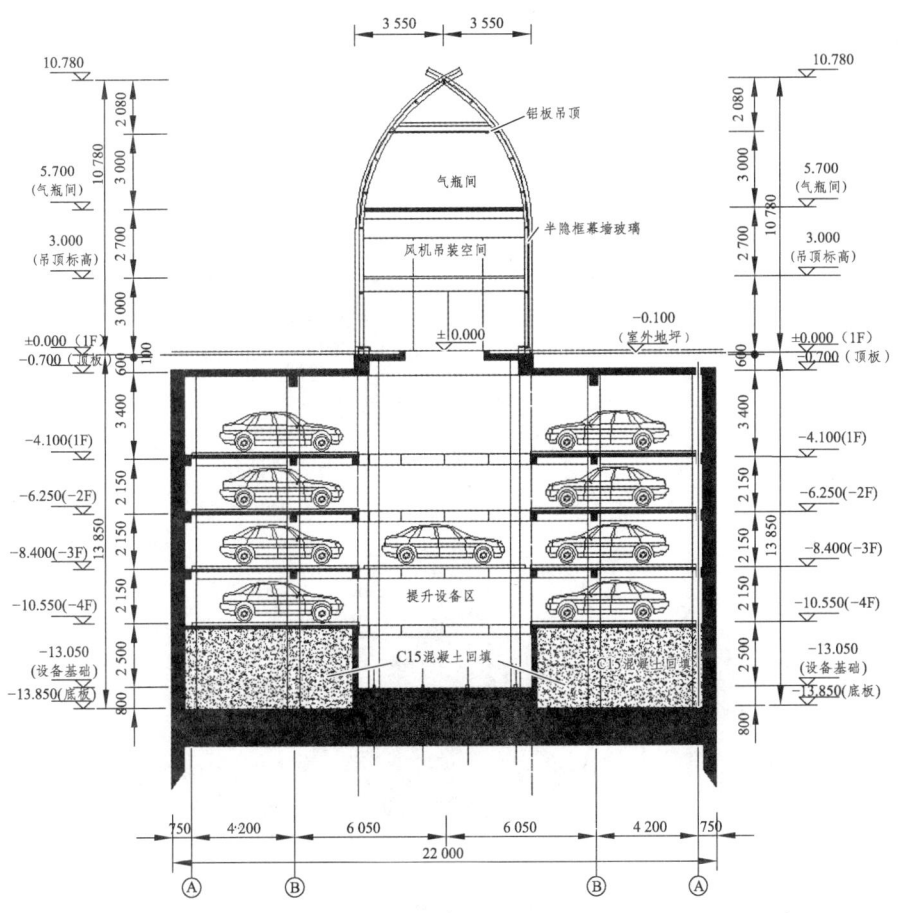

图 7.6.5　项目平剖面图

图 7.6.6　项目透视效果图

7.6.3 施工技术

项目采用新型的"姿态可控式沉井技术",作为城市大直径竖井装备 SECM 的配套工法,应用了井壁下放系统,实现了可控式沉井。现场施工情况如图 7.6.7~图 7.6.9 所示,具体技术内容详见 5.3 节。

图 7.6.7 项目施工现场(一)

图 7.6.8 项目施工现场(二)

图 7.6.9　项目施工现场（三）

7.7　深圳南山中心区公交总站机械式立体车库

7.7.1　项目位置

南山中心区公交总站机械式公交立体停车库项目位于深圳市南山中心区北部，北侧紧邻滨海大道，东侧为南山区第二外国语学校，南侧为海德四道和居住用地，西侧为文心五路。

7.7.2　项目设计概况

基于集约化土地利用、合理布局、高效进出的原则，在场站北侧布置 4 组垂直升降塔库，每组 9 层，高度 45.7 m，占地面积约 900 m^2。车库适停车辆尺寸（长×宽×高）为 12 000 mm×2 550 mm×3 200 mm，载车质量 15 000 kg，车库共设置 7 个出入车厅。方案规划 68 个机械式停车位和 17 个地面充电车位，机械车位全部预留充电接口，并配建上下客区。

项目效果及设备示意如图 7.7.1、图 7.7.2 所示。

图 7.7.1　南山中心区公交总站机械式立体公交车库效果图

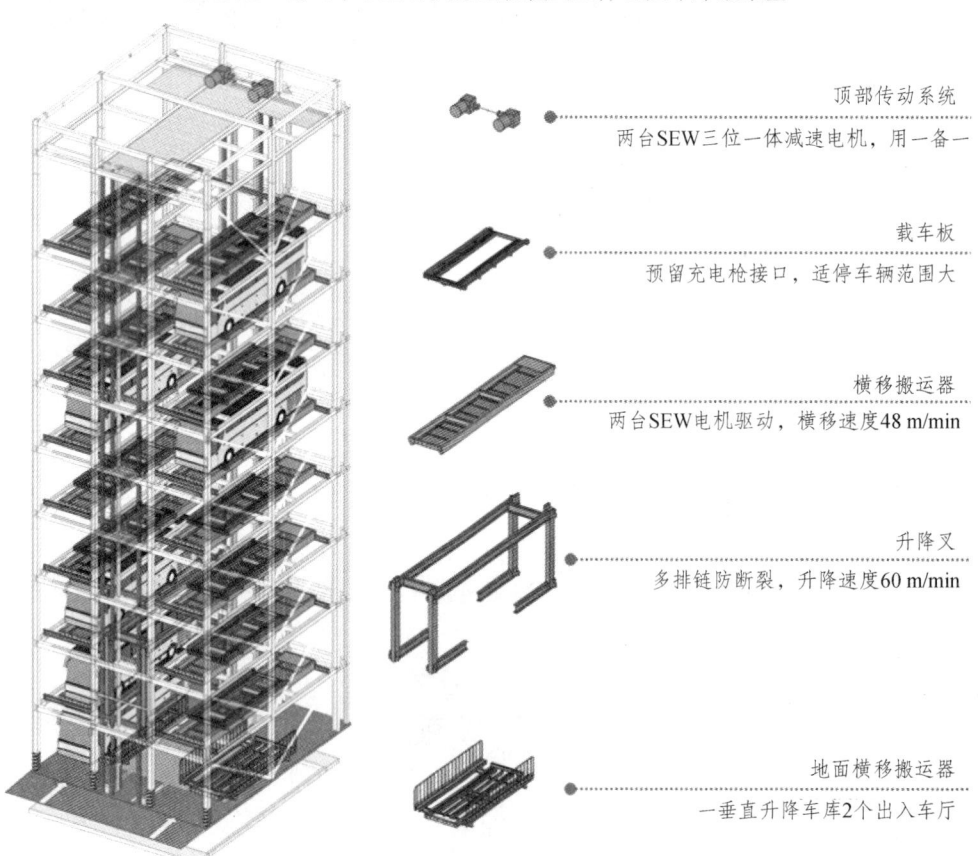

顶部传动系统
两台SEW三位一体减速电机，用一备一

载车板
预留充电枪接口，适停车辆范围大

横移搬运器
两台SEW电机驱动，横移速度48 m/min

升降叉
多排链防断裂，升降速度60 m/min

地面横移搬运器
一垂直升降车库2个出入车厅

图 7.7.2　机械式停车设备示意图

7.7.3 新技术应用

本项目智能停车设备应用了多项由中建科工自主研发的国内首创技术。

1）大惯量精准控制技术

针对公交车大体量、大质量的特性，采取动量补偿算法，解决公交车搬运过程的一次性精准定位难题，采用新型载车板交换技术实现了公交车由车厅至车位的自动化搬运。横移系统如图 7.7.3、图 7.7.4 所示。

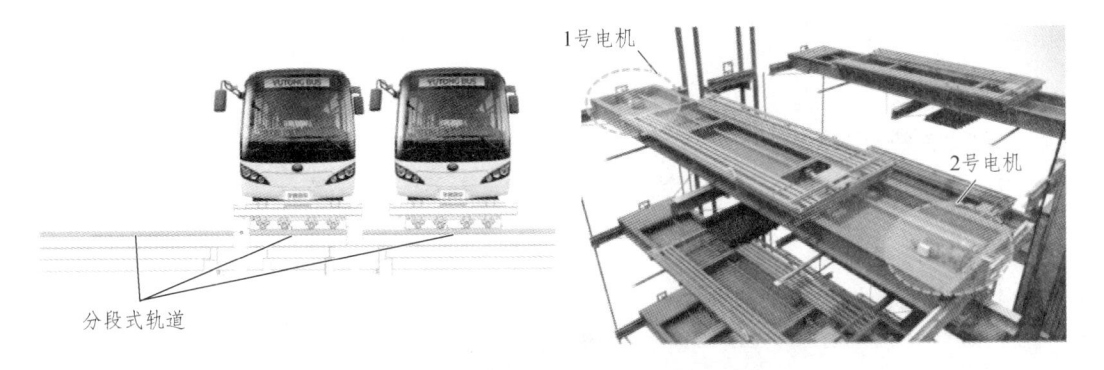

图 7.7.3 新能源公交车库横移系统示意图

图 7.7.4 横移搬运系统

2）高可靠冗余安全设计

停车设备机械传动系统采用多重安全监测、双电机驱动等冗余设计，确保设备运行可靠（见图 7.7.5）；配备防坠灾备系统，保障设备及车辆安全（见图 7.7.6）。

图 7.7.5　一驱一备动力系统

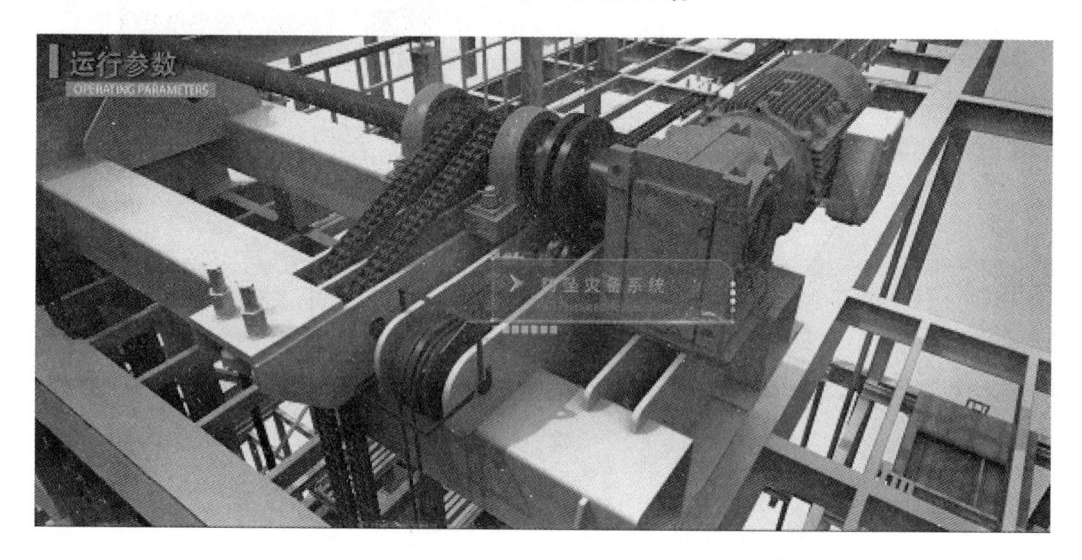

图 7.7.6　防坠灾备系统

3）全智能自动充电技术

基于多级定位控制技术和智能充电管控技术的自动充电系统，实现车辆存放到位后充电装置的自动接驳，系统实时检测车辆充电进程，确保充电安全稳定，如图 7.7.7 所示。

4）预测性健康运维管理

基于 5G 技术和大数据分析模型的公交车库智能管理系统，对停车库关键设备进行健康管理，根据数据监测和分析，及时发现设备潜在故障并及时维护，提高机械车库运行的稳定性和运营维保效率，如图 7.7.8、图 7.7.9 所示。

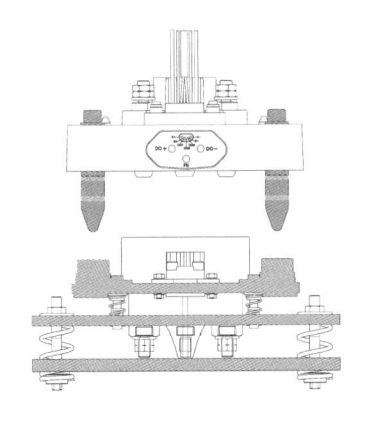

图 7.7.7　自动充电接驳系统

图 7.7.8　5G智慧停车管理平台

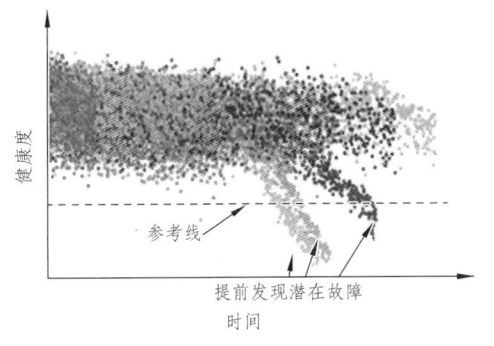

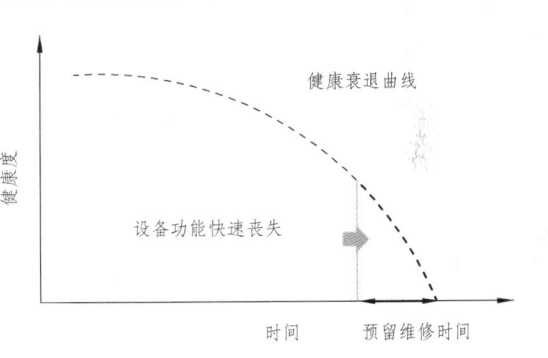

图 7.7.9　关键设备健康管理模型

随着城市公共交通基础设施的不断完善，新能源公交车快速发展成为各大城市节能环保的绿色交通工具，也是我国建设"公交都市""绿色交通"的重要举措。但是，城市中心区公交场站占地面积大、土地利用效率低以及场站充电设施不足等问题严重制约了新能源公交车的快速推广，成为城市公共绿色交通发展的瓶颈。

新能源公交车立体车库集停车、充电、洗车、调度、检修于一体，将有效解决城市中心区土地资源稀缺、充电设施不完善、场站管理压力大"三座大山"的问题，有力推动城市公共交通、绿色智能交通和城市可持续性的发展。让市容市貌整洁有序，让"绿色出行"蔚然成风，让场站管理安全高效，让市民享受美好生活。

7.8 成都瑞成名人酒店共享停车项目

车位共享是当前缓解城市停车难题最有效的途径，以自愿原则为基础，e 泊提供车位共享平台，停车场管理方自由设置共享时段，车主自由选择停车时段，通过 e 泊车位共享平台将供方与需方结合，搭配 e 泊车牌智能识别系统，线上通过微信、支付宝等方式预约缴费，线下配合车场导航直接到达预约车场，无须额外登记，通过车牌识别直接入场、出场。

瑞成名人酒店位于成都市青羊区，紧邻成都市天府广场，属于成都车位使用情况高度紧张区域。瑞成名人酒店分为地面和地下停车场，车位共计 150 余个，早上 10 点之后基本处于满位状态，18 点到次日 9 点车位占用率仅为 70% 左右，停车场此时段共开放闲时共享车位 20 个，占比 13%；闲时共享车位销售量约为 10 个，占比 50%。通过实施共享停车，可为管理方带来如下价值：

（1）提升酒店的经营收入；

（2）为附近车主提供闲置时间的车位，为附近 1 km 内在自家无法停车的车主提供停车位；

（3）提升项目的品质和较好的体验感。

共享停车主要流程（见图 7.7.10）如下：

① 打开 APP（或微信小程序、微信公众号），点选"车位租赁"；

② 在"车位租赁"的停车场列表选择对应停车场（瑞城名人酒店）；

③ 确认费率、时间段，填写车牌号和租期；

④ 确认全额并支付。

图 7.7.10 共享停车主要流程

附 录 德国 VDI 4466 自动停车系统规范[①]

德国 VDI 4466 自动停车系统规范旨在为规划设计单位、设备制造商及运营方提供相关指导,以保证自动停车系统的规划、建设和运营能满足客户使用要求。自动停车系统是指系统具备车辆自动传输设备,可以将车辆从门厅区域自动运输至车库机械停车区,同时,当客户取车时,设备能将车辆再次自动运输至门厅区。为了实现车辆自动存储功能,自动停车库需要安装一整套自动停车系统,包含门禁系统、回转盘、升降机、搬运设备等。

规范主要涉及以下方面:车辆参数定义,存储设备及停车精度,车辆传送需求,车库性能指标,运营安全,附属设备安装,车库环境条件,车库运行审核及质保等。

1) 车辆参数定义

自动车库应能满足不同尺寸车辆的停车需求。规范针对大型车(large)、中型车(medium)及小型车(small)分别给出了标准的车辆容许尺寸范围,通常指车辆的长度(length)、宽度(width)、高度(height)、车头长度(front overhang)、轴距(wheelbase)、车尾长度(rear overhang)以及整备质量(weight)几个关键参数。对于楼层净空富余量,一般情况下不同的设备供应商有其相应的标准,但是不宜超过 100 mm,同时用户应在车库出入口处被告知楼层净空富余量。对于小型车辆和越野车辆,考虑对层高的要求不同,建议不低于 30% 的停车位为越野车辆设计。车辆参数定义及示意见附表 1、附图 1。

附表 1 车辆参数定义

汽车尺寸	汽车维度					
	长度**(m)	高度最大值(m)	含车镜最大宽度(m)	前悬最大值(m)	轮距+后悬最大值(m)	最大重量(kg)
L/h1		1.55h1***				
L/h2	5.25	1.80h2	2.20	1.10	4.25	2300
L/h3		2.00h3				
L1/h1		1.55h1***				
L1/h2	5.25	1.80h2	2.10	1.10	4.25	2300
L1/h3		2.00h3				

---

① VDI 标准是德国工程师协会(Verein Deutscher Ingenieure,简称 VDI)制定标准。

续表

汽车尺寸	汽车维度						
	长度**（m）	高度最大值（m）	含车镜最大宽度（m）	前悬最大值（m）	轮距+后悬最大值（m）	最大重量（kg）	
M/h1	5.00	1.55h1***	2.00	1.05	4100	2000	
M/h2		1.80h2					
M/h3		2.00h3					
S/h1	4.60	1.55h1***	1.90	0.95	3.75	1600	
S/h2		1.80h2					

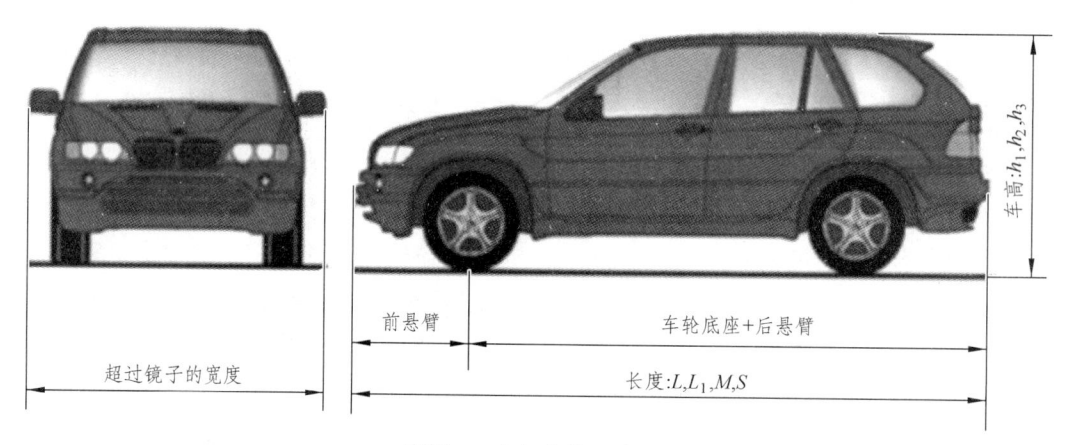

附图1 车辆参数示意图

2）车库门厅及停车误差

在设计方面，对于自动车库的用户来说，车库门厅的设计需要有足够的空间，即不需要客户拥有特别的驾驶技巧。原则上，车库需要具备简单明了的提示系统用以描述自动车库入库和出库的各项步骤。对于公共自动停车库来说，车库门厅的设计还要充分考虑用户使用的便利性。车库门厅外需要配备相应充足的显示设备，方便用户确认其车辆被正确和安全地存储在停车位上。

在门厅地面及停车误差方面，停车区必须提供满足车辆各项最大尺寸要求，如附图2所示，即四个方向分别不小于50 mm的冗余。当采用车辆姿态矫正设备时，其冗余可减少至25 mm。

在存车入库驾驶辅助方面，门厅应设置自动或机械式辅助措施，方便调整车辆位置，如挡杆，竖向或横向的缓坡。门厅设计的最小宽度一般不应小于3.5 m，停车区需要居中设置。门厅入库门的宽度一般不应小于2.5 m，且净高不应低于2 m，同时入库门应居中设置。

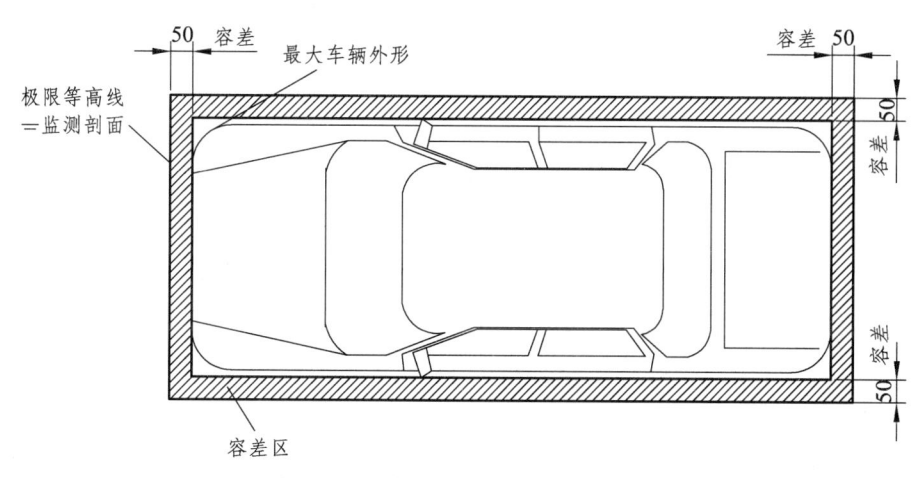

附图 2　停车容许误差（单位：mm）

门厅内应安装相应的车辆测量和监视设备，用以保证车辆停放正确，即车辆不超出停车区限界（车辆尺寸+停车误差），停车区限界应充分考虑可拓展的空间以保证不受未来车辆尺寸变化的限制。监控系统还需要保证在搬运设备工作前，门厅内不应有人员或动物停留。

3）车辆搬运要求

搬运设备应具备一定的容错性，即当用户发生了相应的停车失误时，如未拉手刹，也不应造成自动系统的报错。当车辆在纵向巷道运输时，自动停车系统应具备独立的制动系统以防止车辆未拉手刹造成的问题。在车库内停车区，车位的净空高度和侧向间距有一定的要求，如附图 3 所示，同时该净空高度和间距应独立于消防设施等附属构件。在车库的规划设计阶段，应充分考虑车库消防、排水等空间需求。

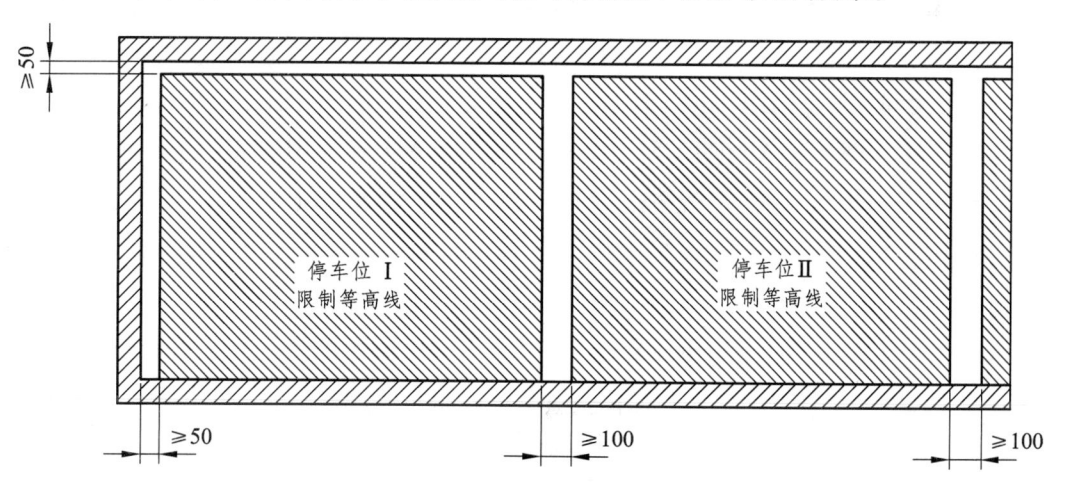

附图 3　车库内停车区建筑限界（单位：mm）

4）车库性能指标

自动停车库的性能指标一般由单位小时内车库的满停率和清空率来衡量，定义单位小时内存车或取车数量的十分之一来代表效率。对于停车过程来说，定义单位小时内可入库车辆数为 LF；对于取车过程来说，定义单位小时内可出库车辆数为 LE。例如，假设一个自动车库单位小时内可停 25 辆车，则该车库的效率可描述为 LF 2.5。

另一个描述自动停车库效率的方法是通过三个关键指标衡量，即满停时间（FZ）、清空时间（SLE）以及转移时间（PUZ）。

满停时间即车库在不受干扰的条件下，从空置状态到完全停满所需要的时间。满停时间的计算方法如下：

$$FZ=KP/EL$$

其中，KP=车库总容量，EL=单位小时内考虑车辆停放至车库中心位置时的停车 效率。

清空时间即车库在不受干扰的条件下，从满停状态到完全清空所需要的时间。

转移时间是指车库在完全控制状态下，完全停满后再完全清空所需要的时间。

以上所有的计算中（效率、满停时间、清空时间、转移时间），用户在门厅中的停车操作时间一般假定为 45 s（私人停车库，考虑熟练用户）和 60 s（公共停车库）。

实际上，上述几个时间指标的计算需要利用大量的车辆进行测试，为了方便评估，使用的计算方式为计算位于车库中间位置（距离门厅最近和最远停车位的中间位置）的车辆存取车时间。对于转移时间的计算，可以通过计算中间位置车位相邻位置车辆的转运时间来得出，因此，需要至少再停放一辆车用于转移时间的计算。

还有一个指标是客户存车时间，即客户将车辆驶入门厅，客户停放好车辆，客户下车及取出所有行李，以及客户走出门厅的总时长。时间的计算起点可以从门厅自动门开启时算起，直到门厅机械设备开始执行存车动作结束。

满停时间、清空时间和转移时间一般联合用于描述车库的综合停车效率，例如：满停时间 1.7 小时，清空时间 1.5 小时，转移时间 2.8 小时，则综合停车效率可描述为

$$SLE=1.5\ h，或\ SL=1.7/1.5/2.8$$

在实际应用中，车库综合停车效率需要通过计算进行确定，并有相应的交通条件相适应，如私人车库和公共车库对停车效率的要求完全不同。

附表 2 给出了一些清空时间的建议值。针对娱乐场所和交易中心，清空时间应控制在 0.5~1.0 h 内；针对零售商店，清空时间应控制在 1.0~1.8 h；针对学院和医院，清空时间应控制在 1.8~2.5 h；针对办公楼和公共服务场所，清空时间应控制在 1.8~3.0 h；针对纯居民区，清空时间应控制在 2.0~3.9 h。

附表 2　车库清空时间的建议值

功能分配	性能水平/h
娱乐场所（影院、剧院等）	
交易会/集会	0.5~1.0
零售贸易	1.0~1.8
学校/医院	1.8~2.5
办公/服务	1.8~3.0
住宅（通常无公共服务）	2.0~3.9

在车库的具体设计中，还应基于实地的交通情况测量评估来确定适合的停车效率，如在交通规划设计时，应评估道路小时内流量峰值用于停车效率计算。附表 2 中建议数据用于德国，针对中国，特别是大中城市公共停车在高峰时段（早高峰居住区出库，办公、零售区入库；晚高峰办公、零售区出库，居住区入库）对车库停车效率要求可能远高于国外水平，因此，车库的库容与门厅和升降机的比例一定要协调，避免长时间无法出入库的情况出现。

原则上，自动停车系统还应满足如下条件：车库内停放的最远车辆取出的时间（从停车区运送至门厅）不应超过 3.5 min，这表明车库纵向尺寸不应设计过大。

5）车库运营安全

为实现自动车库的安全运营，运营方必须对车库开展有效的质量标准监督。所有的相关标准需要参照 EN/DIN 标准（欧盟/德国标准）以及 VDE 标准，同时自动设备生产制造商需要拥有 ISO 9001 认证或相同效力的认证。

对于自动车库运营管理方，在车库许可运营前，须将以下操作手册及资料下发给维护人员：

（1）运营管理方设备操作指南；
（2）用户操作指南；
（3）设备机械及电气系统文件；
（4）设备检测合格说明；
（5）设备维护说明。

自动车库软件系统源代码归属设备生产制造商所有，属于其知识产权范畴，无须提供。

关于自动车库的售后服务方面，系统设备的常规维护应由专业人员实施，车库内应存储足够的小型备品备件。常规维护包括软件系统的运行错误，系统故障等，当自动停车设备在主要运行时间内发生故障时，专业工程师应在短时间内被告知，设备生产制造商应提供维修服务，此外，设备生产制造商也应设置一定的现场维修工程师以保障车库运行顺畅。除非特别约定，自动停车系统的主要运行时间为早上 6 点至夜间

10点，从故障发生起至专业维修人员到场，其最大时间不得超过 2 h。

除特别约定，当自动停车库运行 6 个月后，其系统整体可靠度不应小于 98%，系统可靠度的具体计算方法可参照规范 VDI 3581。

6）车库附属设施及运行环境要求

车库门厅必须提供照度不低于 120 lm 的灯具，照明需要在整个停车和取车过程中打开，当用户离开门厅后，照明应延时至少一分钟后关闭。车库内停车区的照明应保证存取车操作的安全，同时停车区应设置 230 V 电源插座。

车库配电房应设置在自动库邻近的地方或直接在车库内部，考虑到车库体量的大小，配电房的空间需求需要专门计算，此外，配电房的检修可达性、足够的通风和照明设施也应一并在规划设计中考虑。

在容许噪声防护方面，可参照规范 DIN 4109，在噪声传播方面，可参照指南 VDI 2058 执行。在自动车库内部，噪声水平应在噪声源 1 m 范围内进行测量并不应超过 85 dB。在车库周边（居民区、定居点、混合住区等）应设置相应的监测设备用于检测噪声传播水平，这是建筑师、施工方及建设方应当履行的责任。

在工作环境温度方面，根据车库所在地区的不同，设备生产制造方应确保机械设备至少在以下三类环境条件之一正常运行：

（1）车库门厅区：-10 ~ 40 °C，车库转运区及停车区：0 ~ 40 °C；

（2）车库门厅区：-20 ~ 40 °C，车库转运区及停车区：0 ~ 40 °C；

（3）车库门厅区：-30 ~ 40 °C，车库转运区及停车区：-10 ~ 40 °C。

相应的温度监测系统需要在车库设置以确保设备正常运行。

在防火方面，对于自动车库来说，结构墙和天花只需按照非可燃材料设置。在自动库内，由于人员是不允许进入的，所以无须设置紧急疏散通道，类似地，相应的烟气阻隔、防火隔断亦可减少配置，但是必须提供必要的设施。当自动车库的库容超过 20 辆时，必须安装自动灭火系统（如消防喷淋系统）。自动灭火系统需要按快速灭火和分区灭火功能设计，同时配备同步报警系统。由于火灾引起的有害烟气也需要通过相应设计方案使其对周边的危害和污染降到最低。自动灭火系统可以参照 VDS 设计导则进行设计，此外，自动灭火系统需要由专业人员审核及定期检查。

7）车库验收及质保

在自动停车设备投入运营前，必须经过相应的验收才能移交给运营方。自动停车设备的验收包含外观检查、功能测试以及可靠度测试三个方面。

外观检查：机械设备完备性和部品部件安装的完整性检查。

功能测试：质保的系统功能验证与测试。

可靠度测试：系统存取车功能和可靠度验证及评级，建议测试时间 1 h。

对于建设方和客户来说，可靠度也可以利用辅助软件来验证。

涉及设备系统质保，建议质保期限如下：

（1）机械部件。

移动部件（如门厅自动门，垂直电梯等）：质保期 1 年。

固定部件及载车板：质保期 5 年。

（2）电气部件。

电机、传感器、开关等：质保期 1 年。

以上不包含易损部件。此外，用户可以通过额外服务协议约定的方式延长设备系统质保期，如移动部件及电气部件质保期延长至 2 年。

8）国外相关参考标准

在自动车库规划设计阶段，需要参考以下规范及技术标准：

• garage ordinances (GAVO)

• regional building ordinances (LBO)

• CEN-TC 98-WG 9 Mechanische Einrichtungen für Motorfahrzeuge (Mechanical Installations for Motorised Vehikels) (in preparation)

• DIN 4109 Schallschutz im Hochbau: Anforderungen und Nachweise (Noise protection in buildings; requirements and verifications)

• VDI 2058, Part 1 Beurteilung von Arbeitslärm in der Nachbarschaft (Assessment of working noise in the neighbourhood)

• VDI 3581 Zuverlässigkeit und Verfügbarkeit von Transport- und Lageranlagen (Reliability and availability of transport and storage systems)

• VDI 3580 Grundlagen zur Erfassung von Störungen an Hochregalanlagen (Basic principles for the registration of faults in high-bay warehousing systems)

• Hinweise zum Einsatz mechanischer Parksysteme (Instructions for the use of mechanical parking systems) (FGSV)

• EAE 85/95 Empfehlungen für die Anlage von Erschließungsstraßen (Recommendations for the layout of connection roads) (FGSV)

• EAR 91 Empfehlungen für Anlagen des ruhenden Verkehrs (Recommendations for stationary traffic systems)

参考文献

[1] 中华人民共和国国家标准. 汽车库建筑设计规范 JGJ 100—2015[S]. 北京：中国建筑工业出版社，2015.

[2] 中华人民共和国国家标准. 汽车库、修车库、停车场设计防火规范 GB 50067—2014[S]. 北京：中国计划出版社，2014.

[3] 中华人民共和国国家标准. 城市停车规划规范 GB/T 51149—2016[S]. 北京：中国建筑工业出版社，2016.

[4] 中华人民共和国行业标准. 机械式停车设备类别、型式与基本参数 JBT 8713—1998[S]. 北京：机械工业出版社，1998.

[5] 温沁月，鲁力群. 国内外立体车库现状及发展综述[J]. 物流工程与管理，2016，38（7）：159-161.

[6] Li Rong, Xiaodong Zhang, Zixu Peng, et al. Design of Three-Dimensional Parking Garage[C]. 2018 International Conference on Sensing, Diagnostics, Prognostics, and Control, 2018.

[7] Hoglund P G. Parking, Energy Consumption and Air Pollution[C]. Science of The Total Environment, 2004, 334-335(1): 39-45.

[8] 陈婷婷. 机械式立体停车库的设计研究[D]. 兰州：兰州大学，2013.

[9] 王旭. 平面移动类机械式智能立体停车库的研究[D]. 济南：齐鲁工业大学，2016.

[10] 王辉. 机械式立体车库的特点研究及其应用[D]. 长沙：湖南大学，2008.

[11] 袁壮. 城市中心区立体停车库设计研究[D]. 长沙：湖南大学，2010.

[12] 裘国平，顾伟，何东明，等. 大数据时代下停车模式转型研究[J]. 智能城市，2019，5（23）：1-5.

[13] 马宇超. 优化存取效率的立体车库设计[D]. 沈阳：沈阳航空航天大学，2019.

[14] 郭学琴. 城市公共停车场规划研究[D]. 北京：北京交通大学，2006.

[15] 岳巍. 大城市区域停车场规划方法研究[D]. 长春：吉林大学，2006.

[16] 姜玉松. 地下工程施工[M]. 重庆：重庆大学出版社，2014.

[17] 桥四，汤关柞，侯乾康. 沉井井壁摩阻力的分析研究[J]. 同济大学学报（自然科学版），1959（4）：39-45.

[18] 王荣文，葛春辉. 沉井设计和施工中的常见事故及其防治措施[J]. 特种结构，2007，24（1）：103-105.

[19] 朱龙. 圆形沉井施工理论研究与现场测试分析[D]. 上海：上海交通大学，2014.

[20] 段良策，殷奇. 沉井设计与施工[M]. 上海：同济大学出版社，2006.

[21] 张志勇,陈晓平. 大型沉井基础下沉阻力的现场监测及结果分析[J]. 岩石力学与工程学报,2001,20(s1):1000-1005.

[22] 刘蓉华. 结构力学[M]. 成都:西南交通大学出版社,2007.

[23] 李志业,曾艳华. 地下结构设计原理与方法[M]. 成都:西南交通大学出版社,2009.

[24] 沈悦,李伟,孙海瑞. 日本:一招根治乱停车[J]. 中国公路,2017(19):66-69.